Progress & Application —4

Progress & Application

知覚心理学

村上　郁也　著

サイエンス社

監修のことば

心理学を取り巻く状況は，1990 年代から現在に至るまで大きく変化してきました。人間の心理を情報処理過程と見なす認知心理学は，脳科学など周辺領域との学際的な研究と相まってさらに発展を続け，他の心理学領域にも影響を与えながら大きな拡がりを見せています。また，インターネットや携帯電話の発達に見られるように，私たちの生活環境そのものも大きな変貌をとげています。教育，福祉，医療，労働などさまざまな領域では解決すべき課題が次々と立ち現れ，その解決に向けて多様なアプローチが試みられています。このような「変化の時代」において，心理学の重要性はますます高まってきたといえるでしょう。研究や実践に直接的に関わる専門家でなくとも，人々が心理学の基礎的な知識を正しく身につけ，それを社会生活の中で生かしていくことが必要とされています。

本ライブラリは，大学生や社会人の方々に心理学のさまざまな領域のエッセンスを効率的に理解していただくことを目的に企画されました。そのために，各領域の第一線で活躍されている先生方を選び，執筆にあたっては，全体的なバランスを考慮しながら心理学の基本的事項はもとより最新の知見を積極的に紹介していただくようにお願いしました。基本的にお一人で執筆していただくという方針をとったのも，できるだけ自由にこの作業を行っていただきたいという願いからでした。その結果，各巻ともクオリティの高さと理解のしやすさを兼ね備えた内容になっています。さらに，読者の理解を助けるために，ビジュアルな表現形式を効果的に取り入れ，レイアウトにも工夫を凝らしました。新しい時代に向けたスタンダードなテキストから成る本ライブラリが，社会に生きる人間のこころと行動に関心をもつ方々のお役に立てることを確信しています。

監修者　安藤清志・市川伸一

まえがき

世の中の何事かを感じる——「見え」「聞こえ」「味わい」「香り」「肌触り」——こうした，今この瞬間にも私たちの心に生じている物事の気づき，ごく自然に感じられてふだんは何の不思議もない気がする「感じ」とは，いったい何物なのでしょう？　どんなものが，何のために，どのように，何によって生じているのでしょうか？

こうした私たちの知覚のありようを探求する知的な営みは，人類の文明の中で最も長い伝統をもつ部類に属します。なにしろ，歴史に残る著名な学者の草分け中の草分けと言っていいプラトンやアリストテレスといった古代ギリシア哲学者にとっての，まさに中心的な研究課題だったのです。知覚研究は，人類の科学史に歩調を合わせながら長い年月をかけて連綿と営まれ，いわゆる文系諸学問の発展や理系諸学問での数々の発見・技術革新を取り入れながら，ますます巨大化しつつ，文理横断の学際領域研究として現在に至っています。

今日，知覚の研究を行う様々な学問分野の中にあって，中心的役割を占めるのが心理学であると言っても過言ではありません。「心理学」という言葉から，世間一般の人々が思い浮かべるイメージはいろいろありそうです。しかし，心理学の実験室が世界で最初に開設された当時，その研究対象はまさに人の知覚の謎を解明することだったのです。近年のマスメディアなどで，盛んに「脳科学的に解説すると」であるとか「最新の認知科学 / 神経科学の理論によれば」であるとかといった枕詞をつけて，私たちの意識の不思議さに科学的説明を与える議論が展開されており，学術界と一般社会との対話という面でとても喜ばしい状況が生じています。ですが，実はこれらのほぼすべては，少なくとも大学や研究所のようなアカデミックな世界の中では，「心理学」と呼ばれる科学分野で百年以上にわたり実証的に研究されてきている直球ど真ん中の研究対象だったりするのです（心理学的知見の紹介がされているところで，どうして「心理学」というラベルづけが往々にして疎まれるのか，心理学者としては不甲斐なさと同時に自らを戒める気持ちになります）。

それはそれとして，本書は心理学をはじめ大学で学ぶ諸学問の予備知識がない読者を対象に，知覚に関する心理学的知見の基礎知識をできるだけわかりやすく紹介することを目指しました。知覚の意識的気づきが生じるためには，それなりのハードウェア――物理的実体――が動作することが必要でしょう。そうした科学的了解の下で，知覚を解明するためには，その神経基盤を解明することが必要条件となります。本書でも，大量の紙数を割いてそうした生理学的な重要知見を紹介するようにしています。けれども，脳が生きていて動作する様子がわかるだけでは，心のことが本当にわかったことにはなりません。心に浮かぶありありとした「感じ」のことを解明するには，心理学的な研究手法を用いて，何がどう見えるのか，聞こえるのか，……，を記述する必要があります。そして，なぜそんな知覚現象が生じなければならないのか，何の目的でそうした知覚は生じるのか，を検討する必要があるでしょう。本書は大まかな流れとして，前半部分では，外の世界から信号を取り込んで自分のものにしていくプロセスに重きを置いて語り，後半部分では，取り込んだ信号や自分のもつ知識などの数々の材料を駆使して，心の中に世界を作り上げていくプロセスに重きを置いて語ることとしました。

分量的な制約もあり，本書では，知覚心理学の基礎知識の中で，必要最低限の学びができるだけの情報量のみ載せてあります。もっと専門的なことを学びたい読者のために，少しハイレベルなことが知りたい人向けには各章末に参考となる書籍を挙げ，大学等の学部専門課程から大学院レベルの内容が知りたい人向けには本書末尾に参考文献を挙げています。本文中で，教科書的知識として定着した感のある研究知見にはあえて引用文献情報を載せず，また引用文献情報を示す場合はプライオリティ優先というよりは読者が入手・読解しやすかろうことを優先して文献を選びました。したがって，関連する研究者の方々への網羅的なクレジットが不可能であったことをあらかじめお詫びします。また，本書のねらいから判断して，とてつもなく最新の研究知見を取り入れることには慎重にならざるを得なかったことがあり，できるだけ議論を発散させることなく入門パッケージとして手堅くまとまるように心がけました。学部専門課程などの教室でご利用される際は，むしろ本書をたたき台にしながら多方面の情報を組み込んで有意義な議論を展開していただけたらありがたいと思っています。

ライブラリ監修者の安藤清志先生，市川伸一先生には，本書執筆の貴重な機会をいただきました。また，執筆作業が遅々として進まない中，サイエンス社の清水匡太氏には鷹揚な配慮で進捗管理をしていただき，数々の編集アドバイスをいただきました。記して感謝いたします。

2019年8月

村 上 郁 也

目　次

知覚の問題設定　第1章

1.1 知覚とは何か

1.1.1 感覚・知覚

感覚とは何か，**知覚**とは何か？　英語でも知覚心理学の教科書はよく『*Sensation and Perception*（感覚・知覚）』と題されているので，何か明確な区分があるかのようです。ところが，知覚心理学者にとっては実はこれらの違いは重要視されていません。外界からの信号を受け取り，脳内で情報処理し，環境の中の自己と事物を把握して，それらを行動に活かすとともに，意識的に体験する。これらが私たちの感覚・知覚の本質であって，これらの連綿とした営みを用語的に区分することはそれほど有益ではなさそうです。一方，「sensory organ（感覚器官）」という言葉遣いをもって外界からの信号を受容するハードウェアを指したり，「perceptual impression（知覚印象）」という言葉遣いをもって心で何かを感じるという意識的気づきを行う様子を指したりはしても，「sensory」と「perceptual」をひっくり返すとやはり違和感があるので，「感覚」と言えば信号の取得の側に寄っているし「知覚」と言えば意識の成立の側に寄っているニュアンスがあるねと言われれば，そんな気もします。

重要な点は，感覚器官で受容された内容と意識にのぼる知覚印象としての内容とは1対1ではないということです。眼で受け取ったすべての視覚信号が意識にのぼって見えるわけではないし，眼に映っていないはずのものがありありと意識にのぼることもあります。私たちの感じる見え，聞こえ，香り，風味，手触りは，感覚器官由来の信号そのものではなく，それらの材料を混ぜ合わせて複雑な脳内情報処理をした結果として心の上に構成された産物なのです。SF小説で超能力者のことを「エスパー」と称しますが，これはESP（extrasensory perception）すなわち「感覚外の知覚」ができる人という意味の造語です。けれども，うがった見方をすればまさにこれこそが知覚の本質なのであって，知覚とはすなわち，

「外界から限られた範囲の物理的実体を感覚器官で受容して生体信号とし，それらを参考にしつつ，生得的または経験的に付与された様々な能力や知識と組み合わせながら，外界とはどんな構造をしており，その中で自分自身はどんな存在であり，身の回りにはどこにどのような事物があるのかについて，自ら信じる世界観を形作って，それをこの世界で自分が生きるために最も使い勝手のよい形式で心の上に現し出して把握し認識する行い」

なのだと言えるでしょう。長い説明でした。でも，感覚信号をほんの参考にしつつそれらだけからでは考えられない豊かな世界を知覚しているという関係においては，あらゆる人間あらゆる動物はみな言ってみれば「感覚外の知覚」を日常的に行い続ける「エスパー」なのかもしれません。

1.1.2 近刺激と遠刺激

それでは，外界から来るものとは何でしょうか？　心理学の一般用語として，私たち生活体に何らかの**反応**をもたらしうる物理的実体のことを一般に**刺激**と呼びます。**視覚**を例にとると，視覚刺激に反応して，眼と脳からなる**視覚系**では神経応答が生じ，心の中の**視覚世界**が更新された結果として生活体には何らかの行動が表出されます。では視覚刺激とはそもそも何でしょうか？

そんなのは当たり前じゃないか，**網膜像**だ。生物の知識がある人はそう答えるかもしれません。でも，網膜像が入力されたとして，私たちはその網膜像そのものを知覚できるでしょうか？　それはまず不可能です。視覚系は，たまたまそのように進化したハードウェアとしての網膜を入力装置として利

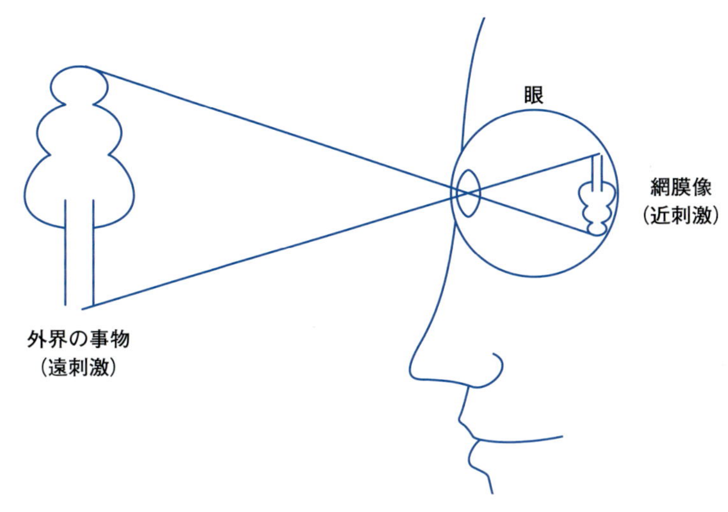

図 1.1　近刺激と遠刺激の概念図

用して光を受容しつつ，網膜像そのものを見るという目的以外の何らかの目的のために計算を行っているのです。それはすなわち「外界にはその網膜像をもたらすためにもともと何があったに違いないか」を推定するという目的です。もともとあったに違いない外界の何事かを**遠刺激**と呼び，その存在によって感覚器官にもたらされた変化——例えば網膜にもたらされた投影像の光エネルギー——のことを**近刺激**と呼びます。私たちの視覚系は，網膜像という入手可能な近刺激をもとにして，その原因となったであろう未知なる遠刺激を推定するという作業を常に行っているわけです（図 1.1）。推定結果は真実とは限りませんが，遠刺激の最も正しかろう姿として脳が作り上げた**心的構成概念**であって，これを一般に**表現**（**表象**）と呼びます。表現のうち，意識主体としての自分にとって関心の高い有意味なひとかたまりの事物についてのものを特に**オブジェクト**（**対象**）の表現と呼びます。

一見すれば，眼をビデオカメラになぞらえ，脳を映像モニターになぞらえて，「心に映し出されるものは網膜で撮影されている映像そのものなのだ」と考えるのが自然かもしれません。しかしながら，私たちに見える視覚の世

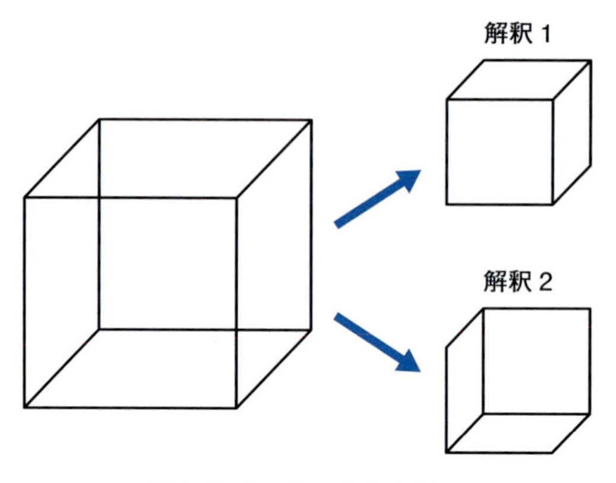

図 1.2 ネッカーの立方体

界が網膜像そのものでなく外界の事物の表現なのだということを示す証拠はたくさんあります。まず，私たちの網膜では視野中心で空間解像度が最も高く，視野周辺に行くにつれて空間的にだんだんぼけた情報しか入手できないという制約があるのですが，意識的体験としての視覚世界はどこもかしこもあまりに臨場感豊かに感じられます。次に，網膜は宿命的に2次元ですが，私たちは逆に宿命的に奥行き感を体験するように仕向けられていて，絵画や映画などは平面上の光の集合にすぎないにもかかわらずありありと奥行き感をもって感じることを強いられ，また時としてネッカーの立方体のように奥行き関係が否応なしに交替して見えることさえあります（図 1.2）。また，網膜の構造上の問題で，視野上には盲点という広い領域にわたる欠損部分があってその中の光を脳は入手できないのに，視野に欠損は見えず盲点内外で連綿とした情景がありありと広がっているように見えます。さらに，網膜や視力に問題がなくても，脳の機能不全によって物体の形状や人の顔や色や動きといった特定の認識能力が損なわれる病態があります。これらはすべて，私たちの感じる視覚とは網膜像そのものでなく，網膜像を手がかりとしながら脳内で能動的な情報処理がなされた結果なのだということを示す例です。

表現とは，外界の様子を忠実に「再現する」ために心の上に作り上げるものというよりは，単なる再現を超えた性質もあります。例えば，私たちが赤いリンゴや黄緑のリンゴのありありとした色みを感じたとしても，実際のところ外界に赤や黄緑という体験の物理的な対応物は一意には存在しません。そのとき外界にあるのは様々な波長の光に関して反射率の異なる表面反射特性をもったリンゴ果実にすぎず，光に「赤」という性質があるのではありません。赤い光を見て「赤」に感じるのは，網膜というハードウェアに縛られながら外界の様子を推定せざるをえない私たちの側が行う解釈になります。外界にあろうがあるまいが，ありありと心に感じる内実のことを**クオリア**と呼ぶことがあります。赤というクオリアが人々の間で本当に同じ赤色に見えているのかといったような問題は，実証的には解明し難い**意識のハードプロブレム**に属するものですが，それはさておき，赤いリンゴに対して人々の間で同じ「赤」という名づけをして日常生活ができることから，色みという心理的概念は外界の事物を私たちが把握するために便利な記述形態として共有されていることがわかります。

1.1.3　感覚モダリティ，知覚属性，モジュール性

わかりやすい例として視覚を取り上げてみましたが，私たちの身体が受容できる感覚入力を大別したときの種類を**感覚モダリティ**（**感覚様相**）と呼ぶことにすれば（Gibson, 1972），視覚の他に**聴覚**，**嗅覚**，**味覚**，**触覚**がすぐに思いつくでしょう。アリストテレスを草分けにしてこれら五感の区分が語られてきたがゆえに，超能力や霊感のことを「第六感（シックスセンス）」と言ったりするのでしょう。ただし，実はこれら以外にも，身体の進行方向や動きの様子を把握する運動覚だったり身体のバランスを把握する平衡覚だったりを生み出すために重要なものとして，内耳にある**前庭系**の感覚入力があります。また，筋骨格系の動きや張りを感じるための感覚入力として，骨格筋などから送られてくる**自己受容感覚**の信号があります。私たちの知覚システムは，これら数種類の感覚モダリティの入力信号を参考にしながら，環境と自己の様子を把握し，その意識的気づきとして視覚体験，聴覚体験，嗅覚体験，味覚体験，

触覚体験，自己身体認知などの心的な世界を作り上げているのです。本書では主に前半部分において，感覚器官を用いて外界の情報を生体信号として取り入れる仕組みを扱い，後半部分において，様々な感覚入力データと様々な知識とを統合して知覚世界を作り上げる仕組みを扱うことにします。

感覚モダリティのことを感覚入力の区分ととらえましたが，視覚，聴覚などの知覚体験の下位区分として，**知覚属性**という言い方をする場合もあります。視覚で言えば，例えば色，動き，奥行きなどが挙げられます。こうした区分に横たわる考え方が，脳の情報処理における**機能局在**，また計算過程における**モジュール性**です。例えば，動きの見えのために運動視の脳内中枢が機能局在していて，他の脳部位とは独立に計算を行うモジュール性をもつ，という言い方をします。これらは実証的研究を行う際によりどころとする作業仮説であって，実際，脳の局所的損傷後に動きという知覚属性の認識能力のみが失われるという事例があります（Zihl & Heywood, 2015）。ただ，実際には脳は部位と部位の間で相互に通信を行いながら計算を行う大規模なネットワークの性質をもち，極端にモジュール内で閉じた計算しか行っていないというわけではありません。

その反対に，感覚モダリティ間での相互作用や統合が起こっていることを表す言い方として，**クロスモーダル**（複数の感覚モダリティ間で情報の連絡があって一方が他方に影響する），**マルチモーダル**（複数の感覚モダリティの情報が合わさった結果として何らかの機能や体験が生じる），**スープラモーダル**（個々の感覚モダリティに依存する情報処理の段階を超越した共通段階での認知）という記述をすることがあります。感覚入力と情報処理と知覚体験の関係には，ただ眼に入ったものが見え，ただ耳に入ったものが聞こえるという単純な1対1対応ではとらえきれない側面があります。極端に言えば，見る，聞く，味わうなどあらゆる意識的気づきは，身体で受容したすべての感覚モダリティの情報を総動員して最も適切な知覚体験として脳が作り上げた結果とも言えます。

1.2 外界の推定

1.2.1 不良設定問題と自然制約条件

そもそも，外界の様子をなぜ「推定」しなければならないと言うのでしょうか？　必要十分な感覚入力があれば，得られている材料から自動的に表現を成立させればいいのに，なぜ困難な推定作業を行わなければならないと言うのでしょうか？

それは一つには，「赤」のクオリアのように，意識的体験には心的にのみ成立する側面があるからで，その場合，最も正しかるべきクオリアは脳内で推定する以外ありません。しかしもう一つには，得られた感覚入力だけからでは外界の正しい構造がどうなっているかそもそもわかりようがないからです。同様な困難はすべての知覚の種類にあてはまりますが，ここでも視覚を例にとって考えてみます。外界が縦・横・高さからなる 3 次元空間だとすると，その中の事物から光が反射して網膜という 2 次元の面に投影される像は一意に決定されます。既知の外界構造から網膜像ができる仕組みは，物理法則に従って光の筋道が記述される光学の過程なので，**順光学**といいます。ところが，網膜像は宿命的に 2 次元であり奥行き方向の次元がもともと失われています。視覚系にとっては，順光学と逆の過程である**逆光学**，すなわち，網膜像を材料にして未知の外界構造を明らかにせよ，という問題が与えられているわけです。網膜像は 2 次元，外界は 3 次元です。どうなるでしょうか？

解は不定になります。低次元の情報から高次元の正解を導こうとしても，無数の解がありえて解を一意に定められないのです（図 1.3）。これを**不良設定問題**といいます。例えば，正円の網膜像があるとします。この像をもたらした事物にどんなものがありうるかを挙げていくと，正立した平面の正円，傾いた平面の縦長楕円，長軸方向から眺めたラグビーボールや円錐など無数に思いつきます。

そのままでは解が一意に定まらないので，ありえない解を排除してありう

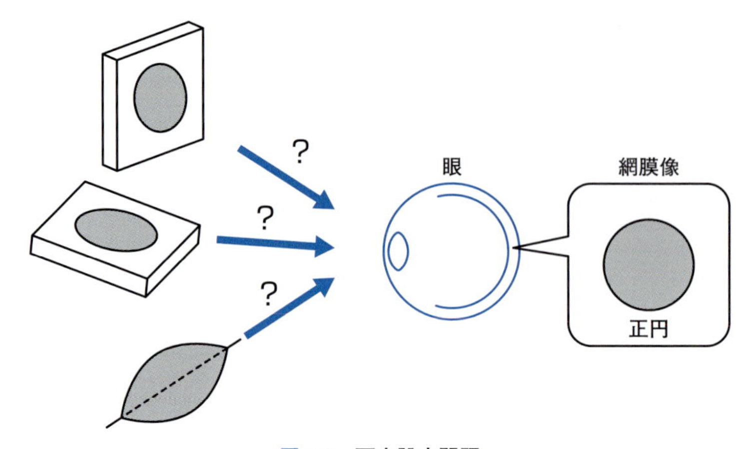

図 1.3　不良設定問題
正円の網膜像があっても，その原因となった遠刺激の形状は無数にありえます。

る解へと絞っていくために何かしなければなりません。数式の数より未知数のほうが多い連立方程式を無理やり解くようなもので，悩ましい状況です。しかしその状況の中に，ある意味で自分勝手に約束事を追加してやれば，解を無理やり収束させることができるかもしれません。そのように勝手に導入する約束事を一般に制約条件といって，特に，生物が安定的な知覚をするにあたって，自然環境を観察する場合に特有な性質を利用して解を制約するための条件を，**自然制約条件**といいます。

先の正円の網膜像の例では，それをもたらした事物が外界で静止しているという前提で，自分の観察位置がわずかに変わったらそれに連動して網膜像の形がどう変わるか考え，観察位置が変わってもほぼ同じ網膜像をもたらすような事物を，「外界に存在している見込みが最も高い，最もありそうなものとして選ぼう」と決めたとします。言い換えれば，「今この瞬間に網膜に映っているものは，自分がたまたま現在の観察位置から見たから偶然生じた網膜像なのではなく，少し観察位置がぶれても映り続けるものであるに違いない」とみなすわけです。正円という網膜像があったとき，そういう関係を満たすものとして，外界の事物としては「球」が最もあてはまる。球をどこ

図 1.4　大きさの恒常性
網膜像において，サイズが大きくなっていくとすると，その原因としては「外界の事物のサイズ変化」と「観察距離の変化」と「それら両方」が考えられます。どれが正しいか数学的には解けないのに，なぜか事物のサイズは変化しないものと解釈されがちです。

から見ても網膜に映る像は正円だから。よって外界には球があることにする。このような計算方略で用いる約束事を**一般的視点の原理**といいます。私たちの視覚系の側で勝手に解を制約する約束事を設定するのですが，ただその約束事は自然環境で事物を観察する際にほぼ有効に作用するので，自然制約条件の一例といえます。

もう一例。自動車の正面像があったとしましょう。いま，その網膜像が時々刻々大きくなっていくとします。どう見えるでしょうか？　ここでも，奥行き次元が失われているせいで解けない問題が生じます（図 1.4）。自動車は自分から特定の距離だけ離れたところで静止していてその車体サイズが時々刻々大きくなっているのかもしれないし，同じサイズの自動車が自分にだんだん近づいているのかもしれないし，はたまた，自動車はむしろ遠ざかりながらものすごい拡大率でサイズを膨らましているのかもしれない。自動車の車体サイズ（s）を観察距離（d）で割ったものが網膜像の大きさ（$x = s / d$）になるので，x が時々刻々変わったときに s と d がどう変わるのかと問われても数学的には解は一意になりません。このとき，地球上に住む生物としての私たちは，世界の統計的性質に関する知識を活かして，「世の中の事物は通常は固いものなので容易にサイズは変化しない」という性質を利用するのです。「車は固いから，車体サイズ s は一定としよう。でも網

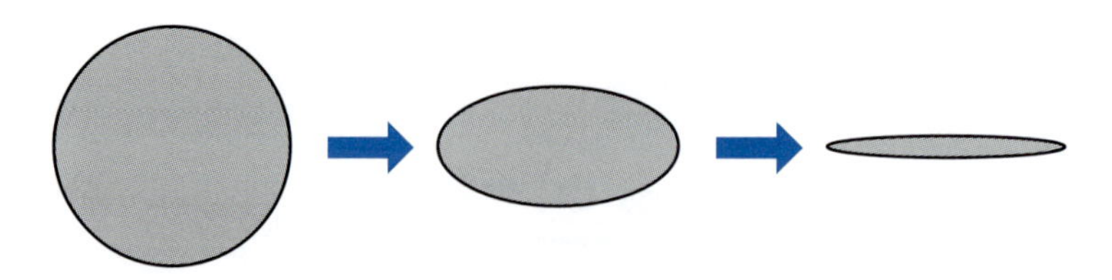

図 1.5 形の恒常性
網膜像において，楕円の長径と短径の比が変わっていくと，その原因としては「外界の事物の変形」と「観察方位の変化」と「それら両方」が考えられます。どれが正しいか数学的には解けないのに，なぜか事物の形は変化しないものと解釈されがちです。

膜像の大きさは現に変わっているではないか。ではその原因は何かと言えば，自己も事物も動きうるから観察距離 d は容易に変化しうるものだ，だから変わっているのはおそらく観察距離に違いない」と推論するのです。「ものの大きさは変わらない」とする知覚の性質を**大きさの恒常性**といいます。これも不良設定問題の解を絞るために視覚系が設定する自然制約条件の例と言えます。

これと似たものに**形の恒常性**があります。フリスビーのような円盤の網膜投影像は，眺める視点によっては正円になり，また楕円になり，甚だしきは1本線に近い形になります（**図 1.5**）。このように時々刻々変わる網膜像が与えられたとき，外界の事物が実際に変形していく様子を定点から観察しているとしても数学的には解として正しいわけですが，私たちにはそのようには見えません。「ものは固い」と仮定し，それにもかかわらず網膜像が変形していくのだから，「円盤という事物を観察する観察方位が変化しているのに違いない」と解釈するわけです。

恒常性にはこれら以外にも様々ありますが，いずれの場合も，それを覆す反証としての感覚証拠が得られない限り「ものの特性は変化しない」ということにする約束事を指し，それを自然制約条件にすることによって本来解けないはずの不良設定問題の解を制約しているのです。

1.2.2 ベイズ推定

ここまで述べてきた事柄は古くから知覚心理学の分野で語られてきたのですが，統計学の分野でこれらと親和性の高いのが，**ベイズ推定**という方法です。**ベイズの定理**の一般式は

$$p(A \mid B) = \frac{p(B \mid A) \times p(A)}{p(B)}$$

で表されます。ここで $p(x)$ は「事象 x が起こる確率」，$p(x \mid y)$ は「事象 y が起こったという条件のもとで事象 x が起こる条件つき確率」という意味です。今，事象Aを遠刺激である「事物」，事象Bを近刺激である「網膜像」として，ある網膜像が得られたとし，そこから事物を推定するとします。網膜像はすでに得られたものなので，ここでは仮にp(網膜像) = 1とします。するとベイズの定理は

$$p(\text{事物} \mid \text{網膜像}) = p(\text{網膜像} \mid \text{事物}) \times p(\text{事物})$$

と表せます。この式の左辺を最大化する事物を選ぶというのがまさに視覚系が行うべきこと，すなわち，近刺激である網膜像が得られたとき，「その網膜像が得られたという条件のもとで，その元となった外界の事物がこれである条件つき確率」が最も高くなる事物をもって遠刺激と定め知覚するということです。では，どうなれば左辺は最大化するでしょうか？

それはもちろん，右辺第1項と第2項の積を最大化するために，両者ともにできるだけ大きな確率になるようにすることです。右辺のp(網膜像 | 事物)は，「外界にそういう事物があったとしたときに今のその網膜像が得られる確率」です。これは**感覚証拠**と呼ばれたりします。右辺のp(事物) は，「そもそも外界にそういう事物がある確率」です。こちらは観察する前に自分がもっている知識であり，**事前確率**といいます。ちなみに，左辺の値は**事後確率**といいます。

「大きさの恒常性」の例では，例えば「飛行機」という事物から自動車の正面図の網膜像は得られるはずがほぼないので，その感覚証拠はごく弱く，

反対に「自動車」という事物から自動車の正面図の網膜像が得られる確率は高いので，推定するべき事物が「自動車」であることを示唆する感覚証拠はごく強い。でも感覚証拠に頼るだけでは，車体サイズ可変なのか固定なのかという問題が残る。そこで事前確率として，「そもそも外界に車体サイズ可変の自動車なんていうものが存在する」確率をごく低く見積もり，「世の中の事物は固い」確率は高く，「観察距離は時々刻々変わる」確率も高いとする。そのような事前確率を考えておくと，左辺を最大化できる外界の事物は「時々刻々変わりうる観察距離から眺めた固い自動車」となります。恒常性という性質は，自然制約条件であるとともに，事前確率であるとも言えるのです。

このように考えると，ものを見るという営みは，網膜像というビデオ映像を垂れ流すようなイメージとはほど遠い，知的な推定作業であることがわかるでしょう。網膜像を得て画像の分析をしていくという方向性の情報処理を**ボトムアップ処理**といいます。しかしベイズ推定の枠組みでは，右辺の p（網膜像｜事物）を計算するためにも事物に関する心的なモデルが必要だし，右辺の p（事物）に至っては入力データとは関係ない知識，常識，信条といったものに属します。ボトムアップ処理とは逆向きに，知覚システムの保持している機能を利用して問題解決の助けとする方向性の情報処理を**トップダウン処理**といいます。何らかの感覚入力があったとき，そこから何らかの知覚に至るためには常にこれら双方向性の処理が必須だというわけです。

1.2.3 計算理論，アルゴリズム，実装

このように複雑な情報処理の様子を見せる知覚システムをどうやって理解していけばよいでしょうか？ 脳のようにごく大規模な計算装置が現に機能している様子からその内容を明らかにするためには，問題を段階的に整理していくのが肝心だということで，計算神経科学者マーは以下のような 3 水準を提案しました（Marr, 1982）。

(1) **計算理論**……解くべき問題とは何か，それを解くための制約条件とは何

か？

(2) 表現と**アルゴリズム**……その問題はどんな方式で解けるか，入力，出力，それらを取り持つ計算手順はどんなものか？

(3) ハードウェアによる**実装**……その方式，計算手順はどうすれば物理的に実現できるか？

1つの計算理論に対してそれを解くためのアルゴリズムは複数考えられ，1つのアルゴリズムに対してそれを実現するための実装は複数考えられます。このように階層構造を描くことで，「何の目的で」「どのような計算が」「何を用いて実行されるか」を切り分けて考えることができ，マーの遺産として，知覚心理学全般にわたりこの枠組みを使って知覚の仕組みを理解するための研究が引き継がれています。

本書ではこの先，神経情報を運ぶ細胞である**ニューロン**（**神経細胞**）の挙動が時に語られることになりますが，特定のニューロンが感覚刺激に対して特定の仕方で応答する様子を語ることは，計算素子の入力と出力の関係を記述することにすぎず，何の目的でそのニューロンがその応答をするべきなのか，そのニューロンは計算の中でどんな役目を担っているのか，がわからなければ本当にそのニューロンのことを知ったことにはなりません。知覚情報処理の各側面で，「ここでなされるべき問題解決とは何か」「それはどんな方式で解けばいいか」を考えながら計算素子の動作する様子を理解するのが知覚研究の筋道として正しいあり方なのだということを，マーの3水準の提案から学ぶことができます。

1.3 知覚の測定

1.3.1 ウェーバーの法則，フェヒナーの法則，スティーヴンスの法則

ここまでの話では，「知覚研究とは理工系や医学系の分野の仕事なのではないか」という印象をもつかもしれません。実際，それらの分野にもまたがる学際領域であるのは確かです。ただし知覚研究とは，外界のあり方に促さ

れて意識と行動が生じ，環境や自己や他者の認識が生じ，それらの心的構造のあり方をきっかけとして外界にはたらきかけていくことで，心の中の世界と外の世界とが相互作用していく，そういった関係性を解明する学問分野であるという観点から，心理学の基本テーマであることは疑いようがありません。事実，1879 年にドイツのライプツィヒ大学で心理学実験室を開き「心理学の父」と評されているヴィルヘルム・ヴントも，1875 年にアメリカのハーバード大学で心理学実験室を開いたウィリアム・ジェームズも，1903 年に東京帝国大学で心理学実験室を開いた元良勇次郎と松本亦太郎も，主な興味の内容は感覚・知覚，意識，注意でした。

知覚研究において入力と出力との関係を実証的に調べようとしたら，物理的な刺激の特性と，意識に生じる何物かとの関係を記述しなくてはならないでしょう。そのためには，意識的気づきのあり方を測定できなければなりません。光や音などの刺激の量は物理的計測器で測れるし，ニューロンの電気的活動は記録電極を用いて測れますが，心に浮かぶ諸々のことを測るにはどうすればいいのでしょうか？　この問題に迫る実証的パラダイムが**心理物理学**（**精神物理学**）です。

19 世紀半ば，感覚の感度を定量化しようと試みた先駆的な研究者の筆頭が，ドイツのウェーバーです。彼は，例えば重さの知覚において，元の刺激に比べて異なること，すなわち**丁度可知差異**（just noticeable difference: **jnd**）になるために必要な重量の違い，いわゆる**弁別閾**（べんべついき）（**差閾**）を実測しました。そして，様々な元の重量においてそうした弁別閾を調べ，元の重量からの一定の差分でなく一定の割合で変わったときに初めて違いがわかるということを発見したのです。今日では，元の強度（x）と弁別閾（Δx）との間に

$$\frac{\Delta x}{x} = k \quad (k \text{ は定数})$$

という比例関係があることを**ウェーバーの法則**といい，定数 k のことを**ウェーバー比**といいます。光の明るさや音の大きさなど，調べる内容ごと，

また測定条件ごとに，個別のウェーバー比が得られます。ウェーバー比が小さいほど，違いに対する弁別の感度が高いことを意味します。

ライプツィヒ大学でウェーバーと交流のあったフェヒナーは，知覚の測定について大きく2つの偉業をなしとげました。一つは，ウェーバーの法則を発展させて，感覚が生じるために必要な最小の量である**検出閾**（**絶対閾**）から閾上の様々な**物理量**にわたり，それらに対して感じる**心理量**を定式化したことです。フェヒナーは，ある物理量からちょうどウェーバー比だけの割合で増えたときに初めてjndとなって違いがわかることから，そのように心の中で差異をぎりぎり知れることをもって心理量が1単位増えるのだと考えました。そうして，物理量（x）と心理量（y）との関係が

$y = c \log x$（cは定数）

で表せる，つまり心理量は物理量の対数関数であることを導きました。これが**フェヒナーの法則**です。

フェヒナーの法則は，対数軸上で等間隔（例えば10倍，100倍，1,000倍，……）に変わる物理量の変化に対して心理量が直線的（例えば20，30，40，……）に変わることを意味し，様々な局面での知覚の性質をうまく言い表します。ただ，いくつかの仮定をおいて導かれた法則であることもあり，常にあてはまるとは限りません。20世紀に入り，ハーバード大学のスティーヴンスは，閾上の様々な大きさの心理量を直接測る方法として**マグニチュード推定法**を考案しました。これは，感じた量を数字の大小で表すという方法で，何も感じなければ「0」，何らかの参照となる十分強い刺激——**モジュラス**——を観察したときに感じる量を例えば「100」，そしてそれらの間を結ぶ物差しのようなものを心の上に想定して，その物差しに沿った数字で，ある刺激を観察したときに生じる心理量の値を答えるのです。そうしたところ，光の明るさや音の大きさなどにおいて推定されたマグニチュードは確かに物理量の対数関数で近似できました。対数関数は上に凸の関数となります。ところが，音の長さは直線関数，電気ショックは下に凸の関数となりました（**図**

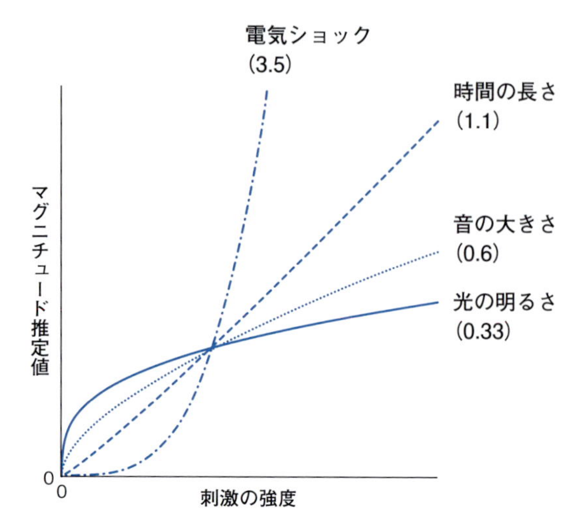

図 1.6　スティーヴンスのべき法則
刺激の強度の関数として，直接尺度構成法の一つであるマグニチュード推定法を用いて心理量の値を定めると，様々な刺激の種類について $y = x^g$ に従う曲線が得られました。括弧内の数値はべき数 g を示します（Stevens, 1961）。

1.6）。むしろ，これらを包括的に記述するものとしては，べき関数

$$y = x^g \quad (g\text{は定数})$$

のほうがあてはまりがよくなりました（Stevens, 1961）。これを**スティーヴンスのべき法則**といいます。このように，jnd から積み上げていく間接的な尺度構成と，観察者に心理量を数字で表してもらう直接的な尺度構成とは必ずしも一致しません。また心理学的尺度構成法には他にも一対比較法や多次元尺度構成法など様々ありますが，説明は他書に譲ります。

1.3.2　心理測定関数

フェヒナーは閾を測定して物理量と心理量の関係を論じる研究を通じ，もう一つの偉大な業績を残しました。心理物理学的測定法を体系的に記述したのです。今日の呼び名でそれぞれ，**恒常法**，**極限法**，**調整法**と呼ばれ，現在

も知覚実験で大いに用いられるそれらの手法を，簡単に紹介していきます。ただしその前に，そもそもどんな状況で何を測定するべきかの説明が必要です。

まずは，閾測定の場面での刺激と反応との関係がどんなものかを見てみます。簡単な例として，光を感じるために最低限必要な光の強さ，すなわち光覚の検出閾を知りたいとしましょう。1人の人間を光センサーであるかのように単純化し，光を検出すればY（「yes」）反応，検出しなければN（「no」）反応を出す装置とみなすのです。横軸には光の強さをとり，縦軸には，当該の光量の光刺激を複数試行で呈示したときに，例えば100試行中何回Y反応を出すか，といったような割合をとります。このY反応の割合は，光がなければ0%，光が十分強ければ100%になるとします。では，それらの間ではどのような挙動をするでしょうか？

それらの間では，Y反応になるかN反応になるかが，外界や生体システム内部の確率過程の存在によって，確率的な振る舞いをします。その結果，Y反応の割合はS字状の曲線を描いて上昇します（図1.7）。このように，刺激の強さの関数として特定の反応が出現する確率を描いたものを，**心理測定関数**（**精神測定関数**）と呼びます。光覚閾の例では，例えば，心理測定関数の縦軸上の50%に対応する横軸上の光の強さをもって検出閾と定義する

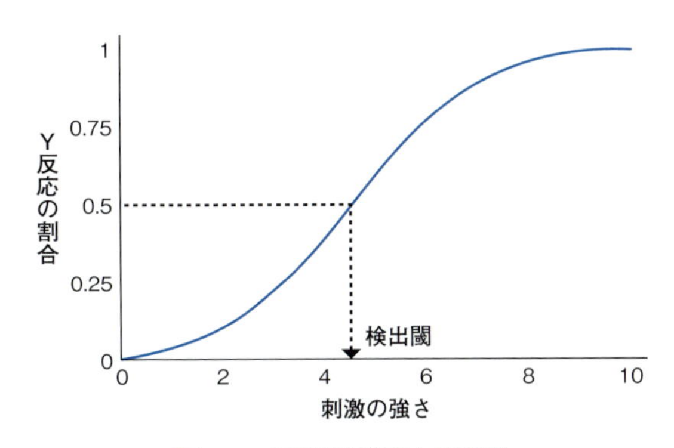

図1.7　心理測定関数と検出閾

ことができます。この場合の検出閾は，「光がついているのが五分五分の確率で見えたり見えなかったりするときの光の強さ」という意味になります。

弁別閾についても同様に心理測定関数が描けます。例えば，左視野には一定の強さの光，右視野には別の強さの光がついて，どちらがより明るいかを判断するとしましょう。強度が一定であるほうの刺激を**標準刺激**と呼び，強度が可変なほうの刺激を**比較刺激**と呼びます。比較刺激のほうが明るいと判断した割合を縦軸にとり，比較刺激の光の強さを横軸にとると，比較刺激が十分弱ければ0%，十分強ければ100%，それらの間はS字状の曲線を描いて，縦軸上の反応確率が上昇します（図1.8）。縦軸上の50%に対応する横軸上の値を，標準刺激に対する比較刺激の**主観的等価点**（point of subjective equality: **PSE**）と呼びます。例えば左視野の光は何らかの背景に囲まれていて右視野の光は暗黒中に呈示されていたというように，標準刺激と比較刺激の呈示条件が違えば，物理的に同じ光強度のときに主観的に等価には見えないことがあります。ですからPSEというのは，標準刺激を観察したときの心理量を，比較刺激を観察したときの心理量と突き合わせ，標準刺激と同じ心理量に感じられる比較刺激の物理量を求めるという，**知覚マッチング**が行われた結果なのです。後の章で扱う様々な錯覚を定量化するとき，この手

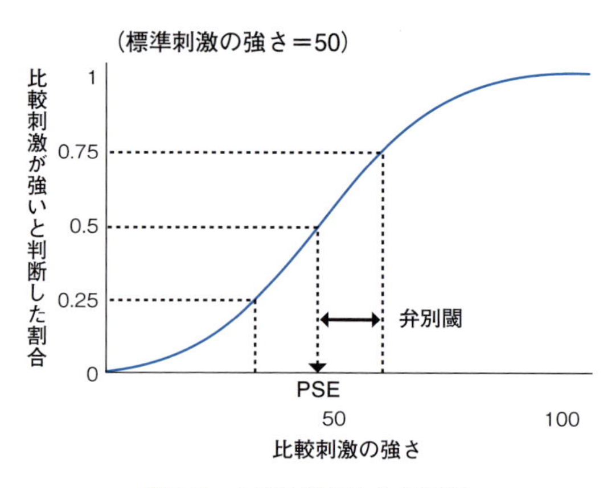

図1.8　主観的等価点と弁別閾

法は絶大な威力を発揮します。さて，それでは弁別閾はどう定義するかの話ですが，これは通例，縦軸上の75%に対応する横軸上の値からPSEまでの距離と表されます。より詳しくはこれを**上弁別閾**と称し，一方，縦軸上の25%に対応する横軸上の値からPSEまでの距離をもって**下弁別閾**として区別することもあります。

1.3.3　恒常法，極限法，調整法

心理測定関数と検出閾とは何かがわかったところで，いよいよ，それらを知覚実験によって実測していく手法を説明しましょう。心理物理学的測定法です。

まず**恒常法**では，刺激の強さを何水準か離散的に設定し，それらの水準の各々について複数回の試行を行い，Y反応が出た試行数を全試行数で割って，Y反応の出現確率の実測値とします（図1.9）。水準数×反復試行数ぶんの試行をランダム順に行うことで心理測定関数を反映する離散データが得られるので，何らかのS字状曲線をこれらのデータに最適あてはめして，連続関数としての心理測定関数の形状を推定します。この関数上で，上述の縦軸と

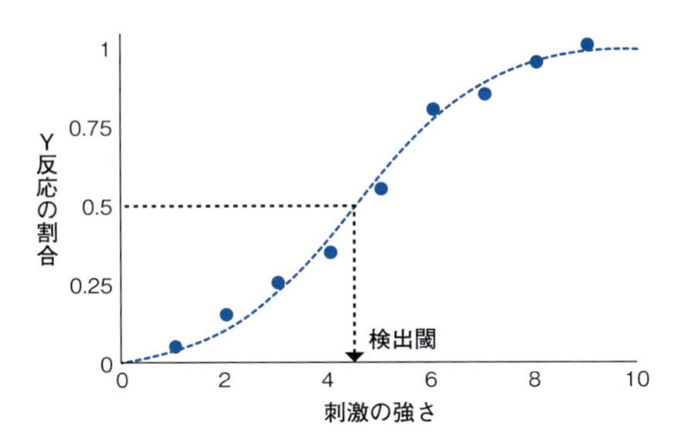

図1.9　恒常法
Y反応の割合（●）を実測し，科学技術計算ソフトウェアなどを用いて，累積正規分布関数，ロジスティック関数，ワイブル分布関数といったS字状曲線をこれらの離散データに最適あてはめ（ベストフィット）して，心理測定関数（破線）を推定します。

横軸の関係から検出閾を割り出します。恒常法では，心理測定関数の形状の推定を含めて厳密な測定ができる反面，たった1個の検出閾を求めるために必要な試行数が多く，時に数百回になることもあり，労力がかかります。

次に**極限法**では，実験の透明性をできるだけ保ちながら検出閾を効率的に測定するために，系列を導入します。下降系列と上昇系列を同じ回数ぶん設けて，互い違いに複数回の系列を行います（図1.10A）。下降系列では，確実に検出できるところから始め，試行ごとに段階的に刺激の強さを下げていって反復試行を行い，Y反応だったのがN反応に変わるまで続けます。上昇系列では，まったく検出できないところから始め，試行ごとに段階的に刺激の強さを上げていって反復試行を行い，N反応だったのがY反応に変わるまで続けます。反応変化点での刺激の強さを系列間で平均し，それをもって検出閾とします。ランダム順に試行を行う恒常法に比べて，直前まで

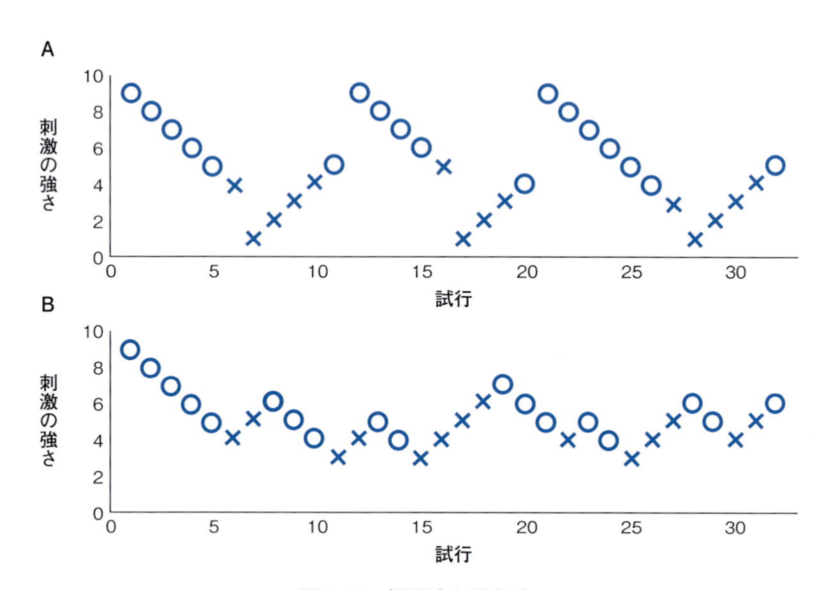

図1.10　極限法と階段法

連続する試行に従って刺激の強さを段階的に変え，Y反応（○）とN反応（×）が出現する様子を実測し，反応変化点の平均をもって検出閾の推定値とします。A：極限法。B：階段法。

の試行を経験したことによる影響が出やすくなることと，心理測定関数そのものの形状が描けるわけではないことで，やや厳密性に欠ける反面，少ない試行数で閾測定が行えます。

極限法を応用したものに，**階段法**（**上下法**）があります（**図 1.10B**）。下降系列から始め，Y 反応だったものが N 反応に変わった試行の次には，その値を出発点として上昇系列へと系列変化させます。N 反応から Y 反応に変わったらまたそこから下降系列へと系列変化させ，以下同様に，階段状に刺激の強さを変えることで，極限法よりもさらに試行数の省力化を目指すわけです。この手法でも，複数個の反応変化点を平均し，検出閾とみなします。

これまでの方法では，実験者の制御下でランダム順あるいは系列に沿って刺激の強さを段階的に変化させましたが，最後に紹介する**調整法**では，観察者が刺激の強さを自由に調整することが許されます。検出できるかできないかぎりぎりのところに刺激の強さを調整していくというのが観察者の課題で，調整終了時の刺激の強さをもって検出閾とみなします。観察者に多くをゆだねるために実験の透明性の点では劣るのですが，最も少ない実験時間で閾を測れるため，予備実験や原理的に実験時間を長くとれない状況などで使われます。

簡単のために，光が見えたら必ず Y 反応，見えなかったら必ず N 反応をし，五分五分の確率で見える刺激に対しては五分五分の確率で Y 反応と N 反応をするような挙動をする観察者を想定して説明してきました。しかし実際には，たとえ刺激が見えた気があまりしなくてもつい Y 反応をしてしまう軽率な人や，たとえ見えていた気がしても相当の確信がなければ Y 反応をしない慎重な人もいます。そうした個人ごとの**判断基準**は，刺激の有無がわかる**検出力**そのものとは本来切り離されるべきです。これら判断基準と検出力の指標を独立に推定できる優れた方法として**信号検出理論**があり，今日の心理物理学実験のほとんどはこの理論に依拠して運用されていると言っても過言ではないのですが，やや専門的なため説明は他書に譲ります。また，これまでの説明では反応のカテゴリーは Y と N でしたが，この **yes-no 法**（**YN**

法）に対して**強制選択法**（forced choice: **FC 法**）という反応方法もあります。例えば，上下に並べて枠を配置して上と下のどちらかに光を呈示し，上下どちらに光がついたかを回答してもらうような**二肢強制選択法**（two-alternative forced choice: **2AFC**）の課題では，光が検出できれば正答率は高く，検出がまったくできなければ軽率な人でも慎重な人でも正答率は偶然確率（チャンスレベル）である 50％になるはずです。この方法にも一長一短はありますが，判断基準の問題をある程度棚上げでき，「とにかくどちらか選ぶ」よう指示されるほうがストレスなく反応できる観察者も多く，よく用いられます。

参考図書

ゲシャイダー，G. A. 宮岡 徹（監訳）倉片 憲治・金子 利佳・芝崎 朱美（訳）（2002）．心理物理学——方法・理論・応用——（上・下） 北大路書房

大山 正（監修）村上 郁也（編著）（2011）．心理学研究法 1　感覚・知覚　誠信書房

内川 惠二（総編集）岡嶋 克典（編）（2008）．感覚・知覚実験法（講座　感覚・知覚の科学 5） 朝倉書店

視覚信号の処理過程

第2章

2.1 眼

2.1.1 光

ものが見えるためにはまず，外界から生体内へと**光**を取り込む，すなわち視覚信号を受容することが必要です。そのための感覚器官が**眼**です。

そもそも光という物理的実体とは何でしょうか？　光とは，外界を飛び交う様々な**電磁波**の一種です。電磁波とは一般に，エネルギーが電磁的に振動しつつ 299792.458km/s（真空中）というとてつもない速さで進行する物理現象であり，振動の 1 周期ぶんの距離を**波長**といいます。そのうち約 380 ～ 780nm の波長の電磁波について，ヒトの眼が感度をもつため，この領域内の電磁波を特に**可視光線**といいます（図 2.1）。1nm（ナノメートル）は「10 億分の 1」m です。可視光線よりも長波長寄りのところには赤外線，短波長寄りのところには紫外線の領域があります。太陽光はこれらを含んで地表に降り注ぐため，赤外線で地表を温め，紫外線で皮膚に日焼けを起こす原因となり，その一方，事物を照らす光線の一部が反射光となって物体表面から跳ね返りその可視光線の波長帯域が眼の中に飛び込むことで，私たちに視覚を生じさせるのです。

実験室では，専用の装置を用いればごく狭い領域の波長だけを含んだ光を作り出せます。その一方，日常生活で私たちが目にする光では，レーザー光などの特殊な場合を除き，多くの異なる波長の光線が混ざっています。その様子は，横軸に波長，縦軸にその波長成分の大きさをとり，**分光分布**（**波長**

分類	周波数（Hz）	波長（m）	主な用途
超低周波	< 300	> 1000000	家庭電化製品
極超長波	< 3000	> 100000	鉱山との通信
超長波	< 30000	> 10000	潜水艦への通信
長波	< 300000	> 1000	電波時計用の報時
中波	< 3000000	> 100	AM 放送
短波	< 30000000	> 10	アマチュア無線
超短波	< 300000000	> 1	FM 放送
極超短波	< 3000000000	> 0.1	地上デジタル TV 放送
センチ波	< 30000000000	> 0.01	衛星 TV 放送
ミリ波	< 300000000000	> 0.001	車載レーダー
サブミリ波	< 3000000000000	> 0.0001	電波望遠鏡の天文観測
赤外線	< 375000000000000	> 0.0000008	熱線
可視光線	< 750000000000000	> 0.0000004	ヒトにとって見える光
紫外線	< 30000000000000000	> 0.00000001	滅菌灯
エックス線	< 300000000000000000000	> 0.000000000001	レントゲン撮影
ガンマ線	< 3000000000000000000000	> 0.0000000000001	放射線治療

図 2.1　電磁波としての可視光線
可視光線（計算の簡単のために 400 ～ 800nm で表しています）は電磁波の一種です。上では，各帯域について周波数の上限と波長の下限を示しています。

スペクトル）の曲線で表せます。例えば赤いリンゴの表面から反射する光の分光分布は，長波長成分が多めである曲線を描くでしょう。また例えば太陽光は，どの波長の光もほぼ均等に含むような曲線となります。ちなみに，可視領域のすべての波長成分が同じ大きさである光は，**等エネルギー白色**と呼ばれます。また，光の波長ごとに屈折の程度が異なるせいで，白色を**プリズム**に通して出てくる光を何かの面に当てると，虹のように色みの様々な光が分散して異なる位置に並びます。雨上がりに水の粒を多く含んだ大気が，プリズムと同じ作用をして太陽光を分散させてできるものが，天然の虹なのです。

2.1.2　眼の光学系

さて，外界の物体表面からの反射光が眼に入ると，その後どうなるでしょうか？　図画工作でピンホールカメラ（針穴写真機）を作ったことがあれば想像できるかもしれませんが，外界の風景は**瞳孔**という小さな穴を透かして眼の中に入ることで，上下左右が逆転した像として眼の奥の網膜に映ります(図 2.2)。

網膜で像が逆転しているのに，なぜ視覚世界は正立しているのか？　この問いは古くはケプラーの時代にまで遡り，認識哲学上の難問だったのですが，近刺激と遠刺激との違いに立脚して知覚の仕組みを理解する今日の考え方を用いればすんなりと解釈できます。網膜像そのものという近刺激を見るために視覚系があるわけではなく，網膜像を出発点にして外界という遠刺激の構造を把握するために視覚系があるのです。したがって，網膜像が外界構造を何らかの形で反映・写像して，体系的な視覚情報を提供してくれる限り，上下左右が逆転していてもかまわないばかりか，むしろ私たちは網膜像において上下左右が逆転しているという真実に意識的に気づくことすらできず，眼前で正立している 3 次元空間的な視覚世界という幻影を楽しむことしかできないのです。

ストラットンの行った**逆さ眼鏡**の実験は，像の映り方そのものよりも，世界の見えを正しく行うという最終出口が重要であることを如実に物語っています（吉村，2008)。プリズムを用いれば，例えば上下が逆転した像や，左右が反転した像が両眼に常に映るような眼鏡を作れます。逆さ眼鏡の装着直後は，歩くどころか自分の手足が視野のどこにあるかすら容易には理解できません。この状況に慣れるために長時間装着し続けると，乗り物酔いに似た不快感が生じることがあります。ところが，逆さ眼鏡をつけた生活を数日続

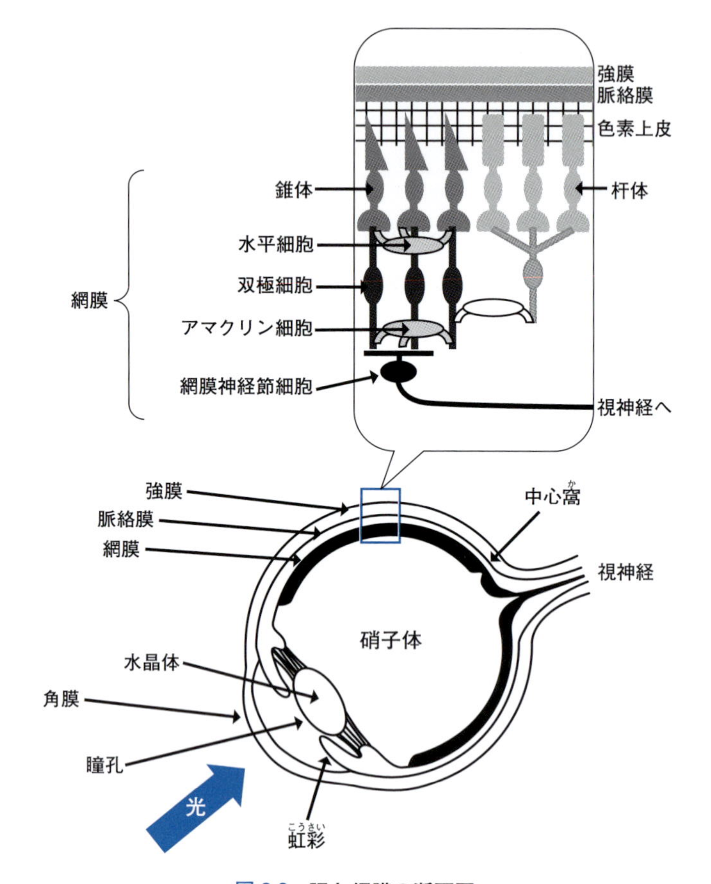

図 2.2　眼と網膜の断面図
模式的な説明のため，図中の縮尺や細胞形態は実際のものと異なります。

けるうちに，眼に映る像は依然として逆転しているにもかかわらず，見えの世界は正立して感じられ，わりと自然に日常生活をすることができるようになります。

さて，眼光学系の話でもうひとつ重要なことがあります。上下左右逆転はいいとしてもピントのぼけた像では後々困るので，できるだけピントの合った投影像が網膜上に結ばれるように眼光学系内部の数段階にわたって屈折作用があります。そのうち最大の屈折は，空気から液体へと媒質が変わる場所，すなわち**角膜**で生じます。その次の**眼房水**を経て，さらに，屈折力の調節の利く**水晶体（レンズ）**を通ることで，ピントの微調整が行われます。遠景を観察する際には屈折力を弱め，近景では屈折力を強めるといったように，周囲の毛様体筋の張力によって水晶体は厚みを変化させるのです。水晶体を通過した後，眼内に充満しているゲル状の硝子体を光が通過していき，眼底に張られた神経ネットワークである網膜に到達し，**網膜**の神経ネットワークの層を通り抜けていって，最終的に**色素上皮**に届いて終わる，その寸前のところで，ニューロンによる光の受容と変換が行われるのです。

2.1.3 視細胞

眼に入った光は，網膜の最も奥の層にある**視細胞（光受容器）**というニューロンによって受容され，電磁エネルギーから生体信号へと変換されます。視細胞には，感度の互いに異なる 2 種類のもの，すなわち**杆体**（かんたい）と**錐体**（すいたい）があり，さらに錐体には，感度をもつ波長領域の互いに異なる 3 種類のもの（L 錐体，M 錐体，S 錐体）があります。これらすべて，光の受容機構の概略は同じで，視細胞の**外節**という部分に用意された**視物質**という分子で光を受信すると，一連の化学変化の過程を経て，細胞膜の**イオンチャネル**（特定のイオンの膜内外の出入りを可能にする膜タンパクで，これらの開閉により膜電位が変更される）に作用が及び，ニューロンの電気的状態である**細胞膜電位**が負の方向にシフト（**過分極**）します。反対に，光が弱まると，細胞膜電位が正の方向にシフト（**脱分極**）します。単純化して考えれば，白い紙を見せると負方向に振れ，黒い紙を見せると正方向に振れる光センサーです。いずれの場合も，光量変化に応じて膜電位がシフトする量が大きくなります。

それぞれの種類の視細胞がどの波長の光にどれだけ感受性をもつかは，横軸に波長をとり，ほぼその波長だけを含む単波長光を与えたときの応答量を縦軸にとって，**分光感度**の曲線として記述できます（**図 2.3A**）。これを見ると，異なる種類の視細胞では異なる波長をピークにもつことが見てとれます。

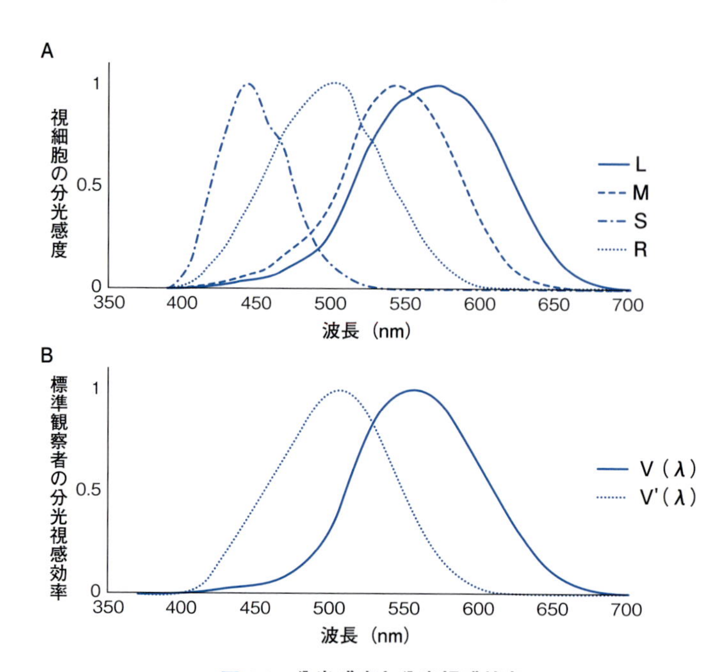

図 2.3 分光感度と分光視感効率

単波長光に対する視細胞の感度（A）と標準観察者（B）の視感効率。錐体のデータはStockman et al.（1999）およびStockman & Sharpe（2000）の表による。杆体のデータはKraft et al.（1993）およびWyszecki & Stiles（1982）の表による。視感効率は国際照明委員会（CIE）（1924；1951）の表による。L：L錐体。M：M錐体。S：S錐体。R：杆体。V(λ)：明所視での分光視感効率。V′(λ)：暗所視での分光視感効率。

それとともに，曲線がけっこうなまっているのですね。特定の波長だけを感じ取るようなセンサーではないのです。網膜のいちばん奥の層に2次元的に視細胞を敷き詰める制約から，同じ場所に何種類もの特定波長センサーを植えるのは無理があるので，ヒトでは色覚に必要な最小限の種類の視細胞しかもたないように進化したのでしょう。

1人の人間全体としてどの波長の光にどれだけ感受性をもつかは，横軸に波長をとり，縦軸に心理物理学的な検出感度（1.3節で扱った光覚の検出閾を測定し，その逆数で表す）をとれば，**分光視感効率**の曲線として記述できます。これを見ると，視細胞の感度と人間の感度には，何やら興味深い関係がありそうです。**暗所視**といって，夜中など非常に暗い照明環境下でのヒトの分光視感効率は，どうやら杆体の分光感度とよく似ているようです。実は暗所視においては，暗すぎて錐体では光を受容できず，杆体のみが光感度をもつので，このような一致は納得できます。**明所視**という，太陽光などの明るい照明環境下での視覚において，ヒトの分光視感効率がどうなるかについては，後で触れます。

暗所視と杆体の関係の話ついでに，視野内の分布の話もしましょう。知覚心理学の分野では視野内の位置や大きさを示すのに**視角**という尺度を用います。腕を左右に広げて一直線に伸ばしたときのなす角が180度で，その1/180倍の角度が1度（以下1degと表記），例えば眼から57.3cm前方の距離にある1cmの長さが視角1degに相当します。視野内の位置を示すときは視野中心からの角度で表し，これを**偏心度**と呼びます。例えば視野中心の偏心度は0度，真右方向の偏心度は90度です。事物の長さを記述するとき，「mm」などで外界での事物の長さを表すと観察距離によって網膜上の長さが変わりますが，網膜上で張る角度が何degになるかで表せば，もはや観察距離に依存しません。さて，視細胞の分布の話に戻りますが，視野中心に対応する網膜上の**中心窩**（ちゅうしんか）という部分には，錐体はあるが杆体はありません。杆体は視野周辺に多く存在しており，偏心度20deg程度のところで最大密度となります。そのため，夜間の遠洋航海で暗い空を見上げて星の微（かす）かな光を見たい場面など暗所視においては，見たいものを視野周辺でなく視野中心で見つめるとかえって見づらくなってしまいます。これを**アラゴ現象**と呼びます。

2.1.4　網膜の神経ネットワーク

視細胞が網膜上に2次元的に敷き詰められて光から生体電気信号への光電変換を行ってくれるおかげで，網膜投影像の視覚信号が無事に視覚系に入力されました。さて，それで処理がめでたく終了かというとまったくそうではなく，むしろここから本当の生体情報処理が始まるのです。その証拠に，網膜内部でさえ複数段階にわたり階層的な処理を可能にするメカニズムが備わっています。視細胞からは**双極細胞**へと信号が縦向きに伝わります。双極細胞には，明るくなると脱分極する**オン型**と，暗くなると脱分極する**オフ型**があります。双極細胞では視細胞と同様，光量変化に応じて膜電位のシフトの量が大きくなります。双極細胞からは**網膜神経節細胞**へと信号が縦向きに伝わります。ここでも同様にオン型とオフ型があり，また，**活動電位**を出して視覚信号を運ぶという特徴があります。細胞の電気信号の伝導経路である軸索は，眼から出る際にすべて束ねられて**視神経**をなし，長い距離を伝って視覚信号を脳に届けるため，軸索内を減衰せずに伝導できる活動電位という形で運ぶことが必須なのです。活動電位とは，私たちの身体内のニューロン一つひとつが一般的に神経情報を運ぶ様式であって，一瞬だけ生じる大きな膜電位変化の形をとるため「スパイク」や「発火」とも呼ばれます。**全か無かの法則**に従い，活動電位が生じるときは定型的に生じ，生じないときは一切生じない，言ってみればデジタル的な変化をします。単純な電気ケーブルであるなら電気信号はケーブル長の方向に進むにつれて強度が減衰していくはずですが，ニューロンの軸索には特殊なメカニズムがあり，活動電位の時系列が軸索のどの部分でも同じく再現されるようになっています。

視細胞と双極細胞との間の連絡には横向きに結線する**水平細胞**が介在し，双極細胞と網膜神経節細胞の間の連絡には横向きに結線する**アマクリン細胞**が介在しています。このような縦横の連絡があることで，網膜の段階ですでに複雑な時空間的処理ができるようになっています。

視細胞では，細胞自身に光が当たると細胞の電気的状態が変わるという関係があります。しかし，視覚信号が次の細胞に伝達される際には，中心窩以外の場所では一般に，多対一の収斂（しゅうれん）性の結合がなされ，広い範囲からの視覚情報が1個のニューロンに集まってきます。このような範囲，すなわち，光刺激によって当該のニューロンの電気的状態を変えることのできる網膜上の位置の集合を，そのニューロンにとっての**受容野**といいます。網膜内部の縦横の連絡があることで，ニューロンによっては受容野の形状がドーナツの

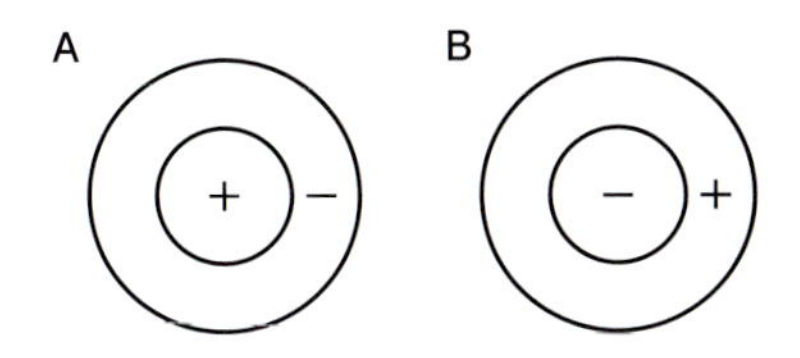

図 2.4　中心周辺拮抗型受容野
図で，「+」「−」はそれぞれ，明るい光が呈示されたことに対して興奮性応答，抑制性応答をする領域であることを示します。A：オン中心オフ周辺型。B：オフ中心オン周辺型。

ような同心円状をしています。その中心部ではオン型，周辺部ではオフ型の挙動を示したり，あるいは中心部ではオフ型，周辺部ではオン型というように，応答の仕方が中心と周辺とで逆転しているものを，**中心周辺拮抗型受容野**と呼びます（図 2.4）。このような受容野をもつニューロンは，オン型の領域とオフ型の領域に同じ強さの光が同時にあると，差し引きゼロといった具合であまり応答しません。逆に，一様な灰色背景上で，オフ型の領域には今までより弱い光，オン型の領域には今までより強い光を同時に呈示すると，最も好んで応答します。このような受容野をもつニューロンは，全体的に一様な強さの光刺激には「興味が低い」代わり，自分の受容野内部で光量の空間的な違いがあるかに「注目する」装置だと言えます。何らかの目的があるのか，こうしたニューロンにとっては「違いが大事」なのです。

ところで，従来は，網膜の中で光を受け取れるニューロンは杆体と錐体だけだとされてきました。ところが，ごく一部の網膜神経節細胞（**内因性光感受性網膜神経節細胞**）は固有の視物質をもち，光を直接受け取って生体電気信号に変換できることが，21 世紀に入る寸前に発見されました（Provencio et al., 2000）。こうしたニューロンは，光を入力とした生体反応のうちでも，光照射に対する瞳孔反射や脳内の生物時計を昼夜の照明の周期でリセットするといったいわゆる**非撮像系視覚**のメカニズムに寄与します。それに加え，意識的気づきを生む方の**撮像系視覚**にどれだけ関与するかについても現在研究が進んでいます（Saito et al., 2018）。

2.2 視覚の感度の指標

2.2.1 明るさの恒常性と順応

光を生体信号に変換する大枠の仕組みがわかったところで，光の強さと知覚の関係をもう少し考えてみましょう。日陰で囲碁を打っているとして，黒い碁石からは「10」，白い碁石からは「100」という光量が反射するとします。突然，雲が晴れて日なたになりました。空から降り注ぐ光が100倍の強さになり，黒い碁石からは「1000」，白い碁石からは「10000」の光量が反射するようになったとしましょう。日なたの黒石は日陰の白石よりも光量が多いからと言って，「白よりも白い」色に見えるでしょうか？ そして日なたの白石はさらに光量が多いから，「白よりも白いよりさらにもっと白い」色に見えるでしょうか？ あるいは，日陰で見る白石がすでに真っ白に見えるのだから，日なたでのそれ以上の強さの光は「白トビ」して「すべてが真っ白けっけ」に見えるでしょうか？

実際，昔ながらのフィルムカメラで撮影条件の設定変更なしに日陰と日なたで撮影を行うと，日陰では黒から白まできれいに写っても，かんかん照りの日なたではすべてが白にとんでしまうことがあります。撮影にあたっては，照明条件に応じて露光時間や絞りや感光感度（どんな感度のフィルムを使うか）を調整しないといけません。

眼も同様な制御をしています。まぶしい光を浴びると瞬目反射が起こり，露光時間を制限します。また，瞳孔反射が起きて，瞳孔面積を狭め，眼に入る光量を絞り込みます。続いて，新しい照明条件に眼が慣れていく**順応**の過程が進み，感度の調整が数十minにわたり続きます。明るい照明に慣れていくことを**明順応**，暗い照明に慣れていくことを**暗順応**といい，暗順応の方が時間がかかります。

順応には時間がかかるのに，なぜ，個々の事物は時々刻々の素早い照明変化によらずだいたい同じ明るさや色を保って見える，すなわち**明るさの恒常性**や**色の恒常性**をもって見えるのでしょうか？（図2.5） それはおそらく，

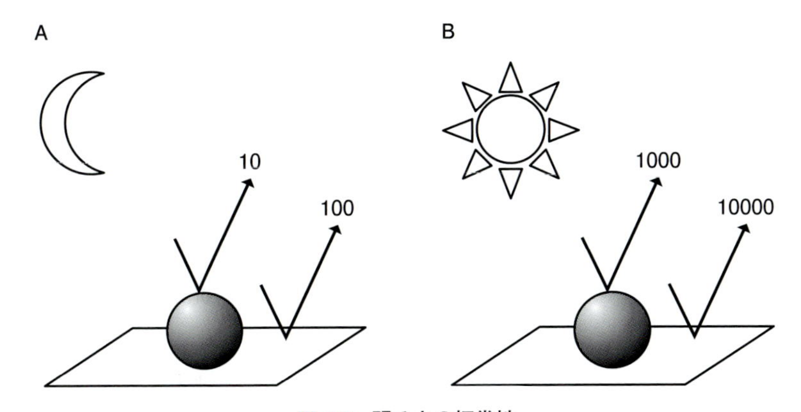

図 2.5 **明るさの恒常性**
A：空が暗いときの反射光。B：空が明るいときの反射光。

視覚情報処理の基本的な性質，すなわち，「違いが重要」という性質と関係しています。照明光量が変化しても，隣り合う事物の表面反射率に変化がなければそれらから反射される反射光の比は一定のはずです。全体光量は無視して事物間の光量の比にだけ注目する機構があれば，明るさの恒常性にとって有利と思われます。様々な計算方略がある中でもここでは網膜の中での話に絞るとして，中心周辺拮抗型受容野をもつニューロンは一様な光の強度には「興味が低い」が，光量の空間差分に「注目する」装置だと述べました。このニューロンは日陰であろうと日なたであろうと関係なく，碁盤の背景が受容野周辺部にあり，それに比べて光量の異なる碁石が自分の受容野中心部にあれば応答をするように設計されているのです。その応答が出発点になって，究極的には私たちの心の上に「白」「黒」という明るさ知覚が生じるのでしょう。

そうは言っても，ニューロンの光に対する応答には下限と上限があり，やってくる光が全体に弱すぎたり強すぎたりして応答限界を超えてしまうと，光の強さの差分を強調する以前の問題で，ニューロンは光応答をすること自体がかないません。個々のニューロンは下限から上限まで 1 千倍の範囲の光

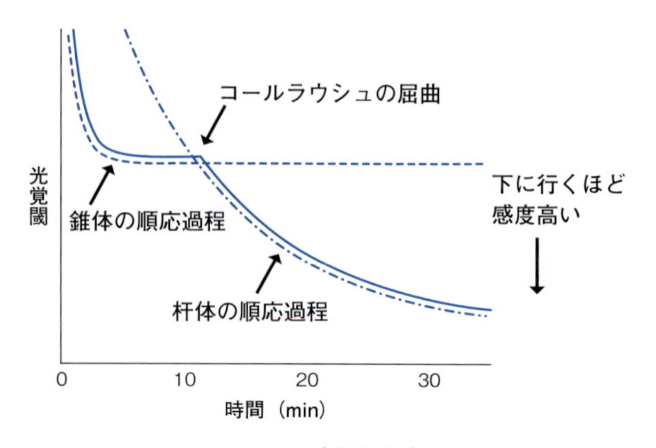

図 2.6　暗順応曲線

完全暗黒の環境に入ってからの経過時間の関数として光覚閾（図示しているのは仮想データ）をプロットしたもの。錐体の順応過程によると考えられる閾値低下（破線）と，杆体の順応過程によると考えられる閾値低下（一点鎖線）という２種類の滑らかに減衰する曲線があり，そのうち値の小さな方に従って，実測される閾（実線）が推移すると考えると説明がつきます。

量にしか応じることができません。かたや，外界の光量が1千億倍にも変化する環境で私たちの視覚は機能しています。だからこそ，「白トビ」や「黒トビ」の問題を克服するために長い時間をかけて明順応や暗順応をする必要があるのです。

完全に明順応した観察者に完全暗黒の環境へ突然入ってもらい，光覚の検出閾を測定します。入ってからの経過時間の関数として閾を描いたのが**暗順応曲線**です（図 2.6）。時間につれて，閾が徐々に下がっていきます。**感度**は閾の逆数と定義されるので，光覚の感度は徐々に上がっていきます。この曲線には**コールラウシュの屈曲**と呼ばれる目立った変曲点があり，これを境に2種類の定性的に異なる過程が順応を取り持っていることが見てとれます。

完全に明順応した状態では錐体が機能している一方，杆体では視物質である**ロドプシン**が枯渇していて，暗い環境で長時間休ませておかないと観察者の感度に再び寄与することができません。したがって暗順応の初期では，杆体でも錐体でも順応が進んで暗い環境に慣れていくのですが，暗順応曲線には錐体の感度上昇の様子だけが反映されています。しかしある程度まで暗順応が進むと，錐体ではもはや一定レベル以下の光量には対応できず，暗順応曲線が底を打ってしまいます。それで終了と思いきや，ゆっくりと休んだ杆体が徐々に光感度を回復してきて，それがついに錐体での限界感度を超えたとき，コールラウシュの屈曲が訪れ，その後さらに暗順応曲線が下へと進むのです。

完全に暗順応した状態で理想的な環境においては，1 個の杆体にたった 1 粒の**光子**（ごく微量な光強度において離散的な量子としての性質で光を記述するときの単位）が当たっただけで光応答が起き，そうした杆体応答の出来事が 10 件未満あるだけで人間に光覚が生じるという古典的な報告もあり（Hecht et al., 1942），ヒトの視覚の感度は驚くべきであることがわかります。

2.2.2　視力と空間周波数

視覚の基本性能を測るのには，光覚の感度以外に**視力**が挙げられます。視力には多くの定義がありますが，**解像度視力**を測定するのには**ランドルト環**を用いた視力検査が有名です（図 2.7）。別に，**縞**（しま）**視力**というものもあります。縞の細かさが解像度を超えてしまうと，縞がつぶれて平均的な灰色の面にしか見えなくなってしまうので，縞が検出できるぎりぎりの細かさをもって成績を評価します。縞とは，光強度が視野上で波打っている図形です。一般に，

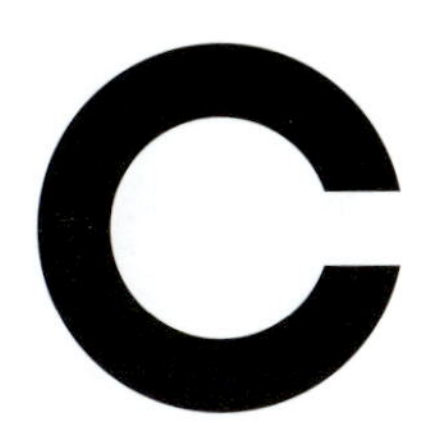

図 2.7　ランドルト環
切り欠きの幅と線幅が等しく，直径がその 5 倍となっています。観察距離 5m で，切り欠きの向きが正しく答えられるための最小の切り欠き幅（min）を測定し，その逆数を「ランドルト視力」とします。

視野上で光強度の変調を波として表し，その波の細かさを表したいとき，**空間周波数**という概念を用います。これは，ある空間軸上での光強度の変調が視角 1deg あたり何周期あるかを意味し，単位は「c/deg（周期 / 度)」です。例えば，横軸に沿って 5c/deg の空間周波数で変調し，縦軸に沿っては光強度の変調がない視覚刺激とは，1deg あたり 5 本という細かさの縦縞となります。縞視力は，観察者が縞を解像できる限界の空間周波数で定量します。

解像度視力の決め手になる最も重要なものは，視細胞，とりわけ視野中心での視力に寄与する錐体が，網膜の中心窩のところでびっしり並んでいるときの錐体の外節の太さ，あるいはそれに付随する錐体間の距離です。視野中心にあたる中心窩では，1 個の錐体からの出力が 1 個の双極細胞へ，そして 1 個の網膜神経節細胞へと伝達されて，脳へと運ばれます。並んでいる錐体一つひとつに対して順番に，白・黒・白・黒・……というように隣同士で極性の異なる光を当てている状態が，観察者にとって光強度の空間変調がわかる限界の細かさになります。ただ実際は，近視や遠視など眼光学系のピントのずれをはじめ，解像度視力を損なう要因は多々あります。だからこそ，健康診断で視力検査をする意味があるわけですね。

ちなみに，線分の微妙なずれを見る**副尺視力**をはじめ，解像度視力の限界を超えた違いを観察者が区別できることがあり，これを一般に**超視力**と呼びます（図 2.8)。これは超能力でも何でもなく，眼内ではなくむしろ脳内で刺激全体の構造を計算する過程が関与するものだと考えられます（Wilson, 1986)。

空間周波数とは，単に視力測定のために便宜的に考えられた概念ではありません。むしろ視覚情報処理の本質を反映したもので，視覚系の中には特定の範囲の空間周波数に**同調性**（チューニング）をもった装置が実際に備わっているのだ，という考え方に基づく概念です。同調性とは，自分の好む狭い範囲の周波数にだけ応じてそれ以外には応じないという，ラジオのチューナーのような性質を指します。

どうしてそんな装置があると主張できるのでしょうか？ 例えば**空間周波**

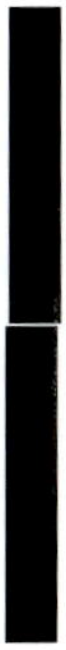

図 2.8　**超 視 力**
代表例が図にある副尺視力で，縦棒の上半分と下半分とが水平軸上に数 sec ずれているだけでずれの向きがわかることがあります。視覚皮質での方位選択性符号化が関与しているとされます。

数特異的閾上昇では（Pantle & Sekuler, 1968），ある空間周波数の縞に順応した後，同じ空間周波数の縞が見えにくくなります。しかし，空間周波数が大きく異なる縞の見え方には影響を与えません。順応周波数に同調した装置に限局して順応が生じたというわけです。また，**空間周波数特異的マスキング**では，検出するべき刺激に重ねて，検出の邪魔をする**マスク刺激**を同時呈示します（Legge & Foley, 1980）。両者の空間周波数が近いと検出成績が悪くなる一方，一定以上異なるとそうしたマスキングは生じません。さらに，**空間周波数特異的閾下加算**では，検出するべき刺激に重ねて，刺激強度が弱すぎてそれ単独では検出できない**閾下刺激**を同時呈示します（King-Smith & Kulikowski, 1975）。両者の空間周波数が近ければ，閾下刺激があると検出成績がよくなる一方，一定以上異なるとそうした閾下加算は生じません。

2.2.3　コントラスト感度関数

中心周辺拮抗型受容野の説明では，そうしたニューロンは平均的な光強度に依存せず光強度の空間的変調に応じるという言い方をしていたので，平均的なレベルを挟んで光強度がどれくらい変調しているのかを直接示す概念を

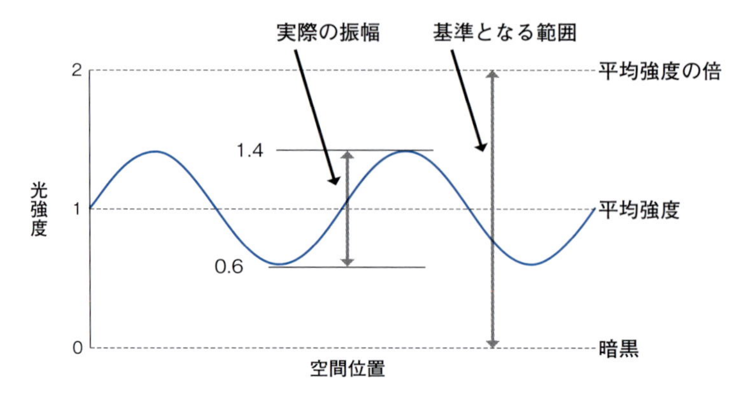

図 2.9　コントラスト
刺激の「濃さ」の尺度の一つで，刺激の光強度の範囲（図では「実際の振幅」）を何らかの基準に対する相対値として見積もります。代表的なマイケルソンコントラストでは，ある振幅で空間的に光強度が変調している刺激の最大値と最小値の差，すなわち振幅を，その刺激の平均強度の倍の値に対する相対値で表します。この図の例では，波状の刺激のコントラストは

$$(1.4 - 0.6)/(1.4 + 0.6) = (1.4 - 0.6)/2 = 0.4$$

という計算になります。

そろそろ導入しましょう。それが**コントラスト**です（図 2.9）。

コントラストにもいくつかの定義がありますが，縞模様という光刺激に対して使い勝手のよいものとして，

（最大強度－最小強度）/（最大強度＋最小強度）

で表される**マイケルソンコントラスト**がよく使われます。縞の振幅，すなわち光強度の最大値と最小値の差が，例えば平均光強度のほぼ2倍，したがって光の種類が真っ白から真っ黒までのとき，マイケルソンコントラストは約100%となります。

暗黒背景上の光の存在がわかるための光覚閾をすでに扱いましたが，暗黒でない灰色背景上で検出閾を測定するとき，刺激の存在がぎりぎりわかるために必要なコントラスト，すなわち**コントラスト閾**の形で測ることがあります。そして，その逆数をもって**コントラスト感度**と称します。ヒトのコント

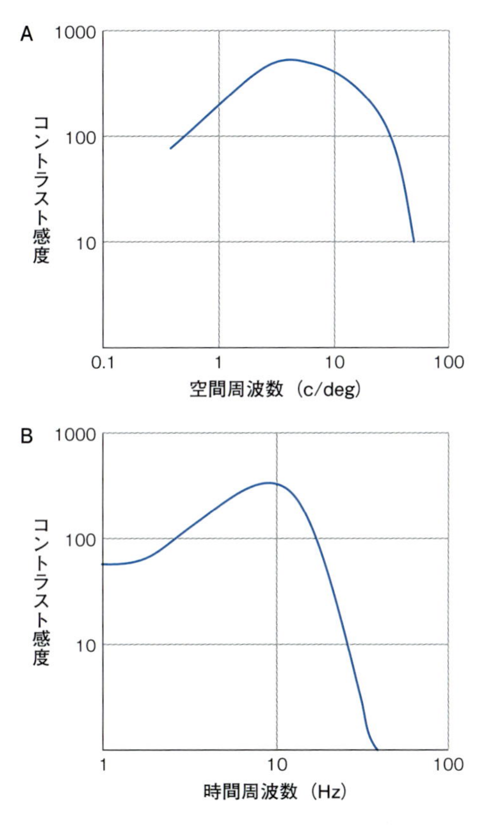

図 2.10　コントラスト感度関数

A：単一の空間周波数のみを含む刺激を呈示した際のコントラスト感度を，空間周波数の関数としてプロットしたもの（図に示すのは説明のための仮想的データで，van Nes & Bouman（1967）のデータを参考に作図したもの）。B：単一の時間周波数のみを含む刺激を呈示した際のコントラスト感度を，時間周波数の関数としてプロットしたもの（図に示すのは説明のための仮想的データで，Kelly（1972）のデータを参考に作図したもの）。

ラスト閾はマイケルソンコントラストで 1％未満，コントラスト感度で言えば 100 以上になることがあります。256 階調でしかグレースケールを表示できない通常のコンピュータ画面では階調が粗すぎて映せないほどのわずかな光強度差が検出できるので，ここからも，光強度の空間変化にとても敏感であるというヒトの視覚系の特性がわかります。

空間軸上で光強度を正弦関数に従って変調させ，コントラスト感度を測るとします。様々な空間周波数で繰返し測定して，変調の空間周波数を横軸にとり，コントラスト感度を縦軸にとると，空間周波数に関する**コントラスト感度関数**を描くことができます（図 2.10A）。縦軸上で上に行けば行くほど，平均強度からわずかに変調しただけで検出できることを意味します。明所視で視野中心での測定結果では，模様が大きければ大きいほど見えやすいという単純なものではなく，最も見えやすいのは，粗すぎず細かすぎず，中庸な細かさの変調です（van Nes & Bouman, 1967）。空間周波数をどんどん高くしていくと，コントラストを最大の 100％近くにしても模様の検出が難しくなる場面がいずれ訪れ，そこでの空間周波数こそが縞視力の決定要因となります。

そして，閾上昇・マスキング・閾下加算など様々な実験パラダイムで研究が行われた結果，人間全体としてのコントラスト感度関数は，実は複数の独立した**空間周波数チャネル**という装置のもたらす感度の組合せで記述できるという理解に至っています。

2.3 特徴抽出の初期段階

2.3.1 眼から脳へ

眼の網膜から脳へ視覚信号を送り出す際に考慮されるべき事情があります。まず，視神経の細さです。例えば極端な話，網膜の面積と同じ断面積のケーブルを介して眼と脳がつながっていたならば，網膜像そのもののデータを丸ごと伝送してしまえたかもしれません。しかし視覚系はそのようには進化しませんでした。たかだか約百万本の軸索しか束ねられない太さの視神経を通して（Jonas et al., 1992），視覚信号を眼から脳に送り込むしかないのです。そこで，網膜の時点で可能な限り情報を効率化しデータを圧縮する必要があります。そのための一つの特性は，限られた空間周波数帯域の信号を抽出して専用チャネルで伝送することであり，もう一つの特性は，眼球は高速に回転できるから最高解像度の視覚情報を得るのは網膜上の一部の場所で十分だと割り切って，その一部の場所――中心窩付近――以外の周辺視野はぼやけた視覚情報でよしとすることです。それらを可能にしているのがそれぞれ，中心周辺拮抗型受容野であり，周辺視野での多対一の収斂性の結合であるというわけです。

次に，私たちは両眼の位置のずれを利用して，両眼の視覚信号を突き合わせることで外界の事物の奥行き関係の測量をしています。**両眼立体視**というこの能力を可能にするためには，両眼の情報を早い段階で統合する必要があります。そのため，事物の投影像が左眼と右眼のほぼ同じ位置にある場所から，脳内の同じ細胞に情報を届けたいという要求が出てきます。それを可能にするのが**半交叉**(はんこうさ)です（**図 2.11**）。網膜神経節細胞の軸索の束が視神経となって眼から出てきた神経連絡は，脳に入る前に**視交叉**(しこうさ)という場所において，網膜の耳側（外側）が同側の脳へ，鼻側（内側）が交叉して反対側の脳へ伸び，間脳にある**視床**の一部分にある左右一対の**外側膝状体**(がいそくしつじょうたい)（lateral geniculate nucleus: **LGN**）に投射します。（投射とは，先で待つ受け手ニューロンとの間に**シナプス**という情報伝達部位を形成できるように，送り手ニューロンの軸索の経路が敷かれることです。シナプスという部位では一般に，**神経伝達物質**という化学物質を介して情報が伝達されます。）そのため，左眼由来であろうと右眼由来であろうと，左半視野の視覚信号は右LGN，右半視野の視覚信号は左LGNに届くことになります。霊長類のLGNは2層の**大細胞層**と4層の**小細胞層**からなる6層構造，および各層間にある**顆粒**(かりゅう)**細胞層**からなっています（Hendry & Reid, 2000）。

LGNのニューロンは概ね網膜神経節細胞と同様の受容野特性をもちますが，単に同じ情報を中継しているだけではなく，大脳からのフィードバックを受け取る位置にある利点を活かし，いろいろな修飾制御を可能にしています。LGNからは，後頭葉にある大脳皮質**一次視覚野**（**V1野**）へ投射されます。左半視野からの情報は右LGNを介して右大脳半球，右半視野からの情

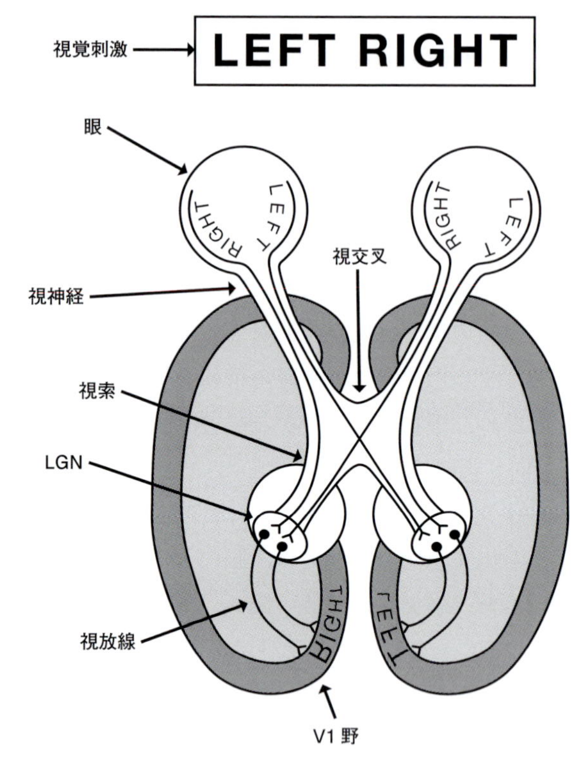

図 2.11　半交叉と外側膝状体

眼と脳の断面図を上方向から見た概念図。左視野と右視野にそれぞれ「LEFT」「RIGHT」という文字列の視覚刺激が呈示されたとき，どちらの眼からも，左 LGN と左 V1 野には「RIGHT」が，右 LGN と右 V1 野には「LEFT」という視覚情報が伝わります（概念図のため，脳構造を著しく単純化しています。例えば，眼から LGN 以外の脳内の投射先を省略しています）。

報は左 LGN を介して左大脳半球へと届きます。

左視野は右半球，右視野は左半球という関係の他，上視野は V1 野の下半分，下視野は上半分というように，上下も逆転しています。そのような規則性をはじめ，LGN ニューロンからの神経投射は V1 野に入ってランダムな場所に配線されるのではなく，皮質上に地図を形作っています。それぞれの半視野において，網膜上で隣り合う位置同士が皮質上で隣り合う位置に表現されているのです。この関係を**レチノトピー**といいます。一般に大脳皮質では，物理的に近い同士の配線の方が，遠くにわたって接続させる配線よりも効率的に構築できるため，皮質表面をなす2次元は言うなれば特権的な意味をもち，その皮質にとって最重要な2次元の情報のために予約されているようです（Frisby & Stone, 2010）。V1野では網膜上の2次元位置を規定するのにこれらが割り当てられていることから，この視覚領野においては位置という情報が最重要な関心事であることが推察されます。

中心窩の付近に伝送資源の多くを割き網膜周辺の解像度を犠牲にするという方略は，大脳皮質での計算資源——皮質面積——の割り当て方に受け継がれています。皮質上で中心窩付近を表現する場所の面積は広く，網膜周辺の表現部位に行くに従って面積が狭くなるのです（Virsu & Hari, 1996）。視角1degを表現する皮質表面上の長さである**皮質拡大係数**は，V1野では中心窩から網膜周辺へと偏心度が大きくなるにつれて急激に小さくなっていきます。このような巨視的関係と呼応するように，網膜周辺に行くに従って個々のニューロンの受容野は大きくなっていく，つまり空間解像度が悪くなっていくという，微視的な観点での関係もあります（Dow et al., 1981）。このような巨視的および微視的な特性は，後の章で紹介するような，V1野よりも高次の階層にあってレチノトピーを有する他の視覚皮質においても概ね見受けられます。一方，観察者の視知覚の成績も偏心度につれて系統的に変わりますが，皮質拡大係数や受容野サイズなどの生理的要因を考慮に入れることで視覚成績の見かけの偏心度依存性が解消する場合もあり，視覚課題を解く責任中枢の生理学的なありかを心理物理学的に推定する手段の一つになっています（Murakami & Shimojo, 1996）。

2.3.2　方位選択性

V1野における視覚表現の様子から，これ以降，どうやら網膜上の位置情報を参照しながら事物の形を推定していく作業が行われ始めるようです。ここで事物の形とは，入力画像において事物以外のものから事物が隔てられるためのもの，としてみましょう。不透明な事物は，その事物よりも後ろにある背景を部分的に隠しながら網膜に投影されます。そこでは，遮蔽物と背景との間にそれらを隔てる境界があるはずで，それが**輪郭**です。輪郭がどこにあるかを推定し，入力画像を複数部分に分割していく作業が行われていく際に，輪郭の存在を示唆する重要な手がかりが**エッジ**——光強度の不連続が線状に連なったもの——です。では，エッジを重要な画像特徴として検出するために中心周辺拮抗型受容野より複雑な受容野をもった，**エッジ検出器**なるものがV1野に見つかるでしょうか？

この手の議論が陥りがちなのが，ニューロンの挙動への不用意な意味づけです。例えば，中心周辺拮抗型受容野をもったニューロンは受容野中心部に合致した円形刺激——「ドット」とでも名づけましょう——に対して好んで応答しますが，だからと言ってそのニューロンは「ドット検出器」と言えるでしょうか？　確かにそうしたドットによく応答しても，それ以外の刺激にも応じ，受容野内に自分の好む空間周波数を含んだ任意の画像に対して応答する——特定の空間周波数帯域の光の情報を通過させることから，見方によっては工学分野で言うところの**帯域フィルター**に振る舞いが似ている——のであれば，ドットの検出作業に特化しているわけではありません。同様に，エッジの検出は確かに形の処理の出発点として重要ですが，「エッジ検出器」があればうれしいという予断をもってニューロンの挙動を評価すると，脳への理解を曇らせてしまいます。

そう述べた上で紹介するのが，特定の空間周波数帯域でかつ特定範囲の方位をもった光刺激に対する選択性です（Wurtz, 2009）。この特性を**方位選択性**といいます（図 2.12）。方位選択性をもつニューロンの受容野にはいくつかの種類があります。受容野のオン領域とオフ領域が固定されている方位選択性細胞を**単純型細胞**といいます。受容野内のオン領域とオフ領域の配置の仕方——光強度の空間変調の山から谷へのどの**位相**を好むか——には様々な形があります。一方，単純型細胞から収斂性の結合を受けるかのように，自分の受容野内部に好みの方位がありさえすれば位相に関知せずに応じる細胞

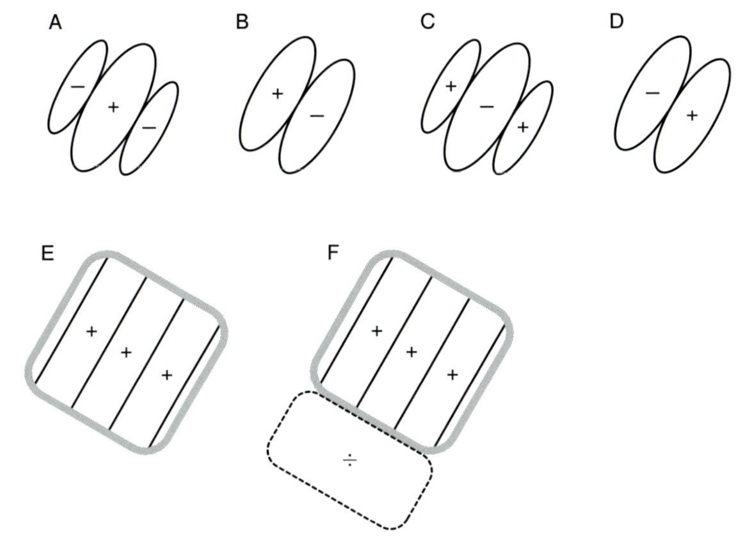

図 2.12　**方位選択性ニューロンの受容野**
A～Dで，「＋」「－」はそれぞれ，単純型細胞の受容野において明るい光が呈示されたことに対して興奮性応答，抑制性応答をする領域であることを示します。A：偶関数型の例。B：奇関数型の例。C，D：先の例と比べて応答特性が逆転しているもの。E：複雑型細胞。受容野内のどの位置に好みの方位のバー刺激が置かれても興奮性に応答します。A～Dのすべてのニューロンから収斂性の非線形性結合を受けると考えれば説明できます。F：末端抑制型細胞。好みの方位の刺激に対する興奮性応答があったとしても，末端抑制領域（破線）にも同時に刺激が入ることによって応答が弱まります（図では「÷」で示します）。

もあり，これを**複雑型細胞**といいます。さらに，発見当初は**超複雑型細胞**と呼ばれ，現在では**末端抑制型細胞**と呼称されている種類のニューロンでは，特定方位の刺激が自分の受容野位置で途切れて端点になっていることを好み，受容野を越えて伸びていると応答が弱いという性質をもちます。

方位という情報が視覚系における基本的な計算材料として取り出されていることを示す錯覚現象に，**傾き残効**があります（Campbell & Maffei, 1971）。例えば垂直から少しずれて傾いた縞模様を長時間観察して順応すると，その後に観察する垂直の縞が順応刺激と反対方向に傾いて知覚されるという現象です。

2.3.3 コラム

というわけで，エッジ検出の中枢か否かはともかく，網膜像中の光刺激の方位というものをV1野では何かしら重要な情報次元としてとらえているに違いないと考えられます。重要な次元は，効率的な配線の都合上，大脳皮質上では物理的に整然とまとめておきたい。でも皮質表面をなす2次元は網膜像の面を定義する2次元で消費してしまっている。3軸目の次元はどう配置するのが合理的でしょうか？

このややこしい問題に無理やり答えを出しているかのように見える構造が，**方位選択性コラム**です（図2.13）。大脳皮質は6層からなるミルフィーユのような構造をした厚み2～3mmの神経ネットワークなのですが，その深さ方向に沿って並んでいるニューロンはいずれも似たような方位を好むのです(Reid, 2012)。そして，大脳皮質を横切っていく向きに沿って，ニューロンは網膜上のほぼ同じ位置に受容野をもちながらも徐々に選好方位が変わっていきます。さらに進んでいくと，レチノトピーに従って網膜上の受容野位置が少しずれ，またその位置近傍での方位選択性コラムがあるというわけです。

もう一つ，左眼由来の情報と右眼由来の情報が，レチノトピー上の同じ場所で巡り合うための配置もあります。V1野の入力層では多くのニューロンが**単眼性細胞**で左眼か右眼のいずれかの信号に応答し，その後の段階ではいずれかの眼の信号に対してより強く（あるいは等しく）応答する**両眼性細胞**が出現します。このような**眼優位性**は皮質の各位置でランダムに置かれるのではなく，皮質を横切っていく向きに沿って，一定の部分は左眼優位性，その次の一定の部分は右眼優位性というように，パッチ状に切り替わります。このことから，方位選択性コラムに加えて**眼優位性コラム**もあると考えられます。

V1野ニューロンの方位選択性や眼優位性には，生後発達での視覚体験が重要です。生まれたときから，例えば縦向きの方位しかない環境で飼育された動物では，横方位に選択的なニューロンがわずかになり，横方位に対して動物は視覚の感度を失ってしまいます（Blakemore & Cooper, 1970)。例え

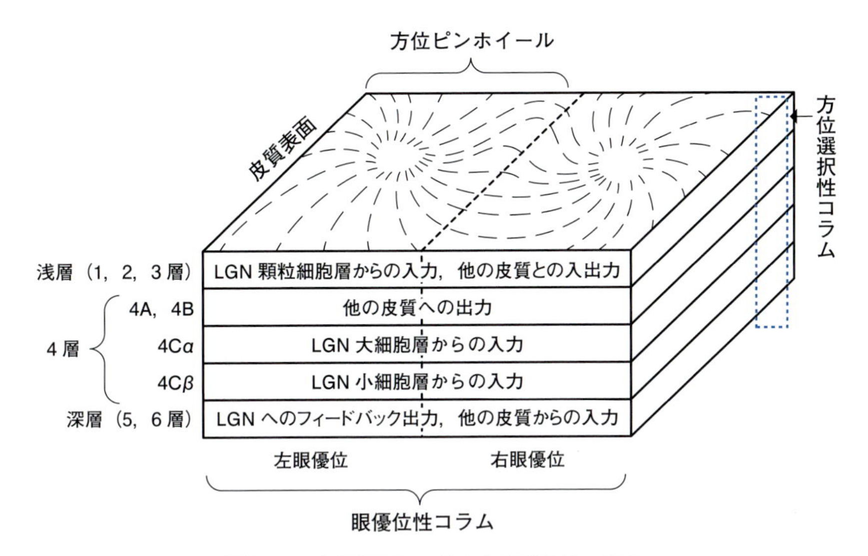

図 2.13　方位選択性コラムと眼優位性コラム
V1 野は層ごとに異なる入出力を担当し，また皮質表面の位置ごとに選好刺激が異なります。まず皮質表面に沿って，選好する方位（図では線分の傾きで示します）が徐々に変わっていきます。選好する方位が変わる様子を面的にとらえたものが方位ピンホイールです。皮質表面の位置ごとに，左眼と右眼のどちらの入力が優位なのかが変わります。図で示した全体を網膜上の特定位置の情報処理に必要十分な 1 つの機能単位とみて，「ハイパーコラム」と呼ぶ研究者もいます。

ば左眼を閉じたままで飼育された動物では，左眼への眼優位性をもつニューロンがわずかになってしまい，動物は左眼刺激への感度を失ってしまいます（Wiesel & Hubel, 1963）。したがって，正常なコラムができあがるためには，**臨界期**と呼ばれる生後の一定期間において両眼を開けて豊かな視覚環境で活動することが必須となります。

それとともに，臨界期をはるかに越えた成人であっても検出や弁別の能力に可塑性があることが知られています。例えば，特定視野部位で特定方位の視覚刺激について微かな方位差の弁別の訓練を受けることにより，その視野部位かつその方位に限って，弁別感度が向上します（Schoups et al., 1995）。このような成人での**知覚学習**の生じる理由としては，入力信号の符号化能力の向上，および，符号化された情報の読み出し能力の向上の両面が考えられています。

2.4 色覚の初期段階

2.4.1 三色説

眼から脳へ送られる視覚信号には，もう一つ重要な情報次元があります。「光の波長によって異なる分光感度をもつ視細胞同士が，当該の光刺激に対してどのように応答しているか」という，要するに，色に関する情報です。色というのは物理的な概念でなくあくまで心理的な概念なのに「ニューロンが**色選択性**をもつ」という言い方をします。これは厳密に言えば，「私たちの意識的気づきとしての色覚をサポートする神経基盤として色覚に関連する情報次元に関する選択性がある」という意味です。先に述べた通り，光とは一般に様々な波長成分を含み，どの波長成分を多くあるいは少なく含むかによって異なる意識的気づき――色――を成立させることが，生存や繁殖に有利な機能として進化しました。十分明るい照明条件の**明所視**ではたらく視細胞である **L 錐体**，**M 錐体**，**S 錐体**は，互いに異なる分光感度をもちます（図 2.3 参照）。これら 3 種類の錐体が同時にはたらくおかげで，赤・黄・緑・青などの色みの成立につながります。

網膜の局所構造が明らかになるよりはるか昔，19 世紀初頭にヤングが，そして 19 世紀中盤にヘルムホルツが，私たちの色覚が成立する必要条件として，眼には異なる波長に感度のピークをもつ 3 種類の光感受性の仕組みがあるに違いないと唱えました。これを**ヤング - ヘルムホルツの三色説**といいます。今日，この理論に合致するものとして，3 種類の錐体が私たちの色覚に必要なことがわかっています。

自然光では約 380 ～ 780nm の様々な波長の可視光線が様々な強度で混ざっています。この領域において仮に，例えば 5nm 間隔で特定の波長にしか感度をもたない光センサーが 80 個並んでいたら，受け取る情報は 80 次元になるでしょう。それに対してヒトの視覚系においては，L，M，S 錐体という 3 種類の光センサーしかありません。当然，80 次元あれば区別できても，3 次元しかないと区別できずに混同してしまう光の組合せが無数に存在します。同じ色に見える光同士を，**メタマー**といいます。世の中の自然光は L，M，S 錐体のそれぞれに特定の応答強度をもたらすわけですが，当該の自然光を用いずにその様子を再現するには，原理的には，含む波長の異なる 3 種類の光源を用意してそれらの光量を調整してやりさえすればよいのです。そうして 3 錐体の応答強度の組合せが再現できてしまえば，先ほどの自然光を観察した場合との違いが生体にとって区別できない状態になります。カラーテレビやコンピュータの画面は，分光分布の異なる R，G，B といった 3 種類のチャネルの光を同時に光らせて光量を調整する——**加法混色**する——ことで，自然光に対するメタマーになるようにした画像を表示し，自然画像の色を再現しているのです。カラー印刷でも，シアン，マゼンタ，イエローといった 3 種類の顔料を適切な量で混ぜて，紙への入射光のうち顔料に吸収されずに反射される光量を適切に調整する——**減法混色**する——ことでメタマーを作り出し，原理的に自然光を再現できます。

2.4.2　反 対 色 説

ではどうして，錐体は 3 種類も必要なのでしょうか？　そもそも，視細胞単体の表現する情報は 1 次元——光刺激に対する膜電位の変化——です。1 種類の錐体だけがはたらいていた場合，運ぶことのできる情報は 1 次元になります。その値の意味するところは何でしょうか？　例えば正常な L 錐体は，約 570nm の波長の光に対して最大感度をもち，同じ光量であればこの波長の光にいちばん強く応答します。だとすると，例えば 510nm の波長の光に対する感度がその 0.5 倍であれば，感度が低いぶんを相殺するために光量を 2 倍にしてやるだけで，同じ強さの応答をするでしょう。ゆえに，570nm の光が 1 倍の光量で来ているのか，510nm の光が 2 倍の光量で来ているのか，区別できません。言うまでもなく，それらの問題は他のあらゆる波長の光に

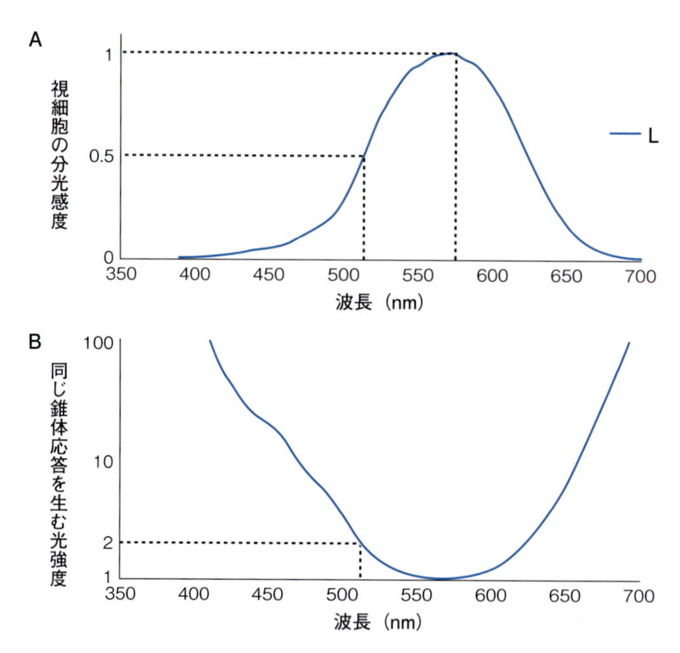

図 2.14 単一変数の原理
錐体の感度（A）に対して，適切に光強度を変えれば（B），まったく同じ応答（A の値 × B の値＝1）をもたらす単波長光の強度が各波長において見つかります。したがって，1 種類の錐体に特定の応答が生じたとしても，光刺激が特定の波長をもつことの証拠にはなりません。逆に，いま錐体の応答が異なっているとしてその原因を考えたとき，光強度が同じで波長が異なるのか，波長が同じで光強度が異なるのか，光強度も波長も異なるのか，区別ができません。

関しても生じます。広い分光分布をもつ光であっても適切な光量に調整してやれば，その錐体にまったく同一の応答強度をもたらすことができます。錐体 1 種類が運ぶ 1 次元の情報では，光量と波長を区別することが原理的に不可能なのです。これを**単一変数の原理**といいます（図 2.14）。このため，もし 1 種類の錐体しかはたらかない場合は色の違いはわからず，その錐体の応答強度の違いは，明るさの違いとして知覚されることになるでしょう。

それでは，L 錐体と同時に M 錐体もはたらける場合はどうでしょうか？ 例えば，図 2.3 で 580nm の光に対しては L 錐体が M 錐体よりも強く応じ，

550nm の光には L 錐体も M 錐体も同じだけ応じ，520nm の光には L 錐体よりも M 錐体が強く応じます。したがって，光量が増大すれば L 錐体も M 錐体も応答強度を増大させるのに対し，光量とは独立に，L 錐体と M 錐体の応答強度の違いによって，波長の違いの情報を運ぶことができます。知覚的には，明るいか暗いか以外に，赤っぽいか緑っぽいかといった色みの違いを感じることができるようになるでしょう。

だとすると，なぜ S 錐体がさらに必要なのでしょうか？　例えば，図 2.3 で 550nm を見てみましょう。L 錐体と M 錐体の応答感度はだいたい同じです。では今度は，420nm を見てみましょう。ここでも，L 錐体と M 錐体はいずれも弱い感度しかなく，応答感度はだいたい同じです。例えばこれら 2 波長の光をいろいろな割合で混色したとしても，L 錐体と M 錐体の応答強度がだいたい同じであることに変わりはなく，色の違いは生まれません。一方，S 錐体はそれらの異なる刺激に対して異なる強さで応じ，その寄与によってこそ，黄から青へのグラデーションを知覚することができるのです。

というわけで，赤・黄・緑・青といった色みの認識には 3 種類の錐体が必要なこと，大ざっぱに言って赤から緑にかけての色みの違いは L 錐体と M 錐体の応答強度の差分で運ばれ，黄と青の違いは L，M 錐体の応答強度の和と S 錐体の応答強度との差分で運ばれることがわかります。19 世紀終盤，ヘリングは，色メカニズムは赤と緑，黄と青という 2 個の天びんのつり合いのような形をとっていると唱えました。これを**ヘリングの反対色説**といいます。網膜神経節細胞の段階ですでに，L − M の計算結果をもつ**ミジェット細胞**，S −（L + M）の計算結果をもつ**小型二層性細胞**，また L + M の計算結果をもつ**パラソル細胞**という種類が発見されています（Nassi & Callaway, 2009）。錐体が 3 種類あるという意味ではヤング-ヘルムホルツの三色説が正しいとともに，ヘリングの反対色説についても網膜の段階でその理論に合致するハードウェアがすでに存在するということで，どちらの理論も原理的に正しく，色覚情報処理の異なる階層での特性をそれぞれ示していたのです。

L 錐体と M 錐体の視物質を作るためのヒト遺伝子は，染色体上の互いに隣同士の位置に並び，遺伝子配列が互いに似通っていて，遺伝の際に組み換えが起こることがあります。そうして分光感度がずれたり光感受性が失われたりすると，色覚情報処理に影響が生じます。L 錐体の機能が欠損すると二色型第一，M 錐体の機能が欠損すると二色型第二と呼ばれる色覚の型（いわゆる**色盲**）をもつ個体として生まれ，大ざっぱに言って赤っぽい色と緑っぽい色の区別がされません。これらの視物質の遺伝子が性染色体である X 染色体にあることから，XX 性染色体をもつ女子では一対の性染色体の一方だけで遺伝子が機能しなくても正常な視物質が発現されますが，XY 性染色体をもつ男子では唯一の X 染色体上の遺伝子が機能しないと視物質が発現されず，したがって男子の方が女子に比べて色盲の発現率が高くなります。ちなみに S 錐体の遺伝子は常染色体上にありますが，何らかの理由で S 錐体の機能が障害されると，二色型第三と呼ばれる色盲になります。この場合，大ざっぱに言って黄色っぽい色と青っぽい色の区別がされません。

2.4.3 色選択性の一重拮抗性と二重拮抗性

L − M 軸上の正方向と負方向の色みはそれぞれ「チェリー」と「シアン」，S −（L ＋ M）軸上の正方向と負方向の色みはそれぞれ「バイオレット」と「ライム」とでも呼ぶべきで，私たちにとって混じり気のない純粋な色と感じられる**ユニーク色**としての「赤」と「緑」や，「青」と「黄」とは異なります。ここから，網膜の段階で色みに関連する 2 軸の情報表現があるとはいえ，私たちの究極的な色覚までの間にはまだ遠い道のりがあることが示唆されます。また，これらの細胞とは別に，L ＋ M の計算結果をもつ細胞があると述べました。このニューロンは，光の強度に従って応答強度を変化させることから，究極的には私たちの**明るさ知覚**に寄与するものと考えられます。実際，3 種類の錐体がはたらく明所視での分光視感効率は，L 錐体と M 錐体の分光感度の中間あたりの波長にピークがある逆 U 字型を描くので，これら 2 種類の錐体の感度に依存してヒトの光覚の感度がほぼ決まることがわかります（図 2.3B 参照）。

パラソル細胞にはオン中心–オフ周辺のように中心周辺拮抗型受容野をもつものもあり，光強度の測光だけでなく空間的差分の計算にも寄与しています。また，ミジェット細胞に関しては，受容野中心部が「＋L」（L 錐体にとってのオン型），周辺部が「－M」（M 錐体にとってのオフ型）を呈しているものがあります。光強度の測光の観点では空間的差分を行う中心周辺拮抗型受容野と言え，色選択性の観点では受容野全体で L － M という反対色（色に関する拮抗性）の計算をすると言えます（Brainard, 2015）。小型二層性細胞においては受容野内で S －（L ＋ M）の計算をしています。そもそも S 錐体は網膜上で低密度でしか発現しておらず，しかも中心窩の中央には発現していないので，細かい空間的差分にはもともと寄与しづらい性質があります。

では，照明光量を下げていきましょう。錐体とともに杆体がよくはたらくようになる条件が，明所視と暗所視との中間である**薄明視**です。薄明視では，照明光量が下がるにつれて長波長寄りの光がだんだん見えにくくなる**プルキニエ遷移**という感度変化が現れます。そしてついに錐体が感度を失い杆体のみの視覚になる条件が暗所視です。暗所視においては，杆体という 1 種類だけの視細胞でものを見るので，単一変数の原理に従って色覚は成立せず明るさ知覚のみができます。

杆体で受け取った光信号は杆体につながった双極細胞，そしてアマクリン細胞を経て，錐体につながったオン双極細胞とオフ双極細胞に入力し，その先はパラソル細胞をはじめとする網膜神経節細胞に連絡して明るさ知覚のもとになります（Sharpe & Stockman, 1999）。ということは，視神経となって眼から脳へと運ばれる時点では，錐体由来か杆体由来かによらず，明所視でも暗所視でも明るさに関する視覚情報は同じ網膜神経節細胞で運ばれることになります。

パラソル細胞，ミジェット細胞，小型二層性細胞はそれぞれ LGN の大細胞層，小細胞層，顆粒細胞層に連絡し，各層から LGN ニューロンが大脳皮質 V1 野に連絡しています。V1 野では，色選択性受容野に関してもう一つ面白い特性が出てきます。受容野が中心部と周辺部に分かれ，例えば，受容野中心部では「＋L」かつ「－M」，周辺部では「－L」かつ「＋M」を呈するといったニューロンが出現します。中心部においてL － Mという計算，周辺部においてM － Lという計算をする一方で，中心部と周辺部との間で応答極性が逆転していることから空間に関する拮抗性もあるのです。この例のニューロンにとっての好みの刺激は，バングラデシュの国旗のように緑背景に赤丸が描かれ，受容野中心部に「赤」，周辺部に「緑」が落ちている状態です。この，色と空間の両方に関して拮抗性のある色選択性を指して**二重拮抗性**と呼び，これに対して，ミジェット細胞などにある色に関する拮抗性のみの色選択性は一重拮抗性と呼んで区別します（Conway & Livingstone, 2006）。二重拮抗性をもつニューロンは，空間的に一様な色には「興味が低い」が，色の空間差分に「注目する」装置としてはたらくことができ，色の恒常性に寄与すると考えられます。

参考図書

藤田 一郎（2007/2013）．脳はなにを見ているのか 角川書店

イングス，S. 吉田 利子（訳）（2009）．見る――眼の誕生はわたしたちをどう変えたか―― 早川書房

内川 惠二（総編集）篠森 敬三（編）（2007）．視覚Ⅰ――視覚系の構造と初期機能―― 講座 感覚・知覚の科学１ 朝倉書店

聴覚信号の処理過程

第3章

3.1 音の性質

3.1.1 音

様々な方向から**音**を発する事物の様々な音色が聞こえてくる様子を日常的に体験する人にとっては，あまりに臨場感のある聞こえが体験できるがゆえに，聴覚とは単に外界の音の様子を心の上にそのまま響かせることであるかのように思うかもしれません。しかし，実はそうではないのです。視覚の場合とまったく同様，ここでもやはり解を一意に決められない不良設定問題を突きつけられて，貧弱と言っていい感覚証拠と，聴覚系の備える自然制約条件を総動員して，**聴覚情景分析**を行って推定した結果を，生きていくために使いやすい形の聴覚表現として心の上の聴覚世界に展開しているのです。

なぜ解を一意に定められないのか？　それはまず，音源の個数ぶんの盗聴器を音源直近に置いて音波を拾うような，都合のよい多チャネルの耳をもっていないからです。頭部に固定された左耳と右耳にある鼓膜の振動という，たった2個のチャネルで拾われた信号には，様々な方向と距離から来る様々な音源由来のものが重畳しているので，その中に意味を見出す——どのような複数の音源がどのような位置に置かれ，拾われた信号のうちのどの成分がどの音源に対応しているのか定める——のは，世界のあり方を推定する脳の情報処理の結果ということになります。

音の聞こえのための感覚証拠は，耳での**音波**の受聴に始まります。音波とは，外界の事物が振動して周りの空気その他の媒質に力を与え，それを受けて媒質で生じる微小な振動――圧力の時間変化――のうち，ヒトの耳で受容される可聴周波数帯域（20～20000Hz）の成分を指し，その気圧変動を**音圧**といいます。周波数が低すぎて耳で受け取れない振動は**超低周波音**，高すぎて聞こえない振動は**超音波**と分類されます。音源がこれら3帯域の様々な周波数を様々に含む振動を生み出し，近くの空気を震わせ，その振動が隣の空気を震わせ，といったように，あたかも水面に投げ込んだ石によって広がる波紋のように，ただし進行方向と平行に圧力の増減を繰り返す形で伝わっていき，減衰，共鳴，吸収，反射，回折などを伴いつつ，約340m/s（常温の空気中）の速さで広がっていきます。

3.1.2 純音，倍音，雑音

音波は通常，様々な周波数成分が含まれた複雑な波形をなしています。1つの周波数だけで振動する音波である純音について，横軸を時間，縦軸を圧力として描くと，定義的に**正弦波**になります（図3.1）。曲線の山から谷までの縦軸上の距離が**振幅**，山の頂点間の時間長（1周期）の逆数が**周波数**，曲線全体の時間軸上の相対位置が**位相**です。純音では，振幅の増大につれて

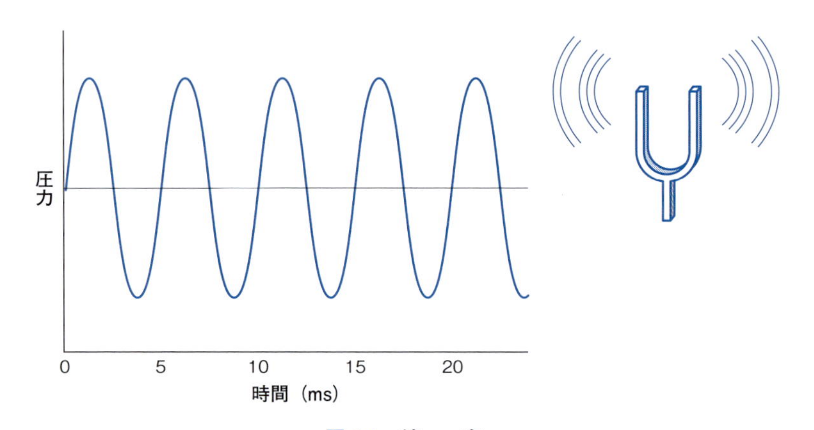

図3.1　純　音

音叉（おんさ）を鳴らしたときなど，特定の周波数で正弦関数状に圧力変化が生じてできる音波（図では200Hzの純音の例を示しています）。

音の大きさである**ラウドネス**が大きくなり，周波数の上昇につれて音の高さである**ピッチ**が高くなります。同時に複数の周波数の音を鳴らして**複合音**としたとき，同時に鳴らす周波数，また周波数同士での位相の時間関係によって，**音色**が変わります。

同時に存在する周波数成分が，ある値——**基本周波数**——の整数倍になっているような複合音を**調波複合音**と呼びます。これを私たちが聞くと，基本周波数の純音を聞いて感じるのと同じピッチがふつう聞こえます。整数倍の成分の中で，1倍（基本周波数）の音を**基音**，2倍以上の音を**倍音**といいます。例えばトランペットの音波では，基音とその2，3，4，……倍の周波数

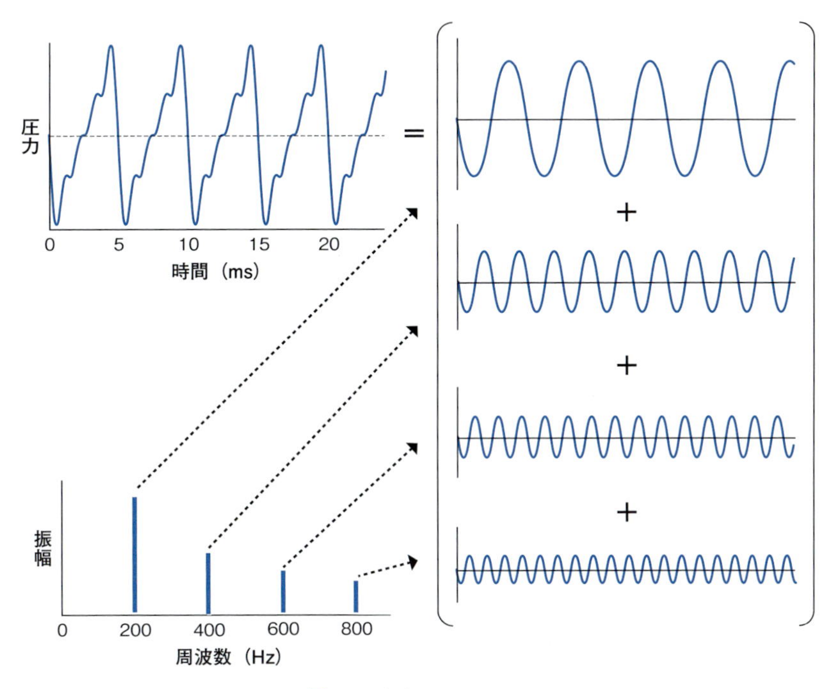

図3.2 振幅スペクトル
複合音は複数の周波数を含んでいます（図では基本周波数が200Hzでその2，3，4倍の倍音を含む調波複合音の例を示しています）。振幅スペクトルとは，左下パネルのように周波数ごとの振幅を縦軸上の大きさで表したものです。

をもつ倍音がたくさん含まれています。基本周波数の必ずしも整数倍でない多くの周波数成分からなる複合音を聞くと，明瞭なピッチが知覚されない**騒音**ないし**雑音**に聞こえたりします。とはいえ，ピッチが知覚される現実の楽器音などでは，基音と倍音以外の非整数倍の成分もよく含まれていて，その寄与により楽器独特の音色が生まれます。複合音における，基音以外の成分を総称して**上音**といい，倍音は上音のうちで基音の整数倍の成分を指します。

音波に含まれる様々な周波数成分の相対的強さを直観的に把握するために，周波数軸上で値を描くことがあります。音波を記録して，どんな周波数成分がどんな強さなのかを調べるために，記録データを**フーリエ変換**すると，周波数ごとの振幅と位相が得られます。そのうち，振幅を周波数の関数としてグラフに表したものが，**振幅スペクトル**の図です（図 3.2）。例えば，200Hz の純音とは 200Hz の位置だけで振幅スペクトルが立っている形状，200Hz の基音をもつ調波複合音とは 200 の整数倍の周波数において振幅スペクトルが立っている形状と表せます。

3.1.3 スペクトル包絡と振幅包絡

楽器音や音声では，上音を豊富に含みながら，周波数によって振幅が大きかったり小さかったりすることで，楽器の音色や言葉の音韻に違いが生まれます。こうした振幅の大小は，楽器の共鳴胴や声道での調音器官など事物の形状に起因した周波数ごとの減衰や増幅の作用を反映していることから，外界の音源を同定するための有効な手がかりになります。複合音の振幅スペクトルにおいて振幅の値が周波数の関数としてどのように移り変わっていくかを滑らかな包絡線として描いた**スペクトル包絡**は，音色の感覚証拠の重要な要素です（図 3.3A，B）。

音色にとってもう一つ重要な感覚証拠が，**振幅包絡**です。これは時間経過につれて音波の振幅がどう変わるかに関する情報ですが，ある音の鳴り始めから鳴り終わりまでの音波の時系列を描いたときの，緩慢に推移していく振幅の時間変化を指します（図 3.3C，D）。例えばバイオリンを弓で擦弦する

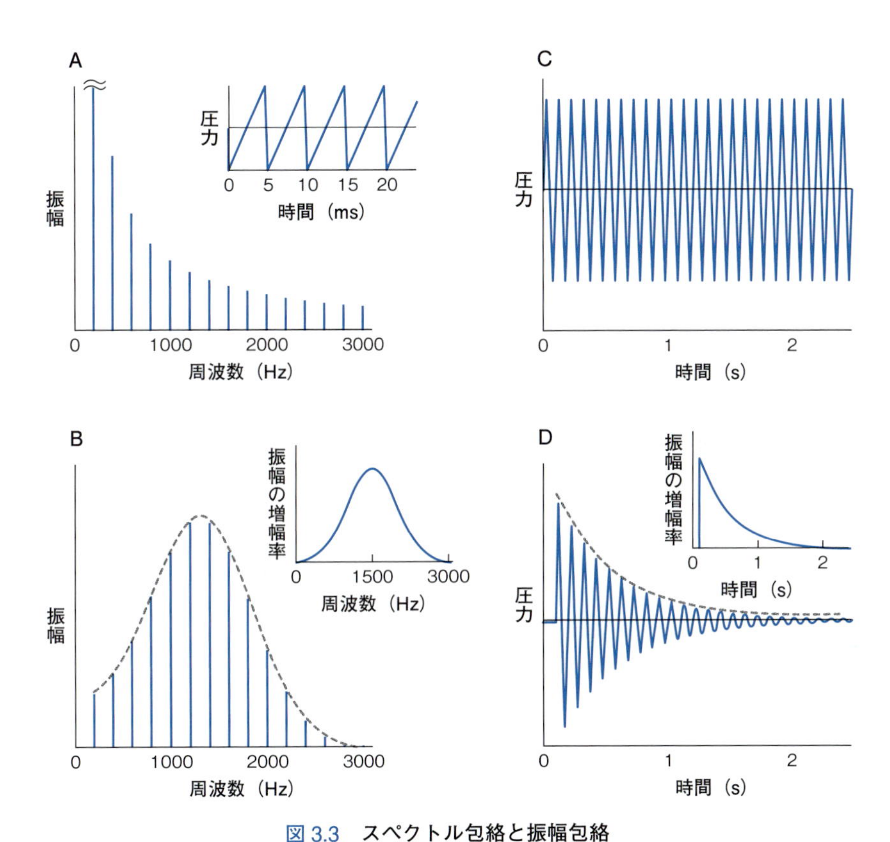

図 3.3　スペクトル包絡と振幅包絡

A：ノコギリ波の波形（ハメコミ図）と振幅スペクトル。B：周波数ごとの振幅の増幅率（ハメコミ図）を掛け算した結果の振幅スペクトル。破線はスペクトル包絡を示したもの。C：ある持続音の波形。D：時間ごとの振幅の増幅率（ハメコミ図）を掛け算した結果の波形。破線は振幅包絡を示したもの。

アルコ奏法（ボウイング）ではほぼ定常の振幅で鳴り続ける一方，指ではじいて鳴らすピチカート奏法では振幅は短時間で減衰します。

ちなみに，古典的なアナログシンセサイザー楽器は，原音としての複合音の発振器，それの周波数分布を加工するスペクトル包絡の制御器，音の振幅の時間経過を決める振幅包絡の制御器，という三者を基本的な要素として構成される電子回路で，それら必須な要素をうまく調整することで，ピアノらしい音やサキソフォンらしい音などいろいろな音を合成できます。

音色の感覚証拠であるスペクトル包絡と振幅包絡をそれぞれ説明しましたが，一般に，時間経過につれて振幅スペクトルの形状も変わっていって不思議ではありません。その最たる例が，私たちの発する音声です。声帯の振動に由来するスペクトル形状が，声道を伝ううちに調整されていき，時々刻々異なる音色——母音や子音——を鳴らすわけです。時間の関数としてどの周波数がどう振幅を変えていくかを表すには，周波数ごとの振幅を示す振幅スペクトルに時間軸を組み入れた3次元プロットが便利です。それが周波数の**音響スペクトログラム**で，時間を横軸，周波数を縦軸，各時刻の各周波数の振幅をカラープロットで表すのが通例です。

3.2 耳

3.2.1 外耳，中耳，内耳

外界の事物から発せられた音波が**耳**に入ると，その後どうなるでしょうか？ **外耳**，**中耳**，**内耳**という構造を経て，内耳のコルチ器という音波受信装置で生体電気信号に変換されます（図3.4）。

外耳とは，耳介から鼓膜までを指します。耳たぶとして露出する**耳介**には，耳の中を保護するはたらき，周囲からの音をキャッチする集音機能，また複雑な形状をしている利点を活かした音源定位への寄与があります。耳の穴である**外耳道**を通っていくうち，振動の増幅作用が生じます。外耳道の終点に**鼓膜**があり，空気の振動が鼓膜を振動させ，次の中耳に振動を伝えます。

外耳と内耳の間にある中耳では，私たちの身体で最も小さい骨である3種類の**耳小骨**，すなわち**ツチ骨**，**キヌタ骨**，**アブミ骨**が順に接しており，鼓膜の振動をてこの原理で増幅しながら内耳に伝えるはたらきをします。それとともに，過大な音がやってきた際に，アブミ骨についている筋肉で耳小骨の振動を抑制し，ツチ骨についている筋肉で鼓膜の振動を抑制する反射的神経回路も用意されています。アブミ骨が内耳と接する部分が**アブミ骨底**で，接

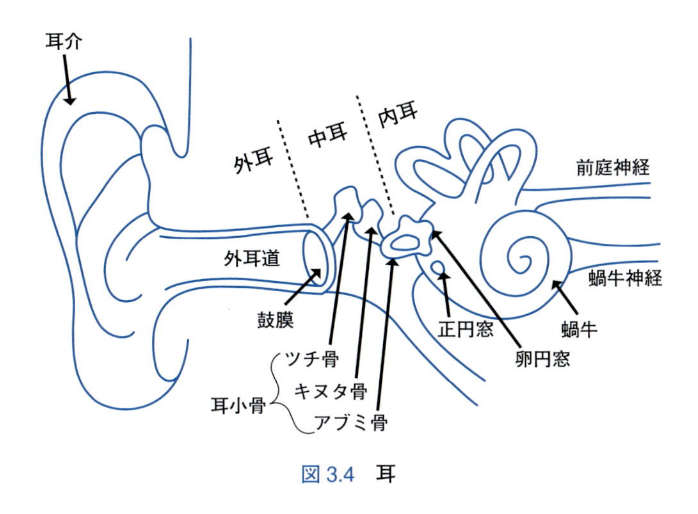

図 3.4　耳

している内耳の**卵円窓**に振動を伝えます。卵円窓は鼓膜に比べて面積がはるかに小さいため，音の増幅作用があります。外耳，中耳と異なり内耳はリンパ液という液体で満たされているため音波が伝わりにくく，このように鼓膜由来の振動を中耳の段階で十分増幅して伝音してやる必要があるのです。

卵円窓を入り口として液体中を音波が伝うところが，内耳の**蝸牛**（かぎゅう）です（図 3.5）。蝸牛は文字通りカタツムリのような形をしており，その断面図を見るといわば3階建てになっていて，いちばん上が**前庭階**，いちばん下が**鼓室階**，その間に**中央階**（**蝸牛管**）があります。蝸牛の基底部の**蝸牛底**にある卵円窓の振動から来た圧力はまず前庭階に沿って進み，カタツムリ型の頂上である**蝸牛頂**にある**蝸牛孔**で鼓室階へと下り，元の蝸牛底まで進んだところにある**正円窓**の**第二鼓膜**を揺らして終わります。では，どこにニューロンがあるのでしょうか？　実は，2階部分である中央階にあるのです。ごく薄い膜で隔てられた前庭階と中央階は，力学的には一心同体です。一方，中央階と鼓室階を隔てる床の部分には厚い**基底膜**があります。内耳に運ばれてきた音波によって生じる中央階のリンパ液の振動をつかまえて生体電気信号に変換すること，これが基底膜上に設置された**コルチ器**の仕事になります。

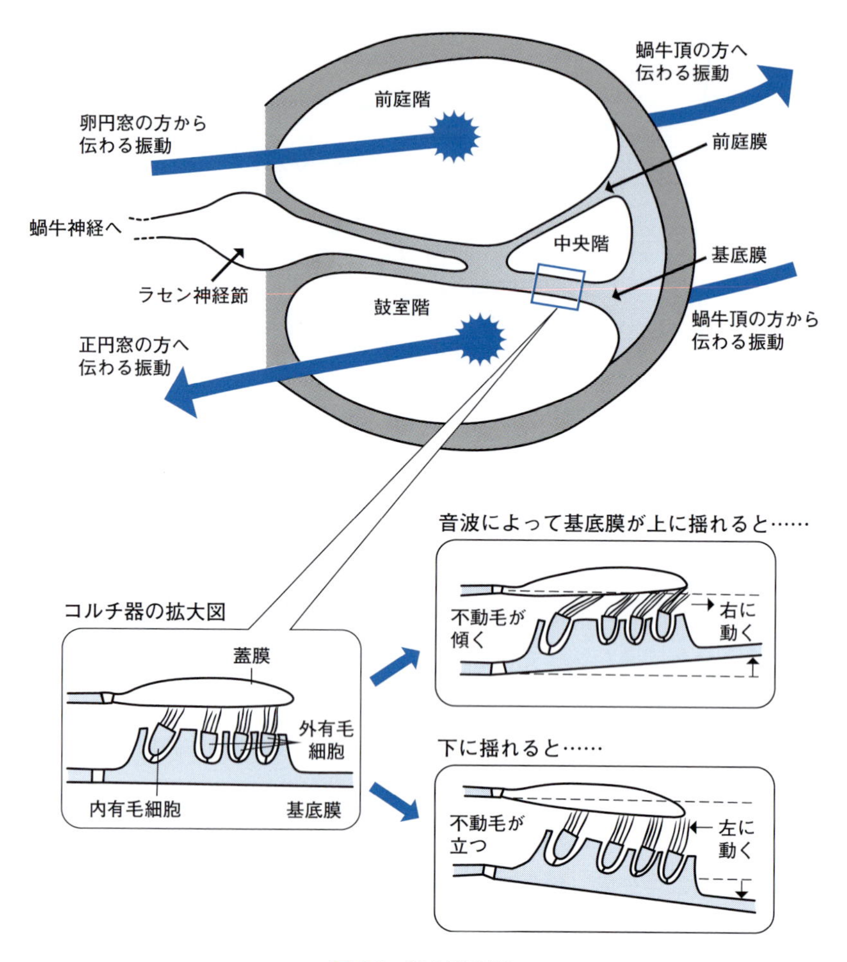

図 3.5　蝸牛基底膜

基底膜ががっちり固い組織であれば，卵円窓の振動はただ正円窓まで伝わってむなしく終わることでしょう。ところが，基底膜は特定の周波数に同調して振動する性質があるのです。しかも，入り口の蝸牛底から奥の蝸牛頂にかけて同調周波数が徐々に低くなっていきます。そのため，複合音はその周波数成分ごとに，基底膜上の異なる場所に同時に振動をもたらす格好になります。基底膜上のどこが振動しているかという場所情報によってピッチが決まるとする理論を，**場所説**といいます。ピッチ知覚をもたらす多くの音では，実際に基音の振幅が大きく，基底膜上で基音の周波数に同調した場所が最大振動をするので，場所情報はピッチの重要な手がかりと思われます。ただ後述するように，基底膜上の場所だけでピッチ知覚のすべてが決まるわけではありません。

3.2.2 音の受容

振動という力学的な出来事を拾うために，コルチ器はエレガントな構造をしています（図 3.5）。基底膜の上には有毛細胞が並び，各細胞では**不動毛**と呼ばれる感覚毛が上に伸びていて，その直上は**蓋膜**というゼラチン質で覆われています。基底膜が上下に動くと，有毛細胞とリンパ液の間で相対的に左右の動きが生じ，不動毛が細胞に対して傾かされてから元に戻るという屈伸運動が生じます。

有毛細胞の不動毛同士は**先端連結**（ティップリンク）という構造でつながれています。不動毛が一斉に傾くと，先端連結によって細胞膜が引っ張られ，その力学的出来事を引き金にして細胞膜中のイオンチャネルが開いて膜電位が変わる**機械電気変換**（mechano-electrical transduction: **MET**）が生じます（Fettiplace & Kim, 2014）。不動毛が傾くと脱分極方向，傾きが直ると過分極方向に，有毛細胞の膜電位が変わります。不動毛の屈伸運動が，膜電位の上下移動に変換されるわけです。

有毛細胞には**内有毛細胞**と**外有毛細胞**という異なる種類の細胞があり，そのうち聴神経線維を介して中枢へ情報を伝えるのには内有毛細胞の方が主に関わります。不動毛が傾くと内有毛細胞に脱分極が生じ，シナプスでの神経伝達物質放出量が増え，内有毛細胞にシナプス結合している聴神経線維では活動電位の生じる確率が高まり，生じた活動電位は音波の受容に由来する電気信号として聴神経線維を伝導していきます。

聴神経線維には，基底膜の振動の特定の位相に同期した時刻に発火すると

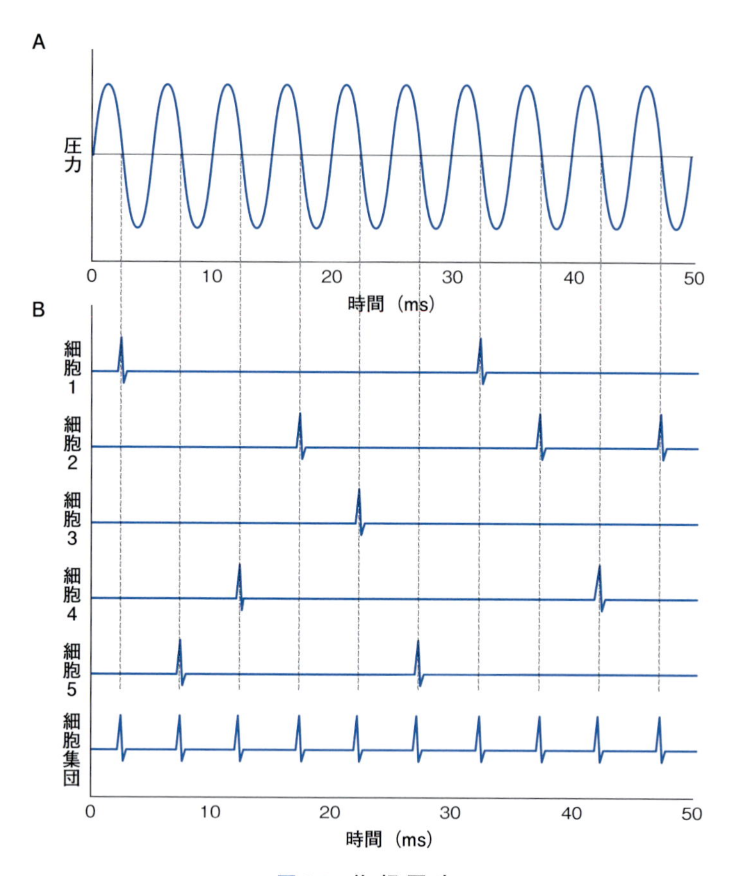

図 3.6　位相固定

A：200Hz の純音の波形。B：細胞 1 ～ 5 のいずれも，正弦関数の同一位相で発火確率が高まるとしたときの仮想的な発火の時系列。「細胞集団」のデータは，全細胞の活動の和。

いう性質があります。このような同期的発火を**位相固定**といいます（図 3.6）。聴神経線維の運ぶ時間情報によってピッチが決まるとする理論を，**時間説**といいます。

発火するなら位相固定して発火すると言っても，その位相に毎回必ず発火するわけではありません。またニューロンには活動電位をあまり高頻度で出せない生理学的な制約があります。しかし，ニューロン単体には制約があっても，音が強ければそれだけ多数のニューロンが位相固定して発火すると考えれば，その周波数に同調した聴神経線維全体の発火を見ることで「発火は特定位相に固定して起こり音の強さに応じて発火頻度が高くなる」という関係を読み出せます。このように，時間説のうち，集団としての同期的発火活動を考慮する理論を**斉射説**といいます。昔の戦争で単発の銃しかなかった頃，いちど撃ったら下がって弾をこめ直すが，多数の兵士が代わるがわる射撃をすることで敵方からすれば高頻度で弾が飛んでくることになる，ということの類推です。

音の強さに応じて発火頻度が変わるという関係があっても，1つのニューロンが応じることのできる音圧の範囲には限りがあります。そこで，私たちに聞こえをもたらす音圧の広い範囲をカバーするために，弱い音の範囲を受け持つニューロンと，強い音の範囲を受け持つニューロンとが用意されています。また，ある周波数の純音に対して，弱い音ではまさにその周波数を最大に好む少数のニューロンしか応答しなくても，音が強くなると近傍の周波数を最大に好む多数のニューロンも同時に応答し始めるため，そうしたニューロン集団によって音の強弱情報が運べます。

3.2.3 基底膜のアクティブな機構

外有毛細胞では，内有毛細胞と同様のMETの仕組みによって基底膜の上下振動が膜電位の上下移動に変換されたときに，奇妙なことが起こります。細胞が脱分極するタイミングで，細胞自体の身長が縮むのです。外有毛細胞は基底膜と蓋膜の間をつなげていて，基底膜が上に動くと外有毛細胞が縮み，下に動くと伸びるという関係で伸び縮みをすることから，基底膜の振動を増幅させる機能があります。これにより微弱な振動に対してコルチ器の感度を高め，周波数同調性を鋭くすることができます。また，外有毛細胞には中枢からやってくる遠心性線維がつながっていて，このような機械的増幅の度合いを変調させることもできます。

生理学者フォン・ベケシーは20世紀中頃に基底膜振動の撮影を行い，**進**

行波という特徴的な振動波形を記録することに成功しました。ある周波数の正弦波の音刺激を呈示すると，基底膜の振動は蝸牛底から蝸牛頂へと次第に振幅を増していき，特定の位置で最大振幅となった後に減衰するのです。そして最大振幅になる位置は，正弦波の周波数を低くするにつれて蝸牛頂の側へと移動します。しかし，私たちが微妙な周波数の違いを聞き分けられる弁別感度とは裏腹に，1つの周波数の進行波がかなり広い範囲で基底膜上に振動をもたらすことが観察されました。そして，当時フォン・ベケシーが用いていたのは死後標本でした。生理学的な制御が利かない条件での基底膜の動特性が調べられていたのです。生きた動物の内耳でも，外有毛細胞の伸び縮みを薬で抑えてしまうと，内有毛細胞の周波数同調性が大幅に損なわれてしまいます。一名「蝸牛アンプ」とも称される，外有毛細胞の伸び縮みによるアクティブな増幅作用が常時はたらくことで，特定の周波数だけの振幅を高めることができ，弱い音でも基底膜を揺らすことができるのです。また，外有毛細胞では不動毛自体も屈伸運動を強める方向に自ら運動を起こすため，細胞本体の伸び縮みでは追従できないような高周波の領域でもアクティブな増幅が行われることが期待されます（Hudspeth, 2014）。その結果，そこにある内有毛細胞や，それにシナプス結合している聴神経線維では，特定の周波数——**特徴周波数**——に感度のピークをもって興奮する，非常に鋭い周波数同調曲線を描きます。音波の受容の段階でこうした優れた同調性があるからこそ，訓練を受けた調律師は1半音よりはるかに小さなピッチの違いも聞き分けられるのでしょう。

聴神経線維が自分の好む特徴周波数にピークをもつ同調性曲線の中にある周波数の音にだけ応じ，それ以外の音にはまったく無関心であれば，**線形フィルター**だと言えるかもしれません。線形フィルターとは，入力に含まれる周波数以外は出力に含まず，入力が定数倍されると出力も同じく定数倍され，複数の周波数が同時に入力したときの出力は各周波数が単独で入力したときの出力の和に等しい，という性質をもつものです。しかし実際には，自分が感度をもたないはずの周波数の音が同時に鳴ると自分の好む周波数の音に対する神経応答が抑圧される**二音抑圧**という現象が知られており，基底膜には非線形性があるということになります（Ruggero et al., 1992）。2音と言えば，同じ2音をごく短時間の時間差で鳴らすと2個目の音が聞こえない**先行音効果**という知覚現象もあります（Wallach et al., 1949）。実環境ではある音の後にその反射音も耳に届くため，ごく短時間後の後続音を反射音とみなすかのように無視し，1個目の音を利用して音源定位することは理にかなっています。基底膜での非線形性に加え，基底膜を介さずに受聴をする人工内耳の聴取者でも先行音効果が生じることから，神経回路の段階にも原因がありそうです（Brown et al., 2015）。

非線形性と言えば別の話題として，**歪**（ひずみ）**成分**も挙げられます。耳に入れた音を原因として内耳に振動が生じる一方，逆に内耳の振動を原因とする音響信号が耳の外に返ってきて，この内耳からの**誘発性耳音響放射**は蝸牛の機能の検査に用いられています（Shera & Guinan, 1999）。さて，2つの純音を入力した際の耳音響放射の成分を検査すると，実際には耳に入れていないはずの周波数の音が耳の中で鳴っていることがあります。この**歪成分耳音響放射**が音響信号として耳の外で記録できるということは，耳の中のどこかに音源があるはずです。したがって，基底膜の振動の非線形性によって，入力信号に存在しない周波数に対応する場所の基底膜が実際に振動していることが示唆されます。音楽の分野では2音を鳴らした際に実際に鳴っていないはずの音も聞こえることが知られており，**結合音**あるいはタルティーニ音と呼ばれたりします（Zurek & Sachs, 1979）。代表的なものとして，2つの純音を鳴らすとそれらの周波数の差の周波数に対応する音も同時に聞こえ，これを**差音**といいます。

3.3 脳内聴覚処理の初期段階

3.3.1 耳から脳へ

視覚系では，中心周辺拮抗型受容野や反対色応答という基本性能から先に進むために，眼からLGNを経て大脳皮質V1野に速やかに——たった2個のシナプス結合を介して——情報が運ばれていきました。それに対して聴覚系では，大脳皮質に至る前に多段階の処理装置を備え，複雑な情報処理が行われています。

聴神経線維は，内耳の蝸牛基底膜から延髄の**蝸牛神経核**という場所まで伸びています。蝸牛神経核ニューロンは**上オリーブ複合体**に投射し，ここで初めて左耳と右耳の信号が出合います。左右の耳からの信号の違いを使って音源定位するため，できるだけ早い段階で両耳間相互作用が行われるのです。そこから，**下丘**，**内側膝状体**と連絡していき，その後，大脳皮質**一次聴覚野**に終わります。蝸牛神経核から上オリーブ複合体への連絡で左右交叉を介することから，一次聴覚野では反対側の耳からの信号が優勢ですが，上オリーブ複合体で同側の耳からの情報も受け取っているため，一次聴覚野でも反対側以外に同側の耳の信号も届いています。こうした経路をたどるうち，音源定位のための情報統合，ピッチ知覚のための情報統合が行われていき，高次中枢からのフィードバックをはじめ様々な修飾が行われます。

3.3.2 聴覚野

一次聴覚野は大脳側頭葉のいちばん上にあり，側頭葉と頭頂葉を隔てる**外側溝**という溝の内部に隠れて位置しています。また霊長類においては，後ろから前へ**A1野**，**R野**，**RT野**と分かれていて，まとめて**コア領域**と呼ばれます。コア領域の3個の下位区分すべてに内側膝状体ニューロンからの直接の連絡があります。コア領域を取り囲むように，コア領域と内側膝状体から連絡を受ける二次の聴覚中枢である**ベルト領域**があり，音の変遷の仕方といった複雑な構造の知覚に寄与し，ベルト領域の後ろの方では「音がどこにあるのか」，前の方では「音が何であるのか」に主に注目した機能分化がなされています（Bizley & Cohen, 2013）。さらにその外側に，ベルト領域と内側膝状体から連絡を受ける高次の聴覚中枢である**パラベルト領域**があります。これらの領野がネットワークとなってはたらき，動物種特異的発声や注意に依存した活動など，複雑な聴覚情報処理を行っていると考えられます。ヒトでは左大脳半球のベルト領域，パラベルト領域の後ろ側で側頭葉後部にある**ウェルニッケ野**，またその上部の**側頭頭頂接合部**（temporo-parietal junction: **TPJ**）において，言語処理が行われています。もう一つの重要な言語中枢は左大脳半球の前頭葉の下部にある**ブローカ野**です。私たちが音声言語を聞く際には，聴覚中枢と言語中枢を巻き込む左側頭葉から左前頭葉にかけての大規模ネットワークが相互通信を行い，それらがさらに全脳にわたる広域通信を交わすことで言語情報処理をしています（Binder et al., 1997）。

蝸牛基底膜では蝸牛底から蝸牛頂にかけて高周波から低周波へと同調周波数が変わっていくと先に述べました。この場所情報は脳内でも保存されており，上に述べた神経連絡の各段階から大脳皮質のコア領域（A1 野，R 野，RT 野），さらにベルト領域のいくつかの下位領域に至るまで，隣り合う周波数は隣り合う場所に表現される，**トノトピー**あるいはコクリオトピーと呼ばれる周波数地図があります。大脳皮質表面での隣同士は相互通信をするのに有利な配置なので，それらの領域では周波数という情報次元に重要な関心が置かれていることが示唆されます。

3.3.3　音に対する人間の感じ方

聴覚受容のハードウェアがわかったところで，最後に純音に対する人間の感じ方のいくつかを紹介します。音が検出されるのに必要な最小の音圧である**最小可聴閾**は周波数ごとに異なるため，周波数の関数として閾をプロットすることで**最小可聴曲線**が描けます（**図 3.7**）。その際の縦軸として代表的に用いられるのが**音圧レベル**です。これは，基準音圧 P_0 に対して音圧 P が 10 倍になるごとに 20 増える関係をもつ値 $p = 20 \log_{10} (P/P_0)$ を定義したとき，1000Hz の純音の検出閾とほぼ等価とされる音圧（$P_0 = 20$ マイクロパスカル）を基準音圧として上式で表されるもので，単位は**デシベル**（dB），正確には「dB SPL」（decibel sound pressure level）と表記します。

ラウドネスが周波数ごとに異なるという関係を反映した音の大きさの尺度

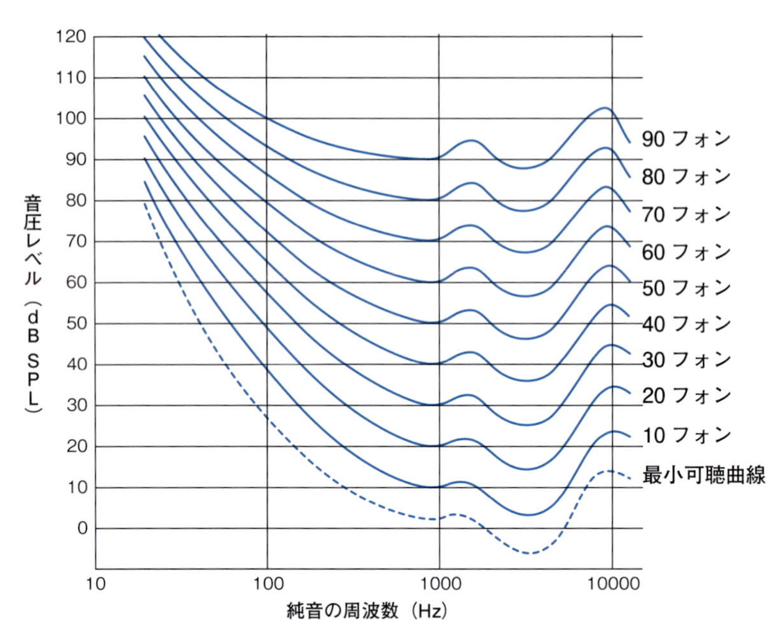

図 3.7　**最小可聴曲線と等ラウドネスレベル曲線**
ISO 226:2003 に基づくプロット。

に，**フォン尺度**（phon）があります。まず，1000Hz の純音での音圧レベルを dB で表した値（例えば 50dB）をもって，フォン尺度の上の数値（例えば 50 フォン）であると定義します。1000Hz の純音に関しては，音圧レベルとフォン尺度は同じ値というわけです。さて，知覚されるラウドネスは純音の周波数ごとに違うため，ある音圧レベル（例として，50dB）の 1000Hz の純音と同じラウドネスに感じられる，別の周波数の純音の音圧レベル（50dB とは限らない）をもって，フォン尺度上で同じ値である（50 フォンと呼ぶ）ことにします。このようにして，周波数の関数として，同じフォン値をもつもの同士，つまり標準聴取者にとってラウドネスが同じに感じられる音圧レベル同士を結び合わせた曲線を，**等ラウドネスレベル曲線**といいます。最小可聴曲線は等ラウドネスレベル曲線の特別な場合であると言ってもいいかもしれません。

それでは，50 フォンと 60 フォンの音の大きさの比が 50：60 の関係に感じられるかというと，そうはならないのですね。例えば 1000Hz の純音で，40dB の音と比較するために，50，60，70，80，……と dB 単位で直線的（圧力で表せば 3.3 倍，10 倍，33 倍，100 倍，……）に音圧レベルを上げていくと，知覚される音の大きさのマグニチュード推定値はほぼ 2 倍，4 倍，8 倍，16 倍，……と大きくなります。だから，50 フォンと 60 フォンの音の大きさはほぼ 1：2 の比であるように感じられます。圧力という物理量と音の大きさという心理量が両対数グラフ上でほぼ直線的になることから，知覚される音の大きさは圧力に対して，スティーヴンスのべき法則の関係に近いことがわかります。この関数関係を反映して，知覚される音の大きさの比率がわかりやすくなるように記述するためにフォン尺度から計算されるのが**ソン尺度**（sone）で，先ほどの例では 2 ソン，4 ソン，8 ソン，16 ソンとなります。同様なことは音の高さでも吟味されています。純音の周波数が直線的に増加しても知覚される音高の変わり方が直線的にならないという関係を補正して，感じる音高が等間隔で上がっていくような尺度として，**メル尺度**（mel）があります。

最小可聴閾は，静寂な環境での聴取成績を示すものですが，では逆に，静寂でなく雑音の鳴っている環境では，純音の検出閾はどうなるでしょうか？興味深いことに，純音の検出閾に影響を与えうる雑音の周波数帯域は，その純音から一定の範囲に限られるのです。検出するべき純音の周波数を中心周波数として，その上下の一定の帯域に周波数分布の広がる雑音を同時に呈示すると，純音の検出閾は上がる，つまり雑音というマスク刺激によるマスキングの影響を受けて聞こえづらくなります。マスク刺激の帯域をどんどん広げていくと，一定を超えると純音の検出閾はもはや変わらなくなります――マスク刺激全体の音量は上がっていくのにもかかわらず，です。このように，マスク刺激として効果のある周波数帯域の幅には一定の限りがあり，これを純音検出に及ぼす**臨界帯域幅**といいます。では，マスク刺激の振幅スペクトルを逆転させて，検出するべき純音の周波数を中心周波数としてその上下の一定の帯域だけを除き，残りのすべての周波数成分を等しくもつような雑音にしてみるとどうなるでしょうか。今度は，除く帯域の幅をどんどん狭くしていくことで，あるときからマスキングの効果が現れ始めるので，これによって臨界帯域幅を測ることができます。これらのことから，音の検出は臨界帯域幅の内側の周波数を通過させる帯域フィルターの特性をもつメカニズムによってなされることが示唆されます。検出するべき純音の周波数が高くなるに従って臨界帯域幅は直線的に増加し，周波数同調性は鈍くなっていきます（ただし，臨界帯域幅を中心周波数の数字で割り算した値は，周波数が高くなるに従ってやや小さくなっていきます）。

参考図書

ピクルス，J. O.　谷口 郁雄（監訳）堀川 順生・矢島 幸雄（訳）（1995）．ピクルス聴覚生理学　二瓶社

重野 純（2014）．音の世界の心理学　第2版　ナカニシヤ出版

内川 惠二（総編集，編）（2008）．聴覚・触覚・前庭感覚　講座　感覚・知覚の科学3　朝倉書店

嗅覚・味覚信号の処理過程　第4章

4.1 嗅覚信号

4.1.1 嗅覚の必要性

なぜ私たちには**ニオイ**の知覚が必要なのでしょうか？　外界を飛び交う電磁波である光や，圧力波である音波と同じく，嗅覚の元となる刺激である**ニオイ物質**は，時に近くから，時にはるか遠くから鼻の中にやってきます。私たちを取り巻く外界環境を飛び交う大気中の物質を化学センサーで検知し，弁別し，認知することが生存と繁殖に有利であるからこそ，下等動物から高等動物まで幅広い動物種でニオイ物質の受容と情報処理ができるようになっているのですね。生存のためには，まず有害化学物質が身の回りにあるかどうか，天敵は近くにいるか，食べられるものはあるか，腐敗していないか，寝ぐらはいつも通り安心な場所か，など。繁殖のためには，配偶相手はいるか，交尾可能か，近親交配でないか，産卵に適した安心な場所か，親子の愛着（アタッチメント）を結べるか，など。

そうした多様な状況と対応する多様なニオイを嗅ぎ分ける必要性から，ヒトは約5000種類以上のニオイを嗅ぎ分けられるようです（Gerkin & Castro, 2015）。また，それができるためにヒトには約340種類の**嗅覚受容体**のタンパク分子があります（Malnic et al., 2004）。コーヒーやバラの香りのように，特定のニオイがもたらされるときには通常，多種類のニオイ物質の分子が気体中に混ざっていて，さらに1種類の嗅覚受容体は複数種類のニオイ物質とくっつく――また1種類のニオイ物質は複数種類の嗅覚受容体を活性化させる——ことから，結局のところ，特定のニオイは約340次元の嗅覚受容体の活性化パターンと対応するのです。そうした多次元の嗅覚信号を入り口にして，究極的に多様なニオイの弁別ができるというわけです。

5000種類以上ものニオイが嗅ぎ分けられるということは，特定のニオイを人生のうちで数度だけ特定の出来事が生じた際に嗅いだというまれな事象もあるでしょう。ニオイは情動を喚起する，情動体験は記憶しやすい，体験時に嗅いだニオイを再び嗅ぐことは視覚や聴覚などと同様に文脈依存性記憶の検索手がかりとなる，そしてそのニオイはただその出来事とだけ連合している……といったことから，「リンデンハーブティーに浸したマドレーヌ」の香気の再認をきっかけに，子ども時代の記憶を強い情動とともに思い出すというマルセル・プルーストの小説『失われた時を求めて』の描写がうまく説明できそうです（Herz, 2004）。

鼻での入力経路には，外から鼻に入る気流を見張る**前鼻腔（びくう）経路**以外に，口に入れた食物を評価する味覚情報処理に関連して，咽喉から鼻へ向かう気流を見張る**後鼻腔経路**があります。味覚信号と嗅覚信号その他を融合させるマルチモーダル情報処理の結果，風味が生まれ，口の中の食味の感じが豊かになります。鼻をつまんで食べ物を味わってみれば，その重要性が体験できるでしょう。

4.1.2 ニオイ物質の受容

ニオイ物質の受容は，鼻腔の天井部分にある**嗅上皮**で行われます（図4.1A）。嗅上皮には**嗅細胞**が密生し，**嗅繊毛**を嗅上皮表面の粘液層にそよがせ，ニオイ物質の到来を待っています。嗅繊毛にある**嗅覚受容体**にニオイ物質がくっつくと，嗅覚受容体が活性化し，一連の生化学的反応による応答の増幅が起こり，膜電位が変化して活動電位が発生します。

嗅細胞はニオイ物質を見張っているため，無数の化学物質に常日頃さらされ，細胞が傷んでしまうリスクもあります。網膜の視細胞や蝸牛基底膜の有毛細胞とは異なる，厳しい最前線の状況で外の世界を監視しているのです。

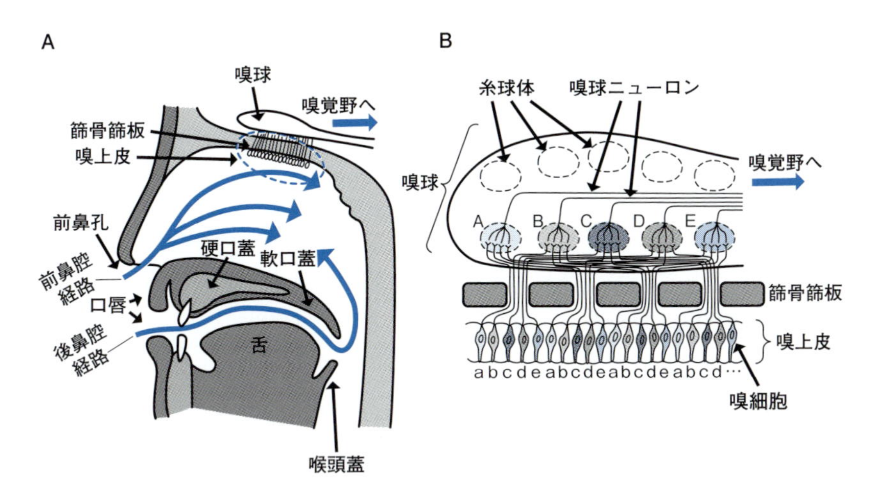

図 4.1 **嗅覚受容経路**
A：空気の経路。嗅上皮に効率的に吸気を送るには，息を強く吸い込んで嗅ぐのが効果的です。B：神経経路。図中 a～e は，異なる種類の嗅覚受容体の情報が脳に伝達される対応関係を表しています。

そのため，個々の嗅細胞は約 1 カ月で寿命を迎え，新たな細胞と置き換わっています。

嗅細胞の軸索はそのまま嗅神経線維となって集まって**嗅神経**をなし，天井にあたる場所にある**篩板**(しばん)というしきりをくぐったら，もうそこは脳内です。脳では，**嗅球**という構造が待ち受けています（図 4.1B）。他の感覚モダリティと異なり，嗅覚信号は左右交叉せず，左の鼻腔からは左の嗅球というように同側に届きます。嗅球表面には，嗅神経線維を束ねて受け取る**糸球体**という構造が多数あり，そこに嗅細胞と嗅球ニューロン（**僧帽細胞**と**房飾細胞**）とのシナプス結合があります。鼻腔の中で，1 個の嗅細胞には 1 種類の嗅覚受容体が発現しています。脳内で，1 個の糸球体は同じ嗅覚受容体を発現する多数個の嗅細胞から情報を集約します。したがって，特定の嗅覚受容体と嗅細胞と糸球体はチームを組んで本質的に同じ嗅覚信号を符号化していることになります。わずかな数のニオイ物質分子が来ただけで，嗅細胞での増幅や糸球体での収斂性結合などによって信頼性の増した情報が伝わります。特定の嗅覚受容体をもつ嗅細胞は，鼻腔の嗅上皮ではランダムな位置に散在しますが，脳内の嗅球では特定の糸球体に収斂するため，嗅覚受容体の種類ごとの活性化の情報が嗅球表面上の位置ごとに並ぶことになります。この配置を**ケモトピー**といいます。

糸球体ニューロンの嗅覚情報は大脳皮質**一次嗅覚野**に伝えられます。すべての感覚モダリティで，感覚信号は視床を経由してから大脳皮質に伝わりますが，嗅覚だけは視床を介さない経路もあるのです。

一次嗅覚野にあたる場所は，大脳皮質腹内側部で前頭葉と側頭葉の境目にあります。嗅球から直接投射を受ける最大の場所が**梨状皮質**ですが，そこに連なる位置にあって情動に関わる**扁桃体**（へんとうたい），記憶に関わる**嗅内皮質**，また嗅結節，前嗅核にも嗅球から直接投射しています。

梨状皮質では，1個のニオイ物質は多数のニューロン応答を引き起こし，1種類のニオイに対応して梨状皮質ニューロンは集団で活動します。ところが，他の感覚モダリティにとっての一次感覚野において視覚のレチノトピーや聴覚のトノトピー（また，後述する体性感覚のソマトトピー）などの整然とした地図があるのと対照的に，一次嗅覚野にはどうやらきちんとしたケモトピーはないようです（Gottfried, 2010）。嗅覚野全体のニューロン集団の活性化の時空間パターンこそが，特定のニオイ体験に対応すると考えられます。網膜，蝸牛基底膜，皮膚などのように決まりきった空間構造の上にだけ感覚信号があるのと異なり，嗅覚では生後発達の間に多数回の新奇なニオイとの遭遇をし，そのつど臨機応変に連合学習をしていく必要があり，**集団符号化**はそれに適した柔軟な情報表現と考えられます。

一次嗅覚野からは，前頭葉の**前頭眼窩野**（がんかや）への連絡があり，**価値づけ**をはじめとした統合的な情報処理が行われる一方，島皮質，**海馬**，**視床下部**など，感情，記憶，本能行動の関連領域への連絡があります。前頭眼窩野へは梨状皮質から視床を介した連絡もあり，注意に関連する制御がその経路で行われる可能性が示されています。

ニオイ物質を嗅細胞で嗅覚信号として受容する以外に，鼻腔内に存在する体性感覚受容器が化学センサーとしてはたらき，化学物質を体性感覚信号として受容することも数多くあります。例えば，ハッカのニオイを嗅ぐと冷覚に関連する神経線維も応答し，温度の認識の元となるとともに嗅覚・味覚の認識にも統合的に寄与します。

多くの動物では，他個体から分泌される**フェロモン**という化学物質を受容できます。嗅上皮でなく鼻腔の**鋤鼻器**（じょびき）という構造が用いられ，鋤鼻器ニューロンの受容したフェロモンの情報は，本能行動をつかさどる視床下部に最終的に送られます。ただし，ヒトではフェロモン分泌も鋤鼻器ニューロンも存在しないとされています（Wyatt, 2015）。

4.1.3 ニオイの感じ方の範囲

網膜のL，M，S錐体の3種類がすべて正常に発現されれば三色型色覚，そうでなければ色盲になりうるように，特定の嗅覚受容体の遺伝子が欠損した人は，その嗅覚受容体にくっつくニオイ物質が決め手となるニオイの感じ方が他の人と異なることがあります。特定のニオイだけが感じられない，もしくは閾値が顕著に高いという症状を，**特異的無嗅覚症**といいます。約340種類の嗅覚受容体には遺伝要因その他により機能の個人差がありうるため，たとえ同じ環境にいても，感じるニオイは人ごとに様々に異なっているかもしれません。快不快の感じ方にせよ感覚強度の大小にせよ，嗅覚には著しい個人差があるとされます。ちなみに，まったくニオイというものを感じなくなる症状は**嗅覚脱失**，ニオイ全般を弱くしか感じない症状は**嗅覚減退**といいますが，こうした嗅覚異常では食物の味わいである風味の認識にも障害を来すことがあります。

嗅覚の個人差に関しては微妙ながら男女差も報告されており，全体的には女子の方がニオイの認知の正答率が高く出る傾向があり，性ホルモンとの関連が指摘されています（Doty & Cameron, 2009）。また成人期後期になるにつれ，ニオイの正答率が低くなっていきます。高齢者では嗅細胞の個数が減っており，嗅細胞がつながる糸球体の個数も成人期初期に比べて3分の1以下に減っているという報告があります（Meisami et al., 1998）。しかし，嗅覚機能が衰えた人でもそうした衰えを自覚していないことが多いようです（Adams et al., 2017）。

個人差だけでなく，ニオイ物質の種類によっても著しい検出感度の差があります。都市ガスやプロパンガスは本来無臭ですが，「タマネギが腐ったような」ニオイをつけて，ガス漏れを人間が容易に検知できるようにしてあります。体積比でごく低濃度でも検出でき，かつ，ふだん嗅がない悪臭のように感じる，有機硫黄化合物のニオイ物質をわざとガスに混ぜておくのです。検出しにくくて平凡なニオイに感じるものを混ぜておくよりも，防災の観点からはよほど安心できますね。

4.2 味覚信号

4.2.1 味覚の必要性

嗅覚もさることながら，味覚は，さらに生存のために重要な機能を提供しています。何しろすでに口に入れたものについて，これから体内に取り入れるべきか否かの最終判定を行う場なのですから，判断を誤ると時に生死に関わります。そして，摂取するべき重要な栄養物か否かを選別する必要もあるでしょう。さらには，内なる食動因を満たす外界の誘因を繊細に感じて幅広い種類の味わいが認識できるほど，精神的に豊かな暮らしになることは言うまでもありません。

味覚信号は，**甘味**，**塩味**，**酸味**，**苦味**，**うま味**という5種類の**基本味**に分かれて受容されるとされます。そのうち甘味は，身体のエネルギー産生に必要なカロリーに通じる信号。塩味は，身体にとって一定量が必要な電解質の存在を知らせる信号。酸味は，発酵や腐敗の可能性や植物の成熟状態を示す信号。苦味は，有毒物質の存在を警告する信号。グルタミン酸ナトリウム（うま味調味料の主成分）を口に含んだときなどに感じるうま味は，身体組成に必要なアミノ酸の存在を示唆する信号。生存のために，そうした物質をそうした味と感じるべく味覚系が進化したから，私たちは絶滅せずに済んだのですね。動物や乳児では，甘味，うま味，低濃度の塩味に対しては嗜好する一方，酸味や苦味は嫌悪します。成人では，経験によって酸味や苦味および無害な食体験との連合学習をするせいで，酸味も嗜好できるし，苦味に対しても嫌悪だけでなく嗜好もできるということになります。

いわゆる基本味以外にも，口腔内で受け取ることで味覚体験に寄与するものにはいろいろありそうです。食べ物に含まれる脂肪の有無は私たちの食体験を大きく左右するものですが，油っぽさの触感をもたらす触覚受容が重要であると考えられています。辛味は，その代表例を挙げれば，トウガラシの成分であるカプサイシンによって口腔内の体性感覚受容器が刺激を受けることで生じます。侵害的温熱に感受性のある神経線維がカプサイシンによっても活性化し，痛いほどホットな辛味があるように感じるのです。同様に，冷覚に関わる神経線維がハッカに含まれるメントールによって刺激されて涼味が生じる，ワサビに含まれるアリルイソチオシアネートが冷覚と鼻腔の痛覚に作用してつんとする辛味が生じる，サンショウに含まれるサンショオールが触圧覚受容に作用してしびれ（麻味）が生じるといった具合に，基本味に分類されない感覚受容が味覚体験に関与する例はいくつも挙げられます。

4.2.2 味の受容

味をもたらす出発点となる口腔内の様々な**味物質**は，どのようなプロセスで受容されるのでしょうか？　化学物質を受容して生体電気信号に変換する詳細な仕組みは，味物質ごとに様々な可能性がありまだよくわかっていません。ただ，味覚受容の基本的な解剖学的構造はある程度わかっています。**舌**の上にある**乳頭**という突起——前部にある**茸状乳頭**（じじょう），奥にある**有郭乳頭**，側面にある**葉状乳頭**——の中に**味蕾**（みらい）という組織が並んでいて，それぞれの味蕾の中には**味細胞**が多数束ねられ，味蕾の中央に空いている**味孔**というくぼみにそれぞれの味細胞が**微絨毛**（びじゅうもう）を出して，唾液中の味物質の到来を待って

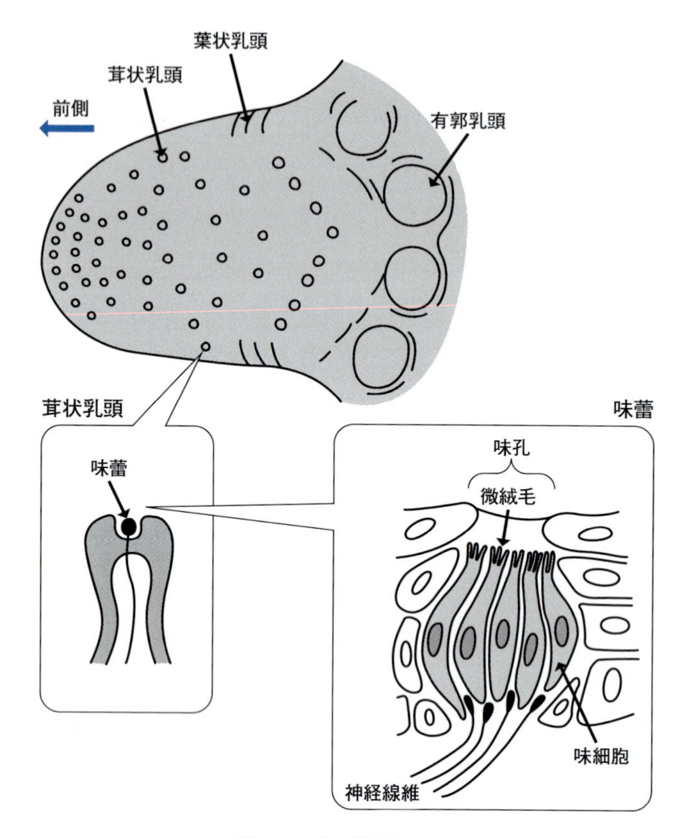

図 4.2　舌の乳頭と味蕾

います（図 4.2）。

厳しい外界環境に絶えずさらされるためか，嗅細胞と同じく味細胞にも寿命があり，約 10 日で新しい細胞に置き換わります。網膜が損傷すると光を受け取れない永続的な**暗点**ができてしまうのに対して，舌表面に軽微な損傷ができても，損傷が治癒すれば味覚が回復できる仕組みになっているのです。嗅細胞が神経幹細胞から分化するニューロンであるのに対して，味細胞は上皮細胞の仲間でニューロンには分類されませんが，膜電位変化や活動電位，神経伝達物質の放出，シナプス形成など，数々のニューロン的な振る舞いをすることがあります。

塩味をもたらす典型的な味物質は塩化ナトリウムですが，溶液中の Na^{+} イオンを受容する単純なメカニズムとして，Na^{+} を通すイオンチャネルの関与の可能性が考えられます（Chandrashekar et al., 2010）。塩辛い食べ物が来て口中の Na^{+} 濃度が高まると，濃度勾配に従って Na^{+} が細胞内に流入し，膜電位が脱分極するというわけです。また塩味においては，低濃度の食塩水はおいしく高濃度の食塩水はまずいという二面性がありますが，それらの受容機構が別々である可能性があります（Roper & Chaudhari, 2017）。

酸味の受容には，H^{+}（濃度が高いほど酸性）に感受性をもつメカニズムが関係しているとして様々な可能性が検討されています。まず，イオンチャネルを通して細胞内に H^{+} が流入して膜電位が脱分極するメカニズムが考えられます。しかし，唾液の H^{+} 濃度がすべてなら pH が同じものは同じ酸味のはずなのに，実際には強酸よりも酢酸やクエン酸のような弱酸の方が強い酸味をもたらします（Gardner, 1980）。これらの弱酸が味細胞内に取り込まれてから電離することで細胞内 H^{+} 濃度が増加し，それを引き金に膜電位が脱分極するという仕組みが考えられます（Ye et al., 2016）。

苦味の味物質に対しては，T2R という総称でくくられる 20 種類以上の受容体が膜タンパクとして用意されています（Mueller et al., 2005）。これら多種の受容体があることで，多くの毒物に対応できるのです。ただし，毒のバラエティを舌で感じ分けて楽しむ必要はないからか，1 個の味細胞には多種類の苦味受容体がついていて多くの苦味物質に非特異的に応答します。

甘味の味物質がくっつく先の代表は，T1R2 と T1R3 という 2 分子が合わさって膜タンパクとなっている受容体です（Nelson et al., 2001）。一般に受容体は，特定の物質と「鍵と鍵穴」の関係で特異的にくっつきますが，グルコース（ブドウ糖）から人工甘味料まで分子構造の異なる様々な甘味物質はこの膜タンパクのもつ複数の鍵穴のどれかにくっついて活性化させるために，それらの味物質をすべて甘いと感じるとされます。また，この膜タンパク以外に甘味に関わる別の分子も調べが進んでいて，特に Na^{+} 依存性にグルコースを輸送できるナトリウム・グルコース共輸送体というタンパクの存在は，塩分があると糖分をより甘く感じる増強効果や，低濃度の食塩水に甘味を感じる現象の説明になるかもしれません（Yee et al., 2011）。

うま味の味物質のうち，グルタミン酸などのアミノ酸がくっつく先の代表は，T1R1とT1R3という2分子が合わさった受容体です（Nelson et al., 2002）。この膜タンパクを介する味覚応答は，グアニル酸やイノシン酸などの核酸が同時にあると増強する効果があります。和食のコンブ出汁，シイタケ出汁，カツオ出汁にはそれぞれ，グルタミン酸，グアニル酸，イノシン酸が多く含まれ，また食品ごとにこれらの分子の含有率が異なることから，おいしさの相乗効果の説明の一助になるでしょう。ただ，T1R3分子を使えなくして上述の甘味とうま味の受容体を両方だめにしてもアミノ酸への感受性は残るという動物実験の結果から，別のアミノ酸受容メカニズムの存在が指摘されています（Chaudhari et al., 2000）。

このように，甘味，塩味，酸味，苦味，うま味の味物質のいずれかに特異的に応じる受容体をもつ個別の味細胞があることがわかってきました。いわゆる基本味の5種類は，味細胞のレベルで分かれた入力データ構造になっているらしいのです。

4.2.3 舌から脳へ

味細胞の近傍には味覚神経線維が伸びていて，味細胞からの情報を受け取って活動電位を出し，延髄の**孤束核**に連絡します。孤束核からは，視床VPM核（ventral posteromedial）を経て**一次味覚野**への投射があります。一次味覚野は大脳皮質の内側面でも外側面でもないそれらの中間，**島皮質**とそれに連なる弁蓋にあるとされます（Ohla et al., 2012）。

基本味は独立系統に分かれて脳にまで伝わるかという問いは古くから議論されてきました。甘味，塩味，酸味，苦味の4基本味，またうま味を加えれば5基本味が，色分けされた導線を伝うがごとく独立に脳まで運ばれるとするのが**ラベルドライン説**ですが，味細胞以降のニューロン応答を記録していってもこの説の正しさの決め手となる証拠はきちんと見つかっていません。よく見られるのは，個々のニューロンがいろいろな味物質にそれぞれ異なる感受性をもって応答するというものです。嗅覚ニューロンはまさにそうした特性をもっていましたね。嗅覚の場合に述べた集団符号化と近い意味の**アクロスファイバーパターン説**によれば，応答特異性の鈍い多数の味覚ニューロンが同時に活動する活性化パターンこそが特定の味の神経表現となります。また，アクロスファイバーパターン説に従う神経線維もあるがその特別な場合としてラベルドライン的に振る舞う神経線維があったとしてもよいと思われます。

味の認識のための情報処理をしている一次味覚野では，異なる味が皮質表面上の異なる場所に表現されているとする報告があります（Chen et al., 2011）。基本味として到来した味覚信号がそれぞれ異なる場所に神経連絡しているのかもしれないし，入力データの活性化パターンから質感的な意味が読み出されて，心理学的な強度や価値の次元に整理し直されているのかもしれません（Crouzet et al., 2015）。嗅覚と同様，一次味覚野からは前頭葉の前頭眼窩野への投射があり，価値づけなどの高次の情報処理を受けます（Kringelbach, 2005）。また，嗅覚と同様に，孤束核から直接，情動に関わる扁桃体へも連絡しています。

4.3　嗅覚・味覚の認識

4.3.1　風　味

私たちが食物や飲料に感じる**風味**は，舌の味蕾で受け取った味覚信号と，口腔内から立ちのぼるニオイ物質を後鼻腔経路などで取り入れた嗅覚信号とが統合されて生まれる，マルチモーダルな情報処理の結果としての知覚体験です（Kakutani et al., 2017）。風味に関与するものにはこれら以外に，体性感覚信号もあります。口腔の温度受容器は，食物の温度情報を加えて味わいの質感を大きく左右するばかりか，特定の化学物質に応答して辛味や涼味の認識に寄与するものもあります。そして，口腔の体性感覚信号により，舌触り，歯触り，喉越しといった**テクスチャー**の処理が行われます。個々の風味を認識するために用意されている心的なデータベースの中には味覚信号，嗅覚信号，体性感覚信号その他に関する知識が合わせて登録されているようで，入力データ群がそうしたマルチモーダルなデータベースと照合され，混然一体とした風味オブジェクトとしての認識が成立します。風味とは外界にあるものではなく，各人の知識に照らし合わせて心の上に作り出される心的表現でしかないのです（Small, 2012）。

味覚信号，嗅覚信号，体性感覚信号その他が関与するのなら，食物の風味はどの場所に定位されて感じるのでしょうか？　感覚受容する入り口の場所は，舌の局所に分布する乳頭や，鼻の嗅上皮や，咽頭や咀嚼（そしゃく）筋などいろいろあっても，脳内の統合的な情報処理を経て成立した風味オブジェクトは，食物のあるべき場所——食べているものの口中の場所——に空間定位されます。しかも，感覚受容の観点からは間欠的に信号が到来しているとしても，知覚される風味は時間的に連続性を保っています。このような時空間定位の特性からも，風味オブジェクトとはマルチモーダルな信号たちの高次な統合を経て成立する心的表現であることがわかります。

4.3.2 知覚的構えと快不快度

風味オブジェクトの成立に欠かせない感覚モダリティとして味覚・嗅覚・体性感覚信号があるなら，視覚信号や聴覚信号なども風味に影響するでしょうか？　夜間飛行のジャンボジェット機の暗い機内で，騒音の中で味気ない夜食を食べたことがある人なら，見た目も大事，音も大事と思うかもしれません。実際，視聴覚の情報によってありありとした風味の変容が生じる実証データが挙がっています。同じ柑橘味の液体でも，着色料がオレンジ色だとオレンジ味，緑色だとライム味というように風味が変わります（DuBose et al., 1980）。ポテトチップをかみ割りながら，自分がかんでいる音の高周波数成分が増幅されたものを耳に入れるだけで，よけいにぱりぱりした食感に感じます（Zampini & Spence, 2005）。視覚においてネッカーの立方体をはじめとする**多義図形**の解釈が観察者の見方次第で変わるように，今体験しつつあるオブジェクトはこうであるべきだという私たちの期待，**知覚的構え**は，特定のオブジェクトを知覚する方向に仕向けるトップダウンの効果がありますが，風味の認識においては色や音といったマルチモーダルな相互作用で知覚的構えが否応なしに誘導されるという説明が可能です。

食事がおいしいかまずいかは日々の重大な関心事ですが，ニオイの尺度構成でも必ずと言っていいほど抽出される次元が，**快不快度**です。嗅覚は警報装置の役割をすることから，かぐわしい香気か悪臭かという次元は最重要の心的構成概念に属するのでしょう。前頭眼窩野では報酬の価値づけに関与する脳活動が一般的に認められますが，嗅覚・味覚ともに高次中枢としてのこの領野に情報を送っており，そこで価値判断の統合的処理がなされていると考えられます。特定のニオイや風味に対して快不快度が一対一に固定的に対応するのではなく，様々な変数が影響を及ぼします。物質濃度がそのよい例で，香水や塩水にはある程度の濃さまでは快く感じる誘因性があり，それより濃いと嫌悪感を催す忌避性に転じます。親近性も重要で，馴（な）れ親しんでいるものを快く感じまた快く感じるものに親しみを感じるという両面があります。また，快不快度の尺度に関しても知覚的構えがやはり重要な影響を及ぼします。ネス湖の単なる流木の写真が怪獣ネッシーの像だと思い込めばそうとしか見えなくなるように，信念が知覚を変えてしまうのです。例えば，サーモン味の冷えたクリームは「冷製旨味ムース」というラベルがつけば美味に，「アイスクリーム」というラベルがつけばまずく感じ（Yeomans et al., 2008），同じワインでも安物と告げられるより高価な品と告げられる方がおいしく感じます（Plassmann et al., 2008）。嗅覚についても，液体に色がついているだけでニオイがより強く感じられ，また，同じ香料でも「生のキュウリ」というラベルつきと「白カビ」というラベルつきとではニオイが違って感じられます（Herz & von Clef, 2001）。

快不快度には，先に述べたように生後発達の経験も影響します。また，文化が大きく影響するのは言うまでもありません。ある文化においてとても心地よい香り，おいしい食味であるものが，別の文化では堪え難いととらえられる例は，何点かすぐに思いつくでしょう。特定のニオイや風味の体験が生後経験や浴する文化の中でどのような有害あるいは有益な体験や社会的慣習と反復呈示されるかで，学習性に快不快度の内容が変わってくるのです。

一般に，特定の刺激が呈示されてから嫌な出来事が到来するという関係を体験すれば，その刺激に対して嫌悪感や恐怖情動が生じるようになったりします。これは行動分析学の分野で古典的条件づけと呼ばれる学習の一形態です。味覚に関しては，形式としてはこれと同じようでいて，しかし不思議な学習が生じることが知られています。ある食物や飲料を摂取した後に，お腹が痛くなってしまった――動物実験では不快感を催す薬物を後で投与してこの実験操作を行う――とします。そうした経験の後，その食物や飲料を忌避するようになるのですが，通常の古典的条件づけと異なりたった1度の経験でこの学習は成立し，しかも味覚刺激と不快感との間に時間が空いていても成立します（図4.3）。これらのことから，この連合学習は特に**味覚嫌悪学習**と呼ばれています。有害物質を何度も試さないと学習が成立しないようでは動物の生存がおびやかされるし，有害物質の摂取から作用が生じるまでに時間がかかることもあるので，これらはいずれも理にかなった性質といえます。一般に，条件づけには扁桃体が関与していますが，扁桃体を破壊すると味覚嫌悪学習も成立しなくなります（Morris et al., 1999）。味覚嫌悪学習とは逆に**味覚嗜好学習**も起こり，ある食物や飲料を摂取して「お腹が喜ぶ」――摂取に伴って体内に望ましい状態変化が生じる――と，その風味に対して好ましさが増加します。また，幼児は一般に，食べたことのない食物は食べたがらない**新奇恐怖**を示し慎重な食行動をとりますが，成長を経て様々な体験を通じて学習していくことで好みのレパートリーを複雑化させていきます。

お腹が満足すると味覚嗜好学習が起きるかはともかく，満腹感が起きたら当面は食べたくなくなり摂食がやみます。でも，お腹が満足するのと別に，脳の味覚野が満足しても満腹感は起きるようです。いちどきに同じ風

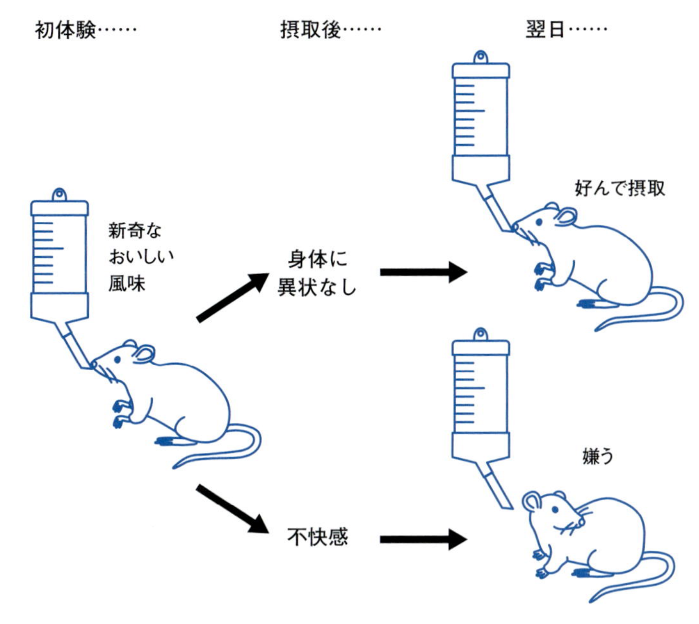

図 4.3 味覚嫌悪学習

味の食物をずっと食べ続けるうちにおいしさが減少し食べたくなくなる現象を，**感覚特異性満腹**といいます。これが起きて食欲が減った状態でも，違う風味のものを与えるとまた食欲が戻ったりします。「デザートは別腹」と言う人はうなずくかもしれませんね。このことがあってか，ただ1種類の料理が出るよりも多種類の料理が出る方が食べる全体量は多くなる傾向があります（Rolls et al., 1984）。

4.3.3 順　応

感覚特異性満腹が起きるということは，風味を感じたときの快反応の大きさは摂取量によって変わるということです。基本的な味を感じる感度や強度にもそうした動的側面——**味覚順応**——はあって，同じ味物質に対する感度や感覚強度は順応時間につれて下がっていきます。現状からの違いに対して感度をもつという知覚システムの一般原理がここにもあるのですね。ふだんの生活では唾液に含まれる味物質濃度に順応しているため，唾液よりも薄い食塩水を呈示しても塩味は感じません。唾液より濃い食塩水に十数 sec さらされた後では，その食塩水は無味に感じられ，それより薄い濃度の食塩水を与えても塩味は感じられない代わりに苦味が感じられ，水を与えても苦味が感じられたりします。嗅覚においても，現状からの違いに対して感度をもつという性質があり，同じニオイ物質にさらされていると，それによって活性化した嗅細胞ではそのニオイ物質に対する感度が低下します。そのせいで，私たちは同じニオイにさらされ続けていると数 min で嗅覚順応を起こし，数十 min もすればそのニオイにほとんど気づきもしなくなります。

味覚にせよ嗅覚にせよ，順応した物質に対して感度が下がる自己順応に加えて，ある物質に順応した後に別の物質に対する感度が下がることがよくあり，これを**交叉順応**といいます。交叉順応にはそれら両方の物質に対して感受性をもつ受容機構が関与するとされ，物質 A で順応した後で物質 B でテストする場合とその逆の場合とで効果の強さには非対称性があることがあり，関与する受容体のメカニズム解明の手がかりになるかもしれません。

嗅覚順応には数 min のオーダーで進むものに加えて，数十日間も順応効果が続く長期順応も存在し，馴れ親しんだ事物であることが既知の場合に嗅覚の感度が下がることから**嗅覚馴化**という言い方もできます。他人の家を訪問して初めて足を踏み入れた部屋のニオイは強く感じても，自宅に帰って馴れ親しんだ自室に足を踏み入れた瞬間に，あまり強いニオイを感じはしないでしょう。末梢（まっしょう）で数 min かけて環境のニオイに順応するよりも前に，「ここはいつもの環境だから予測通りのニオイを特に気にかけないでよい」というような価値づけが無意識的に下るのだと考えられます。

参考図書

斉藤 幸子・小早川 達（編）(2018). 味嗅覚の科学——人の受容体遺伝子から製品設計まで——　朝倉書店

スペンス, C. 長谷川 圭（訳）(2018). 「おいしさ」の錯覚——最新科学でわかった, 美味の真実——　角川書店

内川 惠二（総編集）近江 政雄（編）(2008). 味覚・嗅覚　講座　感覚・知覚の科学 4　朝倉書店

体性感覚・前庭系信号の処理過程 第5章

5.1 触圧覚

5.1.1 体性感覚の入力と表現

この世界で生きていくためには，力と力のぶつかり合いがどうしても必要です。外界の事物も私たちの身体も，物理法則に従ってこの世界に存在している以上，様々な力を出したり受け止めたりして力学的に相互作用しながら，すべてが重力によって下向きに引っ張られています。こうした無数の方向と大きさをもつ力の場の中で自らも運動し続ける私たちの身体には，各種のセンサーが取りつけられています。しかしここでも，力の出し入れの起こる物理的な原因に比べて入力信号は圧倒的に貧弱であるため，周囲の事物の様子や自分の様子のあり方を推定する作業を行わなければなりません。視覚や聴覚と同じく，身体に触れるものが何事であるかを認識するということの本質は，数々の仮定に立った上で世界の成り立ち方として信じるものを心の上に創作し，その正しさを検証するために身体でその何事かに触れ続けるという営みなのです。

体性感覚システムはこうした推定作業を行うための最初の段階として，皮膚などにかかる圧力，温度，侵害を見張る感覚受容器，そして筋肉などの動きを知る**自己受容感覚**のための感覚受容器を自前で備えています。さらに，視覚などとのクロスモーダルな相互作用や，注意などのトップダウン制御も計算過程に本質的に関わっています。その計算の主なゴールは，外界の事物と相互作用することで事物の位置や形状がわかるという物体認識，自己身体

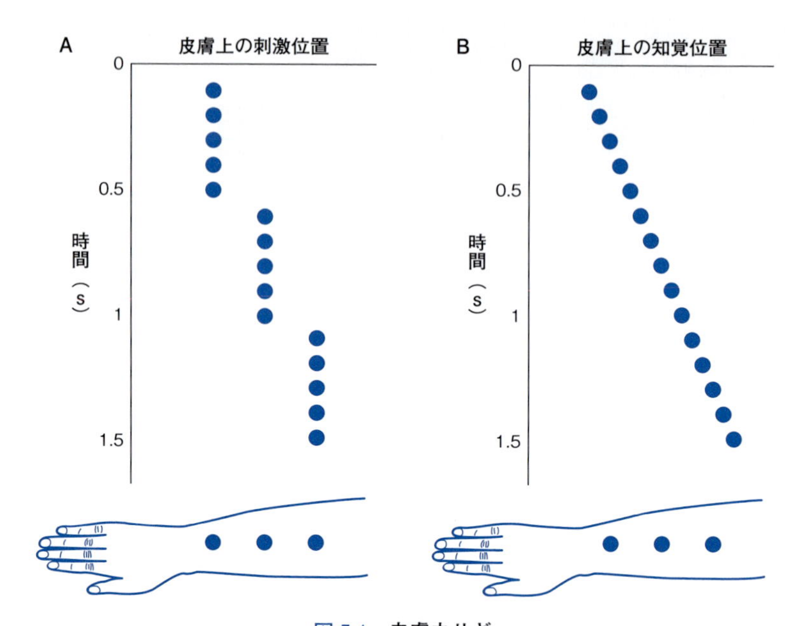

図 5.1 **皮膚ウサギ**
A：物理的な触覚刺激の位置の時間変化。B：知覚される位置の時間変化の概念図。

を取り巻く外部に危険なものがあるか判じる侵害の認識，自分の身体が世界でどのような位置を占めているかという身体表現の成立です。

機械的刺激が受容されて触圧覚信号が大脳に至るだけでは触覚体験にとって必要十分ではないということを如実に示す例として，**皮膚ウサギ**の錯覚を紹介しましょう（図 5.1）。前腕の手首側から肘側にかけて等間隔で並んだ点 1，点 2，点 3，……，点 15 に対して，同じ時間間隔で（例えば 0.1s ごとに）順番に触覚刺激を与えると，感じる位置は当然のことながら順番通りに点 1，点 2，点 3，……，点 15 と変わっていきます。ところが，手首の近くに 5 回，前腕の真ん中に 5 回，肘の近くに 5 回というように，離れた 3 つの位置に同じ時間間隔で順番に触覚刺激を与えても，うまくいけば，刺激されていないはずの中間位置を含んで連続的に位置が変わっていくように感じられるのです（Geldard & Sherrick, 1972）。腕などの空間分解能のあまり高くない場所で試すと効果的です。これが奇妙なのは，別の位置が刺激されて初めてそれ以前に与えられた触覚刺激の位置ずれ錯覚の方向が定まるのに，刺激されたときの時間間隔をあくまで守って連続的に跳ねていくように感じられることです。時間的に後の事象により，前の事象の内容が何だったのか時間的に遡って予測されることを指して，**ポストディクション（後測）**といったりします（Eagleman & Sejnowski, 2000）。このような不思議な関係があることからも，私たちが感じる触覚体験の空間的・時間的な性質は脳内で作り出されるものだということがわかります。

5.1.2 触圧覚信号の受容

遠刺激としての外界の事物が私たちの身体に触れたとき，その事物が**皮膚**に与えた機械的な圧力が近刺激となり，**触圧覚**の受容の出発点となります。押された皮膚は機械的に変形して組織の一部が圧縮・伸長しますが，そうした変形を引き金にして生体電気信号を発する**機械受容器**が，**無毛皮膚**においては4種類備わっています（図 5.2）。それらの機械受容器は皮膚の表皮，

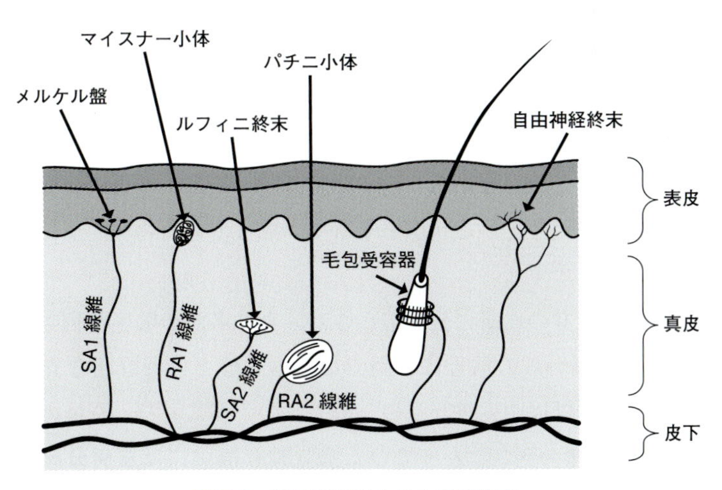

図 5.2　機械受容器と自由神経終末

真皮，皮下に埋め込まれていて，表皮から真皮にかけて**メルケル盤**と**マイスナー小体**，真皮から皮下にかけて**ルフィニ終末**と**パチニ小体**という特殊な構造があり，それぞれ異なる時空間特性で機械的刺激に応答します。それぞれの種類の機械受容器からの触覚信号は神経線維に収斂して**脊髄**に向かって伸びますが，そのすべてにAβ線維という高速伝導速度の軸索が採用されています。毛の生えている皮膚にはもう1種類の機械受容器に大別される**毛包受容器**が毛の傾き具合や張力を検知します。

神経線維のそれぞれを興奮させることのできる皮膚上の刺激の範囲，すなわち触圧覚の受容野には，小さなものと大きなものがあります。さらに，定常的な機械的圧力に対して興奮し続けるか，圧力の時間変化があるときにだけ興奮するかによって，SA（slow-adapting）とRA（rapid-adapting）に分けられます。受容野が小さく定常圧力に応じるSA1線維はメルケル盤，受容野が小さく圧力の時間変化に応じるRA1線維はマイスナー小体，受容野が大きく定常圧や皮膚の表面方向の突っ張りに応じるSA2線維はルフィニ終末，受容野が大きく圧力の高頻度の変化に応じるRA2線維はパチニ小体とつながると考えられます。実際に外界の事物と相互作用する際は，これらの線維が同時に活性化し，接触，手触り，凹凸，摩擦など異なる種類の触知覚が同時に可能なように役割分担して感覚受容をしています。皮膚が高い弾性をもつため，物体が皮膚に与える圧力の強弱によって各神経線維に興奮をもたらす皮膚上の範囲が伸縮し，強い圧力がかかるとより遠くの神経線維まで興奮が及びます。このことから，皮膚に張り巡らされた多数の触覚ニューロンが集団として発火している状態をもって，触っている物体の形状の手がかりとしているようです。

機械受容器は全身の皮膚に張り巡らされ，身体各所の触圧覚信号を整然と脊髄（ただし，顔からの信号は脊髄でなく脳神経という経路を介する）へ送っています。脊髄は中枢神経系の一部で脳の下側に延び，脊椎の内部を走る神経組織ですが，そこに入っていく感覚神経線維には**皮膚分節**（**デルマトーム**）という仕分けがなされ，皮膚のどの範囲が脊髄のどの位置に連絡するかの対応がついています。皮膚からの神経線維の実体は脊髄周辺に細胞体をもつ一次感覚ニューロンで，脊髄の後索という経路を伝って登っていきます。延髄に入ると二次ニューロンに乗り換え，左右交叉して内側毛帯という経路を伝って登っていき，視床 VPL 核（ventral posterolateral）の三次ニューロンに乗り換え，最終的に大脳皮質の**一次体性感覚野（S1 野）**に終わります。こうした経路は，**後索内側毛帯路**と呼ばれます。

5.1.3 触圧覚の脳内情報処理

大脳には頭頂葉と前頭葉を隔てる**中心溝**という大きな溝があり，S1 野は中心溝のすぐ後ろ側にある**中心後回**とその周囲に広がっています。皮膚分節で分かれた連絡通路を通ってきた触圧覚信号は，S1 野においても皮質表面上の異なる位置に分布します。

皮膚から伸びる触覚神経線維に見られる受容野同様，大脳皮質の S1 野ニューロンにも触覚の受容野があって，皮膚上の局所的な刺激に対してのみ応じます。こうした皮質ニューロン活動と皮膚上の局所的な位置との関係は巨視的にも見られ，視覚のレチノトピーや聴覚のトノトピーと同じように，皮膚上で隣り合う体部位は皮質上でも隣り合う位置に表現される**ソマトトピー**という構造があります。右半身は左大脳半球，左半身は右大脳半球の S1 野に表現される対側支配になっています。ちなみに，運動指令を脳から身体へ送る**一次運動野（M1 野）**は，中心溝のすぐ前側にある**中心前回**にあり，やはり S1 野と同じような位置関係でソマトトピーをもった体部位表現をもち，対側支配をしていて，しかも同じ体部位に関して S1 野と M1 野の間は相互に結合しています（Schellekens et al., 2018）。互いに大事な情報をもつもの同士は近いところで接続し合うという原則がきれいに守られたエレガントな構造と言わざるをえませんね。ただし，S1 野がただ身体感覚をつかさどり M1 野がただ身体運動をつかさどるという単純な関係ではありません。触覚の認識も運動の実行も，体性感覚野と運動野がネットワークとして機能して初めて可能になるのです（Hatsopoulos & Suminski, 2011）。

視覚野のレチノトピーにおいて中心窩付近に対応する皮質領域が大きな面積を占めるように，体性感覚野のソマトトピーにも体部位に依存して皮質面積の大小があります。私たちはあらゆる体部位で同一の感度をもつわけではなく，敏感な場所と鈍感な場所があります。空間分解能に関しては，製図のコンパスのような器具で刺激したとき，皮膚上の2点が同時に触覚刺激を受けているのか1点だけなのかが区別できるために必要な最小の2点間の距離，すなわち**二点弁別閾**を測定して調べることができます。二点弁別閾は手指や口唇で小さく，顔面ではやや大きく，腕や体幹や脚の皮膚ではとても大きいという関係になります。それと呼応するように，手や顔のソマトトピー上の皮質面積は大きく割り当てられているのに対し，その他の場所は小さな面積にとどまっています。ソマトトピーには柔軟な可塑性があることもわかっており，訓練や四肢切断などの結果として，よく使われる体部位は大きく，使われない体部位は小さくというように，配置が変容することがあります。

触覚神経線維より後の段階になるにつれ，触覚ニューロンの受容野構造は複雑になっていきます。例えば，視覚ニューロンの中心周辺拮抗型受容野のように，ある場所への触覚刺激に対する興奮応答がその近傍の触覚刺激の存在によって抑制されるような受容野特性が出てきます（DiCarlo et al., 1998）。また，V1野の視覚ニューロンで見られるように，触覚刺激への方位選択性や運動方向選択性も現れてきます（Warren et al., 1986）。この様子から想像されるように，S1野は特定体部位の触覚信号をただ受け取るだけの場所ではありません。そればかりか，視床からの直接連絡がある領域をS1野とひとくくりにする呼び名と裏腹に，S1野には階層性をもつ下位区分があります。S1野は脳地図上で前から後ろへ3a野，3b野，1野，2野と区分けされており，それぞれが視床からの連絡を受けるのに加え，皮質内部ではこの順番で階層的に情報が伝わっていき，徐々に複雑な情報表現に変化していくのです。3a野では主に自己受容感覚信号に応じ，3b野では主に空間的に細かい触覚信号に応じ，1野ではより広めの範囲の情報を統合し，2野に行くと自己受容感覚と触覚の信号が統合して力触覚（8.4節で扱います）に寄与していると思われます。2野には特に，両手にまたがって触覚受容野をもつニューロンが多くあります（Iwamura et al., 1994）。また，自己の身体が何らかの動作をしたときに活性化する部位が，他者の身体が同じ動作をする様子を視覚的・聴覚的に観察するだけで活性化します（Keysers et al., 2010）。もともと，自己の動作時にも他者の動作時にも活性化するいわゆる**ミラーニューロン**は，サル運動前野腹側部と下頭頂小葉という場所で見出されており，ヒトでもそのような活性化をする相同領域がミラーニューロンシステムと呼ばれて報告されています（Rizzolatti & Craighero, 2004）。これらの部位は，他者の運動を自分の脳内で**模倣**してその意味を把握するシステムであろうという文脈で解釈されてきたのですが，S1野でも見られるこうしたマルチモーダルな神経活動は，他者の自己受容感覚を脳内で模倣してその意味を把握するという機能を想像させます。

S1野の次に控えるのは高次体性感覚野です。頭頂葉の上側にある5野へ届いた情報は**感覚運動インタフェース**としてはたらく頭頂葉領域と連なり，触覚入力ごとに適切な運動出力をするという**感覚運動協応**のとれた協調動作に関与します。サルの頭頂連合野では，触覚と視覚の両方に応じる**バイモーダルニューロン**の存在が報告されており，例えば手（上肢）を使って熊手のような道具を扱う作業を数min行うだけで，もともと手の触覚・視覚信号に応じるはずだったニューロンが，自分が手でつかんで操作している熊手の位置にも視覚受容野をもつようになります（Iriki et al., 1996）。自分の扱うマウスカーソルが自分の手の延長のように感じるのはこうしたニューロンのおかげかもしれませんね。3b野より下側にあって外側溝の天井部分に位置するS2野とPV野も高次体性感覚野で，ソマトトピーが各皮質表面上に再現されています。これらは自己のみならず他者の身体を認識する情報処理にも関与し，他者の身体が触られている映像を観察するだけで，触られた体部位を表現している部位が活性化します（Keysers et al., 2010）。こうしたマルチモーダルな神経活動は，他者の身体を脳内で模倣してその意味を把握するという機能を想像させます。体性感覚に関しては，「相手の身になって考える」という慣用句を地で行く情報処理を実際にしているのかもしれません。

5.2 温度感覚と痛覚

5.2.1 自由神経終末

皮膚には，すでに述べた触圧覚センサー以外にも多くの体性感覚の装置が埋め込まれています。神経線維の終末部分が枝分かれして組織に広がる**自由神経終末**という形態をもつ感覚ニューロンが担い手となり，皮膚に与えられる温度，化学物質，そして侵害性の機械刺激などを見張っています（図5.2参照）。皮膚にはこれら3種類のすべてに感受性をもつ**ポリモーダル受容器**が多く配置されていますが，2種類以下に感受性をもつものもあります。

こうした神経線維の情報は脊髄に入って二次ニューロンに乗り換えて左右交叉し，**外側脊髄視床路**という経路を伝って視床VPL核に届きます。そこから先は触圧覚と同様に大脳皮質S1野に伝わり，ソマトトピーをもつ中枢内部で知覚情報処理を受ける他，島皮質と大脳皮質内側面に送られて感情評価（「つらい！」）に関わる処理に寄与します。また，感覚ニューロンが脊髄で1個の介在ニューロンを介して運動ニューロンとつながっているおかげで，熱いものに指が触れた瞬間に指を引っ込めるといった脊髄反射を起こすことができます。素早い反射によって侵害刺激から逃れた後になって，時間のかかる脳内処理を経て温度や痛みの知覚がともすれば意識上に生じ，後づけの解釈が行われるのです。

軸索の伝導速度は，軸索直径が太いほど速く，**髄鞘**（ずいしょう）（**ミエリン鞘**）という絶縁組織が軸索周囲に巻きついている方が速いのですが，温度感覚と痛覚に関わる神経線維は，髄鞘化された太めの軸索のAδ線維と髄鞘のない細い軸索のC線維に大別されます。前者が侵害刺激を受けて即座に感じる突発的な痛み，後者がひりひりする慢性の痛みの信号を運ぶ役目をします。ちなみに，前節で述べた触圧覚ニューロンの軸索で採用されているAβ線維は，Aδ線維よりもさらに伝導速度が速いものです。

痛みの体験は不快で嫌なものですが，身体をおびやかす侵害刺激に対して臨場感豊かな苦痛を感じ，逃避や回避の行動ができる能力があればこそ，厳しい環境の中でも適応的でいられるのです。不快で嫌だからこそ警報の機能を発揮するのですね。身体の痛みを感じることのできない**先天性無痛症**の人は，高所から平気で飛び降りたり自傷したりと，生存に関わる深刻なリスク要因があります。

島皮質と大脳皮質内側面で感情的評価の処理がされると述べましたが，そこでは自己が痛みを感じるときも，他者が痛みを感じている画像を観察するときも，活性化が生じます（Singer et al., 2004）。知覚体験への影響の例としては，他者が痛みを感じている画像を見ている人に実際に痛みが与えられる場合，他者の気持ちに感情移入するという**共感**が起こると，自分の痛み体験の強度や不快感も高く評定されます（Loggia et al., 2008）。これらのことから，快・不快情動の共感と体性感覚の相互作用が示唆されます。

5.2.2 温度感覚

皮膚の中の温度計の実体とは何なのでしょうか？　自由神経終末の膜タンパクには温度に敏感なものがあります。温度依存性イオンチャネルをもつ神経線維は，限られた範囲の温度の上下に応じて発火頻度を変え，そして膜タンパクの種類に応じて担当できる温度範囲が異なります。今温かくもぬるくも感じない温度からスタートし，温度を上げていくにつれ一過性に発火率が上がる神経線維は「温かくなった」という情報を運び，反対に温度を下げていくにつれ一過性に発火率が上がる神経線維は「涼しくなった」という情報を運びます。こうした**温度受容器**の一過性の発火率上昇はじきに静まり，新しい温度への順応が受容器レベルで生じます（Vriens et al., 2014）。そのためか，右手を温水，左手を冷水にしばらくつけた後で同じ水に両手を同時につけると，右手は冷たく左手は温かいというように温度が違って感じられます。

浴室で経験したことがあると思いますが，概ね 45℃ 以上の温度は熱さとともに痛みを感じ，15℃ 以下の温度は冷たさとともに痛みを感じます。こうした侵害性の温度の受容には，熱すぎる刺激を受容した際に持続性に発火する線維と，冷たすぎる刺激を受容した際に持続性に発火する線維とがあります。侵害性の温度の受容には**TRP**（トリップ）**チャネル**と総称されるイオンチャネルが関与しているようです。その中には，概ね 43℃ 以上の温度に感受性をもつとともに，トウガラシの辛味成分であるカプサイシンによっても活性化し，同じ線維が侵害性の機械刺激に対しても応答するといったニューロンがあったり，28℃ 以下の温度に応答して涼しいから冷たいまでの範囲を受け持つとともに，ハッカの涼味成分であるメントールによっても活性化されるニューロンがあったりします。他にも，異なる温度範囲の計測をしているチャネルの存在がいくつか提案されており，温度受容の全容の解明が待たれています。

5.2.3　痛　　覚

侵害性の機械刺激の受容に対しては，**侵害受容器**としてはたらく自由神経終末での TRP チャネルの関与や，その他の力学的に作動するイオンチャネルの存在が示唆されています。また，皮膚がいったん損傷すると，炎症反応が生じて様々な化学物質が組織に浸透し，そうした**炎症性スープ**によって自由神経終末が活性化してじりじりした慢性痛の原因の一つとなります。こうした場合，往々にして**痛覚過敏**となって弱い侵害刺激でも痛く感じ，また，**アロディニア**という症状では，ふだんは単なる触覚や温覚のみをもたらす刺激に対しても痛覚を感じるようになります。「被害区域につき立入禁止」を直観的に示してくれる仕組みと言えるでしょう。

他の感覚モダリティと同じく，痛覚にも中枢性の制御がはたらきます。スポーツの試合や軍隊の戦闘など，たとえ受傷しても痛がって身体運動を止めると命取りになる場面では，不思議なことに痛みを感じないのです（試合後の夜になって，眠れないほどの激痛に悩まされるのに）。痛覚の**ゲートコントロール説**によれば（Melzack & Wall, 1965），速い神経線維の触覚信号と遅

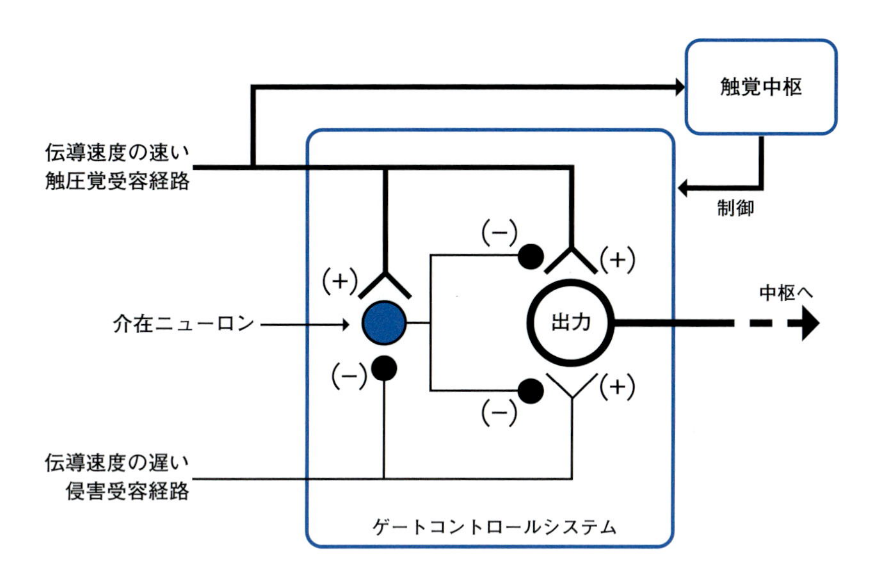

図 5.3　ゲートコントロール説
Melzack & Wall（1965）を参考にして作図。（+），（−）はそれぞれ興奮性結合と抑制性結合を示します。

い神経線維の侵害信号は，脳に入る前のゲートコントロールシステムという関門で同じニューロンにつながっています（図 5.3）。ダメージを受けると，最初に届いた速い触覚信号によって，続いて届いた遅い侵害信号の強弱を変調でき，また速い触覚信号は脳にも素早く伝わって触覚の認知的評価がなされ，脳からゲートコントロールシステムにフィードバック信号が送られます。侵害信号が末梢で受容されても，反射的逃避運動に利用されこそすれ，「このダメージを受けた理由は承知しているので，痛みは感じないことにしておこう」とするかのように，信号が遮断されるというのです。遮断の仕組みとしては，介在ニューロンが活性化して信号伝達を抑制するというメカニズムが想定されています。脊髄には事実，介在ニューロンがあって，末梢からの信号を中枢へ上げる際の「強弱つまみ」の役割を果たしています。アヘン剤には鎮痛効果がありますが，アヘン剤が作用した脳内部位の活動変化を引き金にして結果的に上述の脊髄の介在ニューロンが活性化することで，侵害信号が脳に伝わるのを阻害し，痛みの気づきを減らします。

5.2.4 気持ちよさ

触圧覚ニューロンには伝導速度の速いAβ線維が用いられ，一方，遅いC線維は慢性的な痛みなど時間的制約が少ない情報を送るのに用いられるという原則を述べました。ところが，C線維でありながら，弱い触覚刺激，特に大きな面積の皮膚上を5cm/sほどで動く刺激に対して活動電位を出すニューロンもあります。これは**触覚C線維**と呼ばれる種類のもので，**有毛皮膚**に遍在します。

想像できるように，このニューロンにとって最適な刺激は，言うなれば「なでなで」です。自由神経終末をもつC線維には外界からの侵害を監視するものがある一方で，外界からの愛撫(あいぶ)を監視するものもあるというわけで，バランスがとれているものですね。侵害信号と快感信号の処理は互いに競合するとされ，「痛いの痛いのとんでいけ」となでられることで痛みが軽減することの説明になりそうです。また，かゆみの信号もC線維を伝って競合的に処理されるので，かゆいところを爪でかいて侵害信号をわざと起こすことでかゆみを抑えられる理由も同様に議論できそうです（Lloyd et al., 2015）。

20世紀中頃にハーロウらが行った研究では，模型の人工母親と一緒に赤ちゃんザルを育てたところ，哺乳瓶でミルクが飲めるが針金細工になっている模型には懐かず，給餌機能はないが柔らかいタオルで包まれてゆらゆら動く方の模型にいつもしがみつきました（Harlow et al., 1971）。親子の愛着が形成されるには優しげな肌の接触が重要であることの証拠です。また，かゆみは社会的伝染を起こし，誰かが身体をかゆがっている映像を見ると自分もなぜかかゆくなったりします（Schut et al., 2015）。触覚は外界環境を分析的に認識する機能，自己・他者の痛みを親身に理解する機能，さらに感情的愛着や，他個体との心理社会的相互作用に重要なはたらきをしていることがうかがわれます。このような心理学的な意味があるからこそ，視聴覚だけでの意思疎通に飽き足らず，ハグや毛繕いといった触覚的相互作用をしたくなるのでしょう。

5.3 運動と平衡に関わる感覚信号の受容

5.3.1 自己運動に関連した信号

皮膚における触圧覚・温度・侵害信号の受容メカニズムで，自己身体を取り巻く外界をモニターする様子がわかりました。しかし，自己と外界を体性感覚的に把握するためにもう一つなくてはならないものがあります。それは，自己身体がどう動いているかを知るメカニズムです。

自己身体の動きを知るための情報には主に2種類あり，一つは，身体のどの部分をどう動かすかをつかさどる脳の運動中枢からそのつど発行される運動指令の写しを入手し，得られた**遠心性コピー**を知覚情報処理に組み込むやり方です（**図 5.4A**）。「動かしたつもりなんだからこう動いてるはず」という予測を立てるのですね。もう一つは，現在の身体の状態を身体各部から脳に送り返して利用するやり方で，こうした感覚信号を**自己受容感覚**（**固有感覚**）と呼びます。「現にこのように動いております」という現場からの報告ですね。自己受容感覚の信号は，筋肉や腱（けん），関節などから常に送られています。

自己受容感覚とともに，自己身体の定位にとって重要な信号が，内耳の**前庭器官**から常に送られています（本書ではこれを**前庭系**の信号と呼ぶことにします）。これは，頭部がどの方向に進んでいるか，どの軸を中心に回っているかに関する信号です。私たちが日常生活を送る環境では鉛直下向きに常に重力がかかっているので，前庭系の信号は重力方向に対する頭部の傾きの情報も与えていることになります。

自己受容感覚器と前庭器官のどちらが障害されても，眼を閉じたら最後，歩行はおろか立っていることさえできないでしょう。立つという行いは，たかだか1～2本の足で重い身体を支えるわけなので，上下逆向きにした振り

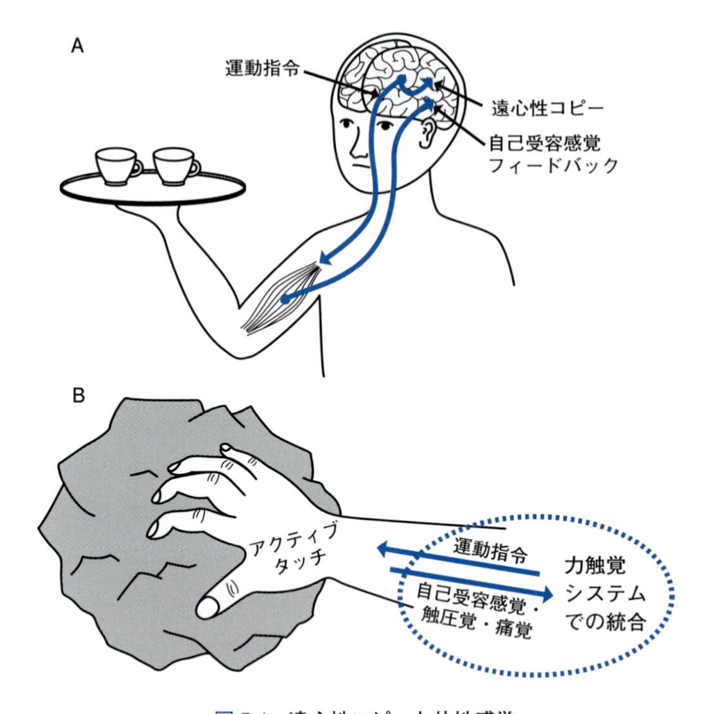

図 5.4　遠心性コピーと体性感覚
A：つり合いをとって荷物を運ぶのには，自分の運動指令の遠心性コピーと，運動に伴って外界との関係がどう変化したかの感覚フィードバックを統合することが不可欠です。B：外界の事物がどのような力触覚オブジェクトであるかの認識に関しても，運動系の運動指令の様子，そこから予測される自己と外界との相互作用の様子，実際にフィードバックされてくる自己受容感覚や触圧覚・痛覚の様子，それらが予測とどれくらい異なるかの様子を統合的にとらえ，どのような力触覚オブジェクトがあるとするべきかをごく短時間のうちに推定し，ほぼ実時間で運動制御をするという困難な作業をしています。

子の姿勢を保とうという無謀な課題です。いくつもの関節でつながった骨格の周囲に多数のおもりがついている身体をこの世界の中で自由気ままに動かすということは，各体部位の姿勢情報の把握と，自己身体の進行方向や重力に対する傾きの把握をしつつ，それらに従って最適な運動指令を次々に出していくという営みであり，どの筋肉にどんな力を出させればよいかは不良設定問題の好例です。運動系から発せられる運動指令の遠心性コピー，自己身体の内部から届く自己受容感覚および前庭系の信号，地面その他の支持面と接する皮膚の触覚信号，広い視野上の光の流れという視覚信号，また周囲の環境から来る音という聴覚信号を入手して，それらを統合するマルチモーダルな情報処理の結果として，環境の中で自己身体がどのように動いているかという**運動覚**や，自己身体が重力とどういう関係にあるかという**平衡覚**が可能になっているのです。そして，時には意識的気づきが生じるのを待つことなく最小の時間遅れで外界と相互作用する必要があることから，運動覚・平衡覚に関連する無意識的な脳内表現をもとに，無数の運動のレパートリーから最適なアクションがそのつど選択されて，素早い運動制御が行われます。

ところで，自己受容感覚という言葉に対置される概念として，**外受容感覚**という言い方があります。これは環境中の事物からやってきたものを感覚信号として取り込むことを指し，視覚，聴覚，触覚，（環境や飲食物の）味覚・嗅覚を包含した言い方です。さらに**内受容感覚**というのもあり，これは循環器系，呼吸器系，消化器系といった内臓からの各種の感覚信号を指し，**内臓感覚**とも呼ばれます。内臓感覚の信号は，臓器が正常に作動しているかを監視する機能だけでなく，情動や意思決定などと相関して変わる自己身体の状態を把握するのにも使われるとされます（Damasio, 1994）。例えば，心臓がどきどきする様子を内臓感覚の信号として取り込むことにより，情動の覚醒度が上がり，周囲環境の認知的評価いかんによって恐怖または喜びの情動が喚起されるとか，ギャンブル課題で高リスクの選択をしてしまうか否かの意思決定に影響を与える，といった具合です。

5.3.2　自己受容感覚信号の受容

運動覚のために最も重要な信号は**筋肉**から出されます。骨格筋には同じ向きに並ぶ2種類の筋線維があり，関節の屈曲・伸展などをもたらす実際の力を出す方を**錘**(すい)**外筋線維**といいます。もう1種類が**筋紡錘**と呼ばれる構造の中にある**錘内筋線維**で，こちらは筋長のセンサーになっています（図5.5）。錘内筋線維には伸張の検出に優れたものと，安定的な筋長に応じるものがあ

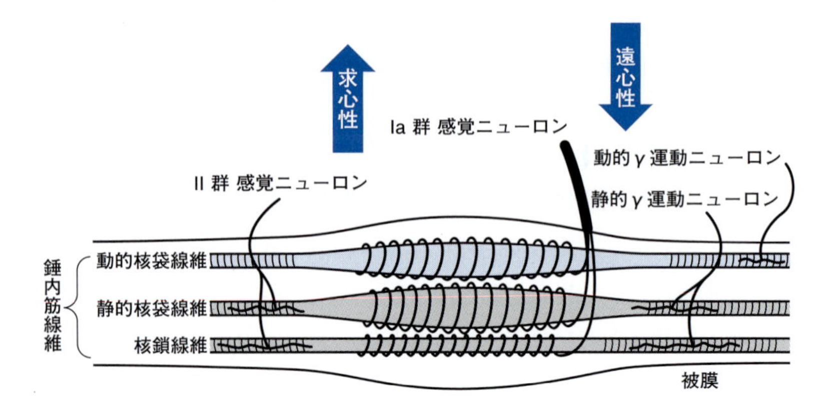

図 5.5 筋 紡 錘
多数の筋紡錘が筋線維と並列の方向に埋まっていて，筋肉の伸長を監視しています。動的・静的なメカニズムがあるおかげで，筋長の時間変化と安定的な筋長の両方を符号化することができます。

り，それぞれ，最速な伝導速度をもつ Aα 線維の Ia 群感覚ニューロン，それより若干伝導速度の遅い Aβ 線維の II 群感覚ニューロンの神経終末が巻きついています。得意分野の異なるこれらの線維があるおかげで，自己身体の動的な情報と静的な情報を異なる経路で中枢神経系へ送信できるのです。これらはいずれも筋の伸張につれて発火頻度が上昇します。

中枢神経系から運動指令が出て錘外筋線維で筋収縮が生じるとともに，センサーである錘内筋線維がたわんでしまうと，感度が鈍ってしまいます。それを避けるために，錘内筋線維にも別経路で運動指令が届き，筋長への感度を保つよう錘内筋線維の中央部分の張力を調整しています。

筋肉の中にある筋紡錘が筋長センサーとしてはたらくとともに，筋と骨をつなぐ**腱**の部分には**ゴルジ腱器官**という張力センサーがあり，筋収縮あるいは負荷増大により腱が引っ張られるのに応じて活動し，最速な伝導速度をもつ Aα 線維の Ib 群感覚ニューロンにより中枢神経系に信号を送ります（図 5.6）。

その他としては，関節と靭帯（じんたい）の感覚受容器から関節角度の信号が入手でき，

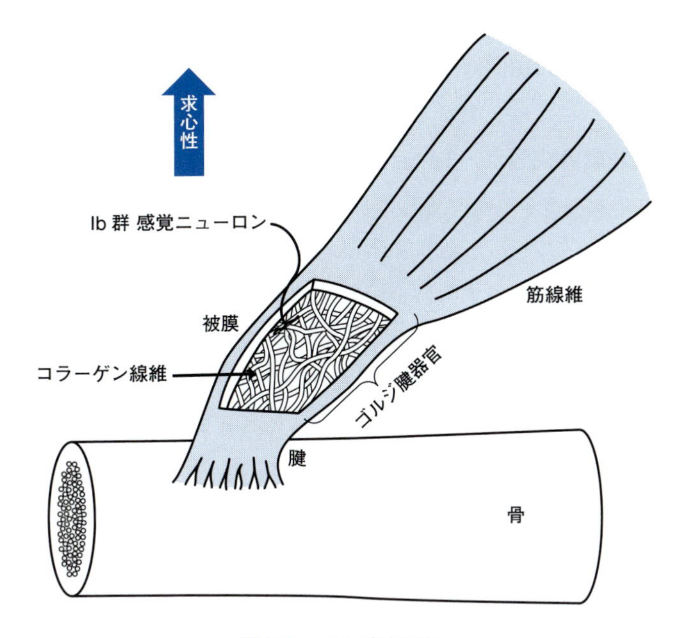

図 5.6　ゴルジ腱器官
筋と腱の移行部に多数のゴルジ腱器官が筋線維と並列の方向につながっていて，腱の伸長を監視しています。

特に可動範囲の限界が通報されると考えられています。他には，筋肉を包み込む筋膜の統合的な寄与も示唆されています（Benjamin, 2009）。

自己受容感覚信号は，**膝蓋腱反射**（ひざこぞうの直下にハンマーを当てると，太ももの筋肉が伸長し，脊髄反射によりその筋肉が収縮することで膝関節が伸展する）のように様々な反射のために利用される他，小脳に投射して精緻な運動表現に寄与し，また，視床を経由して大脳皮質の体性感覚野で処理されることで力触覚の成立および身体図式の意識的体験に寄与します。

5.3.3　前庭系信号の受容

最後に扱うのは，私たち自身の身体のいわば「慣性航法装置」です。羅針盤が船のキャビンに設置されているように，世界の中を自分の身体がどのように進んでいるか，重力方向に対して自分はどれだけ傾いているか，を把握するために，一連の加速度センサーが頭部に埋め込まれています。進行方向を記述する軸としては，上下・左右・前後方向に直線的に進むことを表す3次元の**並進運動**の成分と，3次元の**回転運動**の成分――頭部が「はい」とうなずくときの**ピッチ**，「いいえ」と首を振るときの**ヨー**，「はてな」と首をかしげるときの**ロール**――があります。両耳の内耳にある前庭器官には，これら6次元の情報を取り出すのに十分な加速度センサーが備わっているのです。

頭部の**直線加速度**は，内耳にある**前庭器官**のうち，**卵形嚢**(らんけいのう)と**球形嚢**からなる**耳石器**で測定されます（**図5.7**）。聴覚のときに出てきたのと似た有毛細胞が，毛の傾きという形で加速度を受容するのです。耳石器の中で有毛細胞は**平衡斑**と呼ばれる領域に植わっていて，その上には**平衡砂膜**というゼラチン質が覆い，その上には**平衡砂**（**耳石**）というおもりが乗っています。頭部が並進運動すると慣性力がはたらいて平衡砂膜が反対方向にずれ，有毛細胞の感覚毛の傾きに変化をもたらします。有毛細胞につながった感覚神経線維は静止状態でも一定の頻度で自発発火しており，ある方向の直線加速度に対しては発火頻度を増やし，反対方向の直線加速度に対しては発火頻度を減らします。加速度センサーなので，等速度の飛行機にずっと乗っている場合などは静止状態と同じ発火頻度のままになります。卵形嚢と球形嚢の平衡斑では好みの運動方向が場所ごとに系統的に異なり，耳石器全体としてどの方角に対しても感度をもつことになります。

重力も物理学的には直線加速度の一種です。重力のせいで平衡砂膜に常にずれがかかっており，頭部が正立状態から傾くと平衡砂膜のずれ量が変化して上述と同じ理屈でその変化が検出され，感覚神経線維の発火頻度が変わることになります。

頭部の**回転加速度**は，前庭器官のうちの**半規管**において，左右の各耳の**前半規管**，**後半規管**，**水平半規管**からなる合計6つのセンサーの協同作用で測定されます（**図5.7**）。内耳において，それぞれの半規管は互いに異なる平面上の回転を測定できるようにほぼ直交して配置されています。頭部が

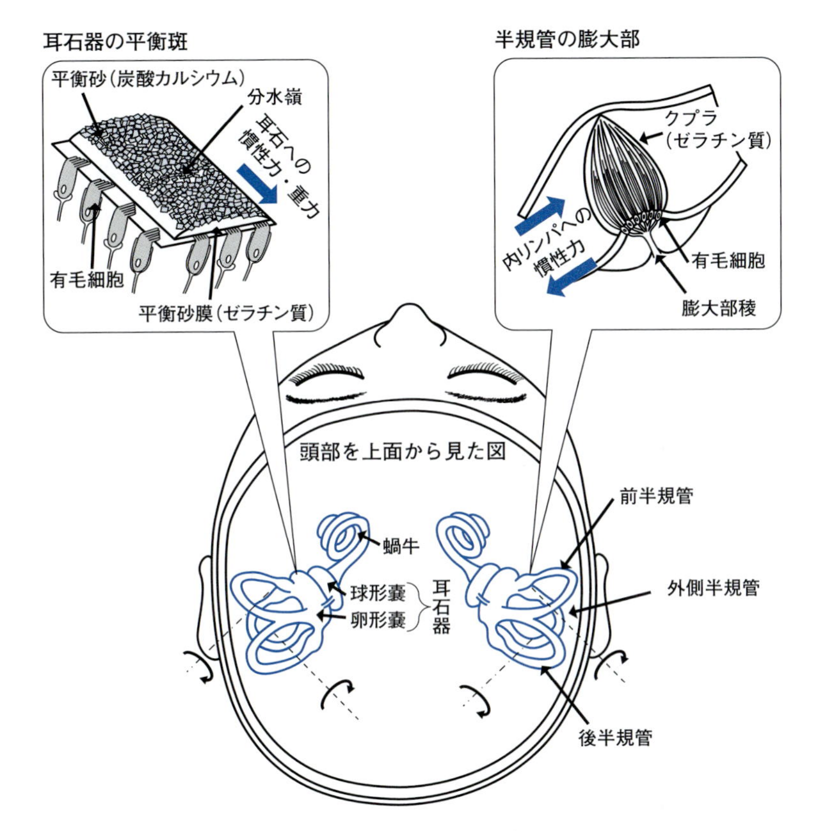

図 5.7 耳石器と半規管

耳石器の平衡斑においては位置ごとに好みの直線加速度方向が異なっており，また分水嶺を境に極性が逆転しています。左の前半規管と右の後半規管は好みの角加速度の回転軸（一点鎖線）を共有し，左の後半規管と右の前半規管も好みの回転軸（破線）を共有しています。左右の外側半規管はこれらと直交する上下軸を好みの軸として共有しています。

回転し始めると，半規管の内部を満たすリンパ液に慣性力がはたらいて動きについていけず，半規管を基準にすればリンパ液は逆向きに回転していることになり，その流れが**膨大部**という場所で検知されます。膨大部にはゼラチン質でできた**クプラ**という組織があり，リンパ液の動きでクプラが押されると，内部にある有毛細胞の感覚毛が傾き，回転加速度に関する信号が受容されます。頭部が回転し終わったときも慣性力でリンパ液がしばらく同じ方向に――したがって半規管を基準にすれば回転開始時とは逆向きに――流れます。耳石器の有毛細胞と同様，クプラの有毛細胞につながった感覚神経線維は，頭部の加速・減速に伴って発火頻度を自発発火頻度に比べて増加・減少させて応じます。

前庭器官で受容された信号は**前庭神経核**に送られ，そこから視床を経由してS1野と運動野に投射するだけでなく，前庭神経核から直接に脊髄の運動ニューロンにはたらきかけることで，身体動揺を補償するための動作が短潜時で自動的に起こる**姿勢反射**を可能にします。また，前庭神経核からは眼球運動をつかさどる神経核にも信号が送られ，後の6.2節で触れる前庭動眼反射という不随意眼球運動を引き起こします。

参考図書

傳田 光洋（2015）．驚きの皮膚　講談社

リンデン，D. J. 岩坂 彰（訳）（2016/2019）．触れることの科学――なぜ感じるのか どう感じるのか――　河出書房新社

山口 創（2006）．皮膚感覚の不思議――「皮膚」と「心」の身体心理学――　講談社

自己・環境の把握と注意　第6章

6.1 自己身体の把握

6.1.1 身体図式

これまで，自己や環境の把握に必要なデータを得るために外界の様々な物理的実体を生体電気信号に変換する感覚受容の仕組みを見てきました。しかし，何度も強調しているように，感覚受容は知覚情報処理のゴールではなく，むしろスタート地点なのです。それら多種類の感覚モダリティのデータを適切に組み合わせて，自己と環境がどんな状況であるのかに関して最適な推定作業を行い，その結果を使い勝手のよい記述形態として心の上に映し出す必要があります。

最も馴れ親しんだ部類に属するものとして，まずは自分自身の身体を考えてみましょう。健常者なら人体として空間内の一定の体積を占める自分のありありとした身体の感じを常にもっているはずです。しかし例えば，高次脳機能障害の一つである**自己身体部位失認**の患者では，自分の体部位を正しく認識できなくなってしまいます。このような神経心理学的症例が教えてくれることは，私たちに感じられる自己身体とは生身の自己身体そのものではなく，情報処理の結果として脳内にできあがる身体の脳内表現をもとに，運動行為のための資料として用いたり，意識的体験として心に感じたりするものなのだということです。このような身体の内的表現である**身体表現**は，運動行為に関連する**身体図式**（**ボディスキーマ**），体部位の意識的体験や認知に関連する**身体像**（**ボディイメージ**）と呼び分けられることがありますが

(Pitron & de Vignemont, 2017)，ここでは身体図式という言葉で統一的に記すこととします。

運動行為にとって，身体図式がなぜ必要なのでしょうか？　運動指令の遠心性コピーや，筋紡錘やゴルジ腱器官からの自己受容感覚信号や，皮膚の触圧覚信号ではなぜ不十分なのでしょうか？　それは，それらは自分の身体がどう設計されているかに関する情報を与えてくれないからです。身体図式には，そもそも身体はどのような体部位で構成されており，どの骨とどの骨がどの関節でつながり，どの筋肉でどれだけの力が発生すれば関節角がどれだけ変更され，骨の長さは何 cm で関節の可動範囲はどれだけかなど，なくてはならない知識がそろっており，時々刻々の感覚入力データからはじき出した設定値を身体図式に流し込んで更新することで，現在の身体の姿勢がどうなっているかを心的に表象しているのです。身体の成長や運動訓練――はたまた短時間の仮想現実体験――に応じてこうした身体の知識は常に更新されていると考えられます（Kilteni et al., 2012）。

そして，自己受容感覚の信号が四肢運動にとってどう重要かというと，個々の筋肉の長さや関節の角度を私たちが認識するためというよりは，今この瞬間のデータを身体図式と照合することでむしろ四肢の先端の位置――両手両足という重要なものが現在どこにあるのか――を，自分が動かした帰結としてそこにあるという**運動主体感**とともに把握することにあると言えそうです。そのときに用いられている方略は，集団符号化であると考えられます（Bergenheim et al., 1995）。それぞれのニューロン単体では精緻な情報を運べなくても，それらが集団としてどのような活性化パターンをしているときに手の位置はどこにあるはずだろうかという精密な対応づけを知覚運動学習によって獲得していると考えられます。肘を曲げた同じ姿勢でも，肘関節の角度を答えてもらう課題よりも指先の位置を答えてもらう課題の方が精度よく行えることからも，四肢の先端の空間的配置を知るということが身体図式の重要な計算目的の一つであることがうかがえます（Fuentes & Bastian, 2010）。しかしその一方で，運動実行をする際に実際に力を発生するのは骨格筋であり，それに伴って変更されるのは関節角です。四肢先端の運動開始地点と運動終了地点が計画されても，それらの間で手を動かす軌跡には無数の可能性があり，そしてどの関節をいつどのように回転させるか，さらにそのためにどの筋肉をどのくらい収縮させるか，にも無数の可能性があって，典型的な不良設定問題になっています。正しい身体図式をもつことは，与えられた問題に対して最適な身体運動を実行するために脳内で自己身体の**内部モデル**を作って計算をはたらかせる上でも必要不可欠です。

6.1.2　身体図式の変容

身体図式ないし身体像は，自己意識に左右されて変わりうる心的表現です。例えば，神経性やせ症に苦しむ人は自己身体が肥満しているかのようなイメージを誤って抱くことから拒食をしてしまうという関係があるようです。しかし，最も劇的に物理的な身体と心的な身体図式とが乖離（かいり）している例としては，**幻肢**が挙げられるでしょう（図 6.1）。事故や病気などを原因として腕や脚を切断した患者では，もはや存在しないはずの肢があたかもあるかのように感じるという知覚現象が生じるのです（Ramachandran & Hirstein, 1998）。手や足の先天性異常の人でも何割かは幻肢を訴えるというデータもあります（Melzack et al., 1997）。四肢のそろった身体図式を「デフォルト」として知覚システムが保ち続けるために，それと相容れない現実を受け入れられないのかもしれません。多くの事例において幻肢に慢性的に痛みを感じる**幻肢痛**の訴えがあります。存在しないはずの手に向けて運動指令を送ることが幻肢体験を生み，手からの感覚フィードバックが返ってこない矛盾状態が痛み体験を生むのだ，とする説があります（Giummarra et al., 2007）。

頑固にあり続ける誤った身体図式を変更させるために「ないものはない」と教え込むのが難しいのなら，逆に，誤った身体図式と同じ身体が現実にあるかのような錯覚を起こさせたらどうなるかという発想で，興味深い療法が開発されました（Ramachandran et al., 1995）。片手がない患者において，患肢に鏡のついたてを立てて患者から見えなくします。鏡には患者の健肢が

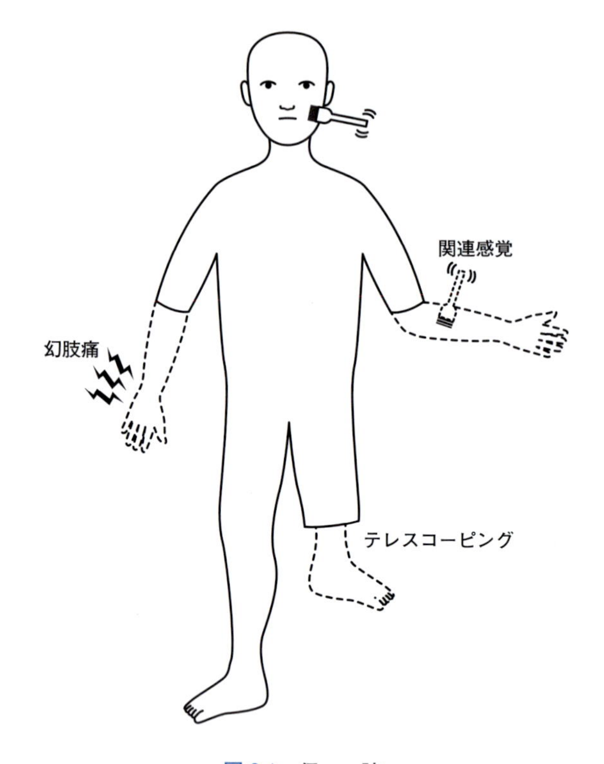

図6.1　幻　　肢
四肢が失われている人の約9割で，ないはずの肢が感じられる幻肢の訴えがあるとされます（Ramachandran & Hirstein, 1998）。また，幻肢に痛みを感じたり（幻肢痛），他の体部位に与えられた触覚刺激を幻肢の位置にも感じたり（関連感覚），患肢の遠位部分が切断端にくっついていて感じられたりします（テレスコーピング）。

映り，患者からはあたかも両手があるかのように見えるようにします。両手を同時に左右対称に動かそうとすると，健肢の動きの鏡映像が見えるため，失ったはずの手が自分の運動指令に従って動いているように見えます。そうした訓練で，実際に幻肢痛が軽くなると報告されています。幻肢痛を軽くするには，仮想現実環境を用いて，失われた肢が自分の運動指令に従って動いて見えるような合成画像を呈示したり（Cole et al., 2009），ブレインマシンインタフェースを用いて，手を動かすときに現れる脳活動に従ってロボット

図 6.2　ラバーハンド錯覚

ハンドを動かしたり（Yanagisawa et al., 2016），といった技術も開発されています。

身体図式の大きさや形や位置は，健常者でも様々にゆがんでいるばかりか，マルチモーダルな入力信号同士の整合性をつけるために柔軟に変わります。心理学実験で身体図式を変容させる例として，**ラバーハンド錯覚**が知られています（図 6.2）。机の上の自分の手はついたてで隠して見えないようになっていて，隣のゴム手袋は見えるようになっています。本当の手とゴム手袋とを同時に筆でさすられていると，自分の手の位置がゴム手袋の方へずれて感じられるのです（Botvinick & Cohen, 1998）。筆でさすられている触覚を肌に感じながら，筆でさすられているゴム手袋を視覚で同時に得てしまうと，それらのつじつま合わせのために身体図式を誤って更新してしまうのですね。ゴム手袋が常識的にありえないほど遠くの位置に置かれても錯覚はいくぶんか生じ，また，ゴム手袋が自分の身体に属するものだという**身体所有感**をもってしまうと，ゴム手袋が「傷めつけ」られるのを見れば，恐怖性身体反応を生じさえします（Armel & Ramachandran, 2003）。

どうして身体図式がこうもフレキシブルでなくてはならないのでしょうか？　特に私たちが衣類や道具の使用をするように進化し，仮想的自己身体として認知するべきオブジェクトを随時着脱しながら暮らすからでしょうか？ しかし，マウスの行動実験でも，偽の尾に対して自分の尾であるかのように反応する，ラバーハンド錯覚ならぬ「ラバーテール」錯覚が報告されていることもあり，ヒトや霊長類に特有の錯覚現象ではなさそうです（Wada et al., 2016）。マルチモーダルな統合で作られる身体図式の本質は，複数の感覚モダリティの信号間でなるべくつじつまの合った形にまとまるべく，常に自在に調整されうる点にあるのかもしれません。

6.1.3 ナビゲーション

世界の中で一定の体積を占める私たちの身体は，ずっと同じ位置にあるわけではありません。5.3節で触れた通り，世界の中を6次元の自由度で進んでいくことができます。そうした空間内のナビゲーションの様子を心的に把握する際も，マルチモーダルな情報が合わさって計算をしています。

前庭器官では加速度が検出されていると述べました。これは慣性力を利用するという装置上の制約に従った仕様であるのですが，だからと言って私たちがありありとした加速度感の体験ばかりしているかというとそうでもなく，クロスモーダルに使い回しがしやすそうな「速度」次元——動きがどの方向でどれだけ速いか遅いか——の方が，意識的体験としてはより直観的かもしれません。加速度の入力データから速度を生み出すのには，数学的には時間に関して一階積分をすればよいことになります。

実際，加速度がゼロの等速運動になったとしてもただちに身体運動感覚が失われることはなく，一定速度で動いている気がし続けます。ただ，無限の時間で速度を感じ続けることはできません。前庭系信号だけに頼るとすれば，等速運動になって1min も経てば，静止状態と区別がつかなくなるでしょう。巡航速度でまっすぐ進む乗り物の客席で眼を閉じていると，本当に前に進んでいるのかわからなくなったりします。

でも，眼を開けて景色を眺めればありありとした進行方向の知覚が得られます。静止した外界環境から網膜に届く視覚情報は，自己身体がナビゲーションをする際に，その進行の手がかりとなるデータを与えてくれます。そして，そうした広い面積の光の系統的な流れ——**光流動**——からなる視覚情報は，前庭器官からの前庭系信号を受け取る前庭神経核にも入力していて，姿勢制御にも寄与しています。

視覚情報が姿勢制御に及ぼす影響を如実に体験できる状況として，自己身体がバランスを保って直立しているとき，眼を閉じたらどうなるか考えてみましょう。自己身体の揺らぎに由来して常に生じている光流動が入手できなくなると，身体のバランスは不安定になります。では今度は，直立しているときに自己身体運動に由来しない光流動を眺めるとどうなるでしょうか。よちよち歩きの幼児が砂浜の波打ち際で寄せては返す波の動きに誘われて倒れてしまう，という架空の例を考えます（危ないので実験は禁物です）。波が前方に遠ざかると，そうした光流動の情報が前庭神経核に入り，「自分はバランスを失って後方に倒れつつある」という手がかりとして寄与します。そうすると姿勢反射が起きて，前向きに重心を移動させる制御が自動的に起こります。ところが自己身体は実際にはバランスを保って立っていたのだから，姿勢反射のせいでかえってバランスを崩して前に傾いてしまいます。光流動によるこうした**重心動揺**とともに，同じ光流動を見続けていると，主観的印象として自分の身体が進んでいるような錯覚——**ベクション**（**視覚誘導性自己運動知覚**）——を知覚します。静止している電車内にいて，隣の線路の車両が動き出すにつれ自分の乗る車両が逆向きに動き出した気がしたら，それもベクションの一例です。

ナビゲーションをする際には，そもそも目標に向かってきちんと正しく経路を見つけて進めるかが問題になるのは言うまでもありません。前庭系や運動指令や視聴覚信号などを統合して進行速度の推定が常に正しくできていれば，数学的にはスタート地点からの速度の経路の積み重ね，すなわち**経路統合**を行いさえすれば現在位置がはじき出せるでしょう。また，環境からの豊かな視覚情報が使える際には，目印となるもの——**ランドマーク**——を参照したり事物の幾何学的形状を測量したりして自分の現在位置を把握する方略も用いることで，精度を高められます。私たちは，このような様々な手がかりを最適に組み合わせて，外界の大局的構造の中に置かれた自己の定位をする能力に長(た)けているのです（Sjolund et al., 2018）。

6.2 環境の把握

6.2.1 座標変換

自己身体が把握されるということは，環境が把握されることと表裏一体の側面があります。ナビゲーションができるためには，ナビゲーションを行うべき環境の構造を適切な座標系の上に表現して自己身体をその中に定位する必要があります（図6.3）。

環境を視覚的に把握するためには，例えばレーザー距離計のようなもので高速スキャンをすれば外界の3次元構造を実測できるかもしれませんが，当然のことながら私たちの眼光学系はそのようにワンショットで環境の3次元構造を測定できるようには進化せず，2次元の網膜像を入力画像とし，機敏な眼球運動を常に行って環境の重要ポイントを巡回監視するように進化しました。そうなると入力段階では，環境の投影像が眼球運動に伴って網膜上の異なる位置に落ちることになります。したがって，網膜像のデータには自分の眼球運動に伴う像の変更が常に乗っていることになります。

網膜像という入力段階の視覚情報は，まず2次元で張られる**網膜中心座標系**で表現されています（図6.3A）。すなわち，網膜のどの位置に光があるかという観点で表される表現です。実際，初期視覚野のニューロンは環境中でなくあくまでも網膜上の特定位置にある受容野内に落ちた光に応答し，運動方向選択性ニューロンは環境中でなく網膜上の特定の運動方向に動く光に選択性をもちます（したがって，右方向の動きを好む細胞は，眼球が静止して事物が外界で右に動くときに応答し，眼球が左に回って事物が外界で静止しているときにも応答します）。

これを出発点として，次には眼球の向いている方向を加味して座標変換を

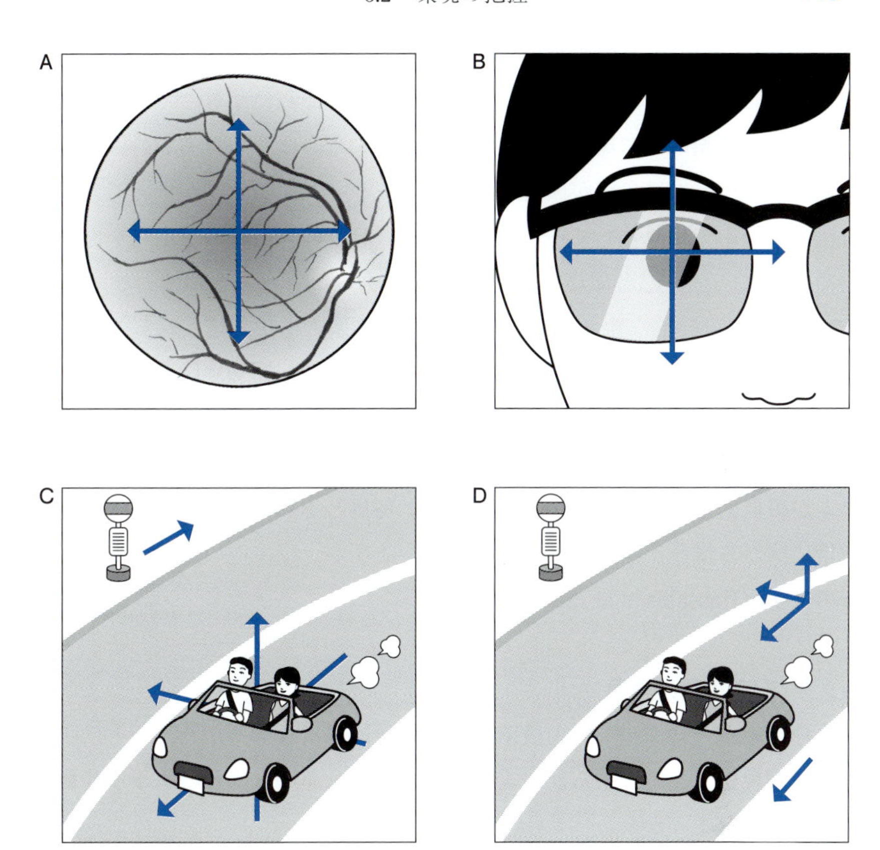

図 6.3　座標変換
A：網膜中心座標系（丸い図は外から眺めた眼底像を示します）。B：眼窩中心座標系。C：自己中心座標系（自分という原点から前後・左右・上下軸が作られます）。D：環境中心座標系。

行う計算ができれば，座標変換後の視覚情報は**眼窩**（がんか）**中心座標系**で表現されることになります（図 6.3B）。これにより，眼球運動によらず，いわば顔にかけた眼鏡のフレーム内のどの位置に光があるかというようなイメージの座標系となります。実際，高次階層の皮質になるにつれ，眼球運動によらず眼前のスクリーン上での光の実運動の方向に対する選択性をもつニューロンが出現してきます（Ilg & Thier, 2008）。また，眼窩の乗った頭部や頭部の乗った体幹が動くのにつれて眼窩中心座標系上の情報は変化しますが，それらの身体運動によらず，あくまでも自己身体の中心を原点にすることができれば，**自己中心座標系**の上で環境を記述できたことになります（図6.3C）。最後に，環境の把握とともに自己が環境中をナビゲーションする軌跡が把握できれば，自己を環境中で相対化して——自己でなく環境中の何らかの静止点を原点と定め直して——自己と環境との関係を記述することができるでしょう（図6.3D）。この最終的な視覚世界は**環境中心座標系**の上に記述されるといって，その座標系上での環境の構造に関する知識を指して，**認知地図**といったりします。環境中の特定位置に自己が置かれた際に発火する**場所細胞**という種類のニューロンが動物実験で見つかっており，ヒトでも同様の機能をもつシステムが機能的脳計測で見つかっています。**海馬**とそれに連なる海馬傍回には記憶に関わる機能があることが知られていますが，環境内の場所の表現もあるのです（Hassabis et al., 2009）。

6.2.2 安定視野の実現

眼球運動などによって入力段階での網膜像に様々な影響が及ぶ一方，眼前の情景が視野上で悠然平らかに安定して感じられるのは，どのような仕組みによるのでしょうか？

視野上の一点から一点へ素早く視線を動かす**サッカード（サッケード）**と呼ばれる眼球運動をする際，それまで網膜上のある位置に映っていた光は網膜上の別の位置に跳んで映ることになりますが，頭頂葉の**LIP野**（lateral intraparietal）など高次の視覚皮質ニューロンでは，受容野の**予測的リマッピング**がサッカード直前に生じます（Duhamel et al., 1992）。すなわち，サッカードの後になって初めて自分の受容野内に落ちるであろう光がサッカード直前に出されただけで，先んじて視覚応答が生じるのです（図6.4）。知覚的には，サッカードの最中には**サッカード抑制**という現象が生じます。鏡に映る自分の顔の左眼と右眼を交互に見つめ，自分の眼の動きを見ることができるか，試してみましょう。眼が急速に回転するサッカードの最中は網膜上

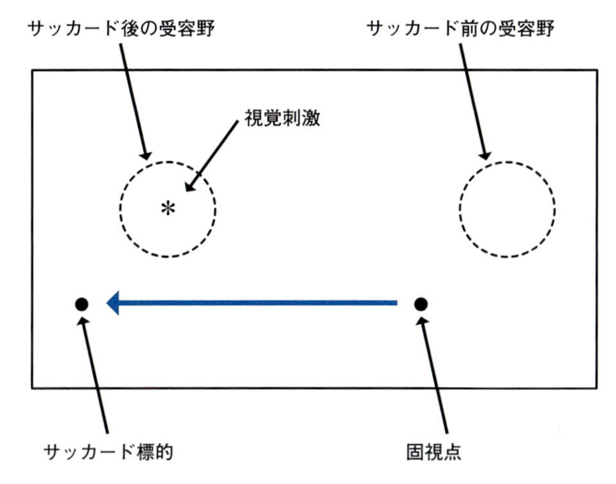

図 6.4 **受容野の予測的リマッピング**
サッカード標的と視覚刺激が同時に呈示され，それを合図にサッカード標的へ素早く視線を移すことが求められます。その際，LIP 野では，サッカードがまだ実際に開始していないにもかかわらず，サッカード後に初めて自分にとっての受容野となるはずの位置に呈示された視覚刺激に対して，予測的な視覚応答をするニューロンがあります。

で光が突然大きく流れたはずなのに，観察者がその存在に気づかないように抑制がかけられているのです。こうした仕組みにより，サッカードという観察角度の急激な変化が生じた際にも途切れる感じのしない環境把握ができるのですね。

もう一つの随意的眼球運動である**追跡眼球運動**の最中は，滑らかに動く光刺激を追いかけて視線が滑らかに移動していますが，それに伴い網膜像全体が逆向きに流れています。しかし，その流れは自分の起こした眼球運動の帰結として得られるものなので，どんな眼球運動が起きているかに関する情報が入手できれば，どんな流れが網膜像に起きるはずか予測することが可能となります。このように，自分自身が起こした運動の帰結として生じる感覚入力のことを一般に**再求心性信号**といいます。眼からも自己受容感覚信号は送られますが，指などを使って外力で眼を動かすと視野安定が損なわれることから，この信号からだけでは視野安定の実現は不十分です。さて，眼球運動指令の遠心性コピーが正確なら，それによって生じるはずの網膜像運動成分を差し引きすれば，眼球運動によらず環境から届いた投影像の情報を復元できることでしょう。実際には眼球運動の遠心性コピーは実際の眼球運動速度を過小評価した速度データしかもたらさないので，追跡眼球運動をしながら観察する静止刺激は眼の動きと逆向きに少し動いて感じられることがあり，これを**フィレーネ錯視**といいます（Wertheim, 1987）。しかし，環境から豊かな情景の網膜像が得られていれば，眼球運動の帰結としての網膜像の光流動という視覚情報を加味してやることで眼球運動速度が正しく推定でき，正しく視野安定が実現できます。

不随意眼球運動には，自己身体の運動に伴う像の流れを補償する役割があります。まず，ナビゲーション中に環境から光流動を受け取る——例えば走る列車の車窓から景色を眺める——際には，広い面積において同一方向へ進む動きの視覚信号が得られます。そうした場合，視覚信号を引き金にした**視運動性眼振**（optokinetic nystagmus: **OKN**）が自動的に生じて，光の流れを追いかけるかのような方向へ眼が回転する緩徐な成分と，逆向きに視線を引き戻す急速な成分とが交互に生じます。車窓の景色がぶれずに済むのには，OKN が常に自動的に生じていることの寄与があるのです。また，視覚入力を必要とせずに生じる不随意眼球運動として**前庭動眼反射**（vestibulo-ocular reflex: **VOR**）があります。半規管で受容された頭部運動の情報は前庭神経核に届き，VOR に利用されます。例えば頭部が左向きに回ると非常に短い潜時で両眼が右向きに回る VOR が誘発されるといったように，頭部運動と反対方向に眼球が回転するようにできています。首を縦に振ったり横に振ったりしながら会話の相手の顔を見つめ続けることはいとも簡単にでき，むしろ視線を動かせないのは，頭部運動によらず眼球が同じ視線方向を維持できるように否応なしに反射が起きているからです。

眼を動かさない**固視**の最中でも，**固視微動**という細かな眼球運動が常に生じています。固視微動はヒトから下等動物まで多様な種に認められ，目的があって眼が常に震えているようです。固視微動に伴う網膜投影像の震えを止めてみようと，コンタクトレンズ上に超小型のプロジェクターを装着して，眼球運動によらず投影像が網膜上の同じ位置に常に映るようにした古典的実験があります（Pritchard et al., 1960）。そうして作られた**静止網膜像**は，十数 sec 観察するうちに意識から消えてしまいました。私たちの感覚受容は変化に敏感である一方，まったく同じ入力に対しては感度を失うという一般的性質があります。顕著な例では，眼内に枝分かれして張る血管のために網膜上には血管の影が常に落ちていますが，常に同じ位置なので，血管像に気づくことはありません（懐中電灯などを顔に斜めに当てるとふだんとずれた位置に血管の影が落ち，**プルキニエの木**とも呼ばれる血管像がそのときだけ知覚にのぼります）。固視微動はあえて網膜像を震わせ続けて視覚世界が消えないようにしており，宿命的に，常に震えている網膜像が私たちの視覚情報処理の出発点となっているのです。像の震えに伴って初期視覚野ニューロンが応答してしまうので，脳内情報処理で震えを解消する，いわば「眼ぶれ補正」機構があるとされます。網膜像は常に動いているというのが視覚入力の「デフォルト」なら，デフォルトで世界は静止していることにして，それと矛盾する感覚証拠が得られたときにだけ環境中の事物が動いたと解釈するのかもしれません（Murakami & Cavanagh, 1998）。

6.2.3　情　　景

血管像がふだん意識できないなら，そこには何が見えているのでしょうか？　血管によって遮られているはずの情景はどうやって復元できるのでしょうか？　また，情報が欠損していると言えば，1.1 節で触れた通り，どちらの眼にも視野中心から視角 15deg ほど耳側に離れた視野上の場所に，**盲点**という直径 3 ～ 5deg にもなる縦長楕円の領域があります。その眼内の対応物である**視神経円板**という場所には，太い視神経および血管が貫いているため視細胞が存在せず，光を受容できません（**図 6.5**）。にもかかわらず，盲点に穴が空いているようには見えません。それではいったい何が見えているのでしょうか？

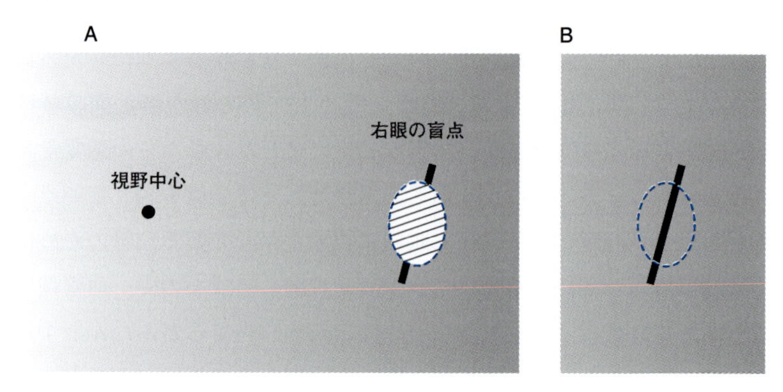

図 6.5 盲 点
A：刺激の例。盲点（破線）の内部では錐体や杆体によって光刺激を受容できないので，その領域を斜線で示しています。B：知覚。盲点内部に，線分は連続してつながっているように補完されて見え，その周りは灰色背景が続いているかのように充填されて見えます。

脳の情報処理の結果，まことしやかに生み出された世界を私たちは見ている，というのが正解です。盲点のせいで線分が途切れていてもそこを**補完**したり，面の一部が欠損していても周囲の景色が欠損部分にも広がっていることにしたりする，**知覚的充塡**の現象が常に生じており，例えば片眼で新聞紙を眺めても盲点内部に活字模様が――読めはしなくても――続いているかのように見えるのです。「盲点や血管像があるのは眼という装置の独自仕様のせいなのだからなかったことにして，ありそうな情景を完全な形で心の上にこしらえよう」という方略がとられているわけです。

観察条件の限界によって情報の入手が困難であるもう一つの例は，遮蔽でしょう。世の中の事物は一般に不透明なので，手前の物体が奥の物体を部分的に隠している状態だらけの画像が網膜に映っています。けれども，網膜に映らなくなったものは世界から消えてしまったのだ，と考えるとえらいことになります。ヒト乳児期――認知発達心理学者ピアジェの言う，感覚運動期という発達段階――にすでに達成している，**対象の永続性**という認知能力を用いて，たとえ隠されていてもその奥には完全な物体があるに違いないと認

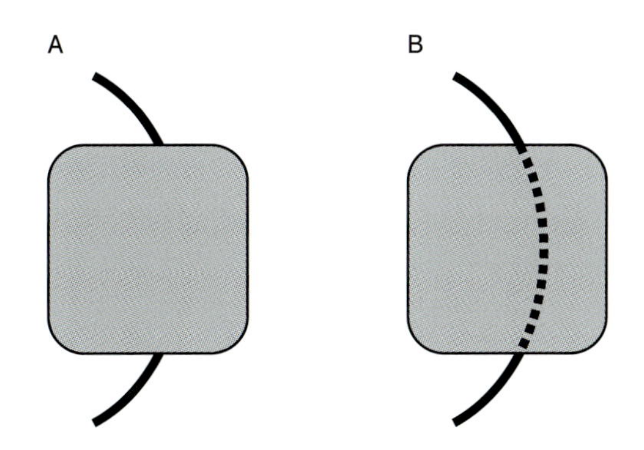

図 6.6　アモーダル補完
灰色の領域によって後ろのものが部分的に遮蔽されているという解釈ができるとき，見えてはならないのだから見えないのだが，存在はしているものとして，隠れているであろう形状が補完されます。A：刺激。B：知覚。破線はアモーダル補完によって認識される形状を示します。

識できればこそ，視覚世界は秩序を保つことができます。盲点を挟んだ線分の間がつながって見える現象を**モーダル補完**と呼べば，遮蔽された部分は見えはしない――むしろ見えてはならない――けれどもその存在自体は認識されるという補完現象のことを，**アモーダル補完**と呼んで区別します（**図 6.6**）。

では少し話を変えて，自分の視野の境界について意識的でいることはできるでしょうか？　眼を細めると確かに視野は狭まりますが，そのときのたまたまの視野の境界を越えて視覚世界は連綿とあり続けるように感じるはずです。私たちが見たいものは，たまたま撮影装置である眼にセッティングされたフレームで切り取られた画像なのではなく，その画像が撮影されるに至ったもともとの情景のあり方なのであって，そのために脳内で能動的に情景の視覚表現が作り出されているのですね。

これをさらに拡張して考えると，眼前に広がる視覚世界全体がそもそも，視覚系が「そういうことにしよう」と裁定したもの，いうなれば思い込みとも言えます。視野全体に広がるものの正体とは，そこにそれが存在するという確証を得た以降は，そこにそれが存在し続けるはずだという「世界観」を心的に作り上げてそう思い込み続けている幻影なのだ，という考え方です。視野周辺の視力があまりよくないにもかかわらずなぜ視覚世界の個々の事物がこんなにも高精細の臨場感をもって感じられるのかというと，それは脳内でいわばコンピュータグラフィクスを実行し，自分の「世界観」に基づけばこんな情景に違いないという「仮想現実」の生成を行っているからだという話になります。「仮想現実」を作り出し，それが実際の現実と本当に合っているか確かめるために，ときおり巡回監視を行い，間違っていれば——予測誤差が発見されれば——脳内の「世界観」の方を微修正して現実と整合させる。こうした情報処理モデルを**生成モデル**と総称します。この考え方の妥当性はともかく，脳の知覚情報処理の性質として，低い階層から高い階層につながる神経連絡があるところには必ずその逆の神経連絡も存在するという双方向的な階層性が挙げられます（Felleman & Van Essen, 1991）。その性質に注目して，「低い階層と高い階層との間で大規模に通信し合って現実と世界観との照合をすることで視覚的意識が生じるのだ」とする数々の理論が提案されています（Lamme & Roelfsema, 2000）。

世の中の事物は，すべて注目して認識してからでないと脳内の「世界観」に取り込むことはできないのでしょうか？ 日常生活の感じ方はどうもそうではありませんね。例えば知らない部屋に入った瞬間，室内の雰囲気は一瞬で把握できます。**高速逐次視覚呈示法**（rapid serial visual presentation: **RSVP**）を用いて多数の物体画像を1枚あたり0.1s程度の呈示時間で同じ画面に高速継時呈示しても，どんなカテゴリーに属する物体の写真なのかがわりとよくわかること（Intraub, 1981），0.1s未満だけ画像を呈示してからマスク刺激で隠してしまってもどんな情景の画像か判別できることから（Bacon-Mace et al., 2005），どうやら，細かいことは別にして情景の何たるかを一瞬で感じ取る能力が私たちにはあるようです。景色の概要を**情景ジスト**といい，その際に入力画像から得る情報としては，例えばサイズや方位や色の，平均値とか，ばらつきとか，分布の偏りなどといった**要約統計量**が抽出されるようです。森は，木と木と木と……というように個々のオブジェ

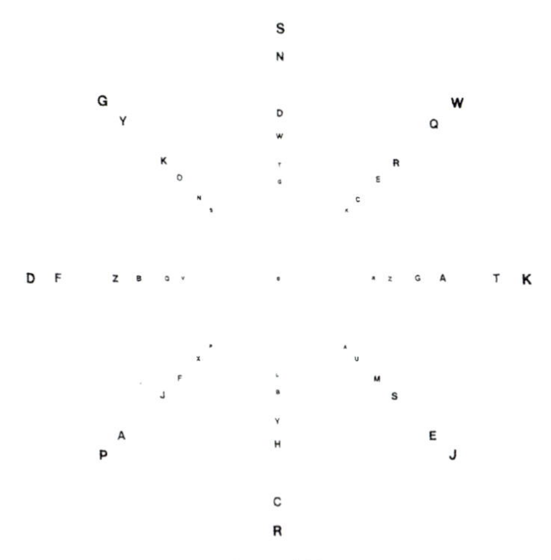

図 6.7　等可読性チャート
様々な偏心度において，文字認識ができるためのフォントサイズの閾値を測定すると，閾値は偏心度に比例して大きくなるという性質があります。視野上の位置ごとに，閾値のフォントサイズで文字を印刷しておくと，このチャートの中心を見つめていれば，観察距離に依存せず，どの文字も同じ認識成績になるはずです（見たい文字の周囲の文字を消してクラウディングが起こらないようにすればという条件つきで）。(Anstis, S. M. (1974). *Vision Research*, *14* (7), 589-592. から許可を得て転載。)

クトとしての木を観察したあげくの果てに森として意識化されるのではなく，当初から，「森」的な要約統計量が画像にあるという感覚証拠を利用して森として把握しているのでしょう。「森を見て木を見ず」ということになるでしょうか。

概要を意識化することには功罪の両面があります。周辺視野は視力が悪いと言っても，細かい形状がまったくわからないわけではありません。例えば，周辺視野の可読性を考慮してフォントサイズを調整した**等可読性チャート**なら（Anstis, 1974），視野のどこでも同じ認識成績で文字が読めます（図 6.7）。しかし，個別の文字が単独で呈示されれば読めるのに，その文字の上下左右に別の文字を同時呈示――まさにこの等可読性チャートがそうであるように――してしまうと，文字が存在することはわかっても正しく読めなくなってしまうことがあります。文字に限らず様々な図形において生じるこのような

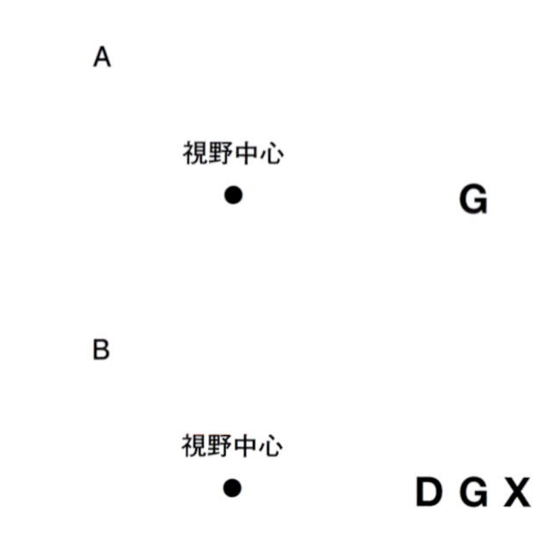

図 6.8　クラウディング
A：単独呈示された文字。B：左右のフランカー文字に挟まれた文字。

妨害効果を，**クラウディング**といいます（図 6.8）。視力の限界なのでなく，視覚オブジェクトたちを見分ける**個別化**が難しいことで起こるこうした効果は（Intriligator & Cavanagh, 2001），景色の概要を見る能力の裏返しと言えるでしょう。

要約統計量の取得能力を測る方法の一つとして，例えば，サイズに大きなばらつきをもたせた多数の視覚刺激を画面に配置し，画面の左と右にそうした集団を各1セット呈示して，平均的にはより大きなサイズである側がどちらなのかを 2AFC で判断してもらいます（図 6.9）。課題を難しくすると，個々の刺激を注意深く見比べても正解がわからず，「あてずっぽう」で答えている気持ちになったとしても，それなりの正答率で答えられたりします（Whitney & Yamanashi Leib, 2018）。このように全体を見渡して平均的な値を見出すという**アンサンブル符号化**の能力は，刺激のサイズや方位といったいわゆる低次の特徴だけでなく，情動表情，生命感などのような次元でも見出されています。また，複数の刺激があって初めて定義できる統計量のうち私たちが優れた感受性をもつものには，平均値以外にも様々なものがありえます。例えば，多数のドット群を観察し続けて順応した後で見るドット群は数が少なく見え，少数のドット群に順応した後で見るドット群は数が多く見

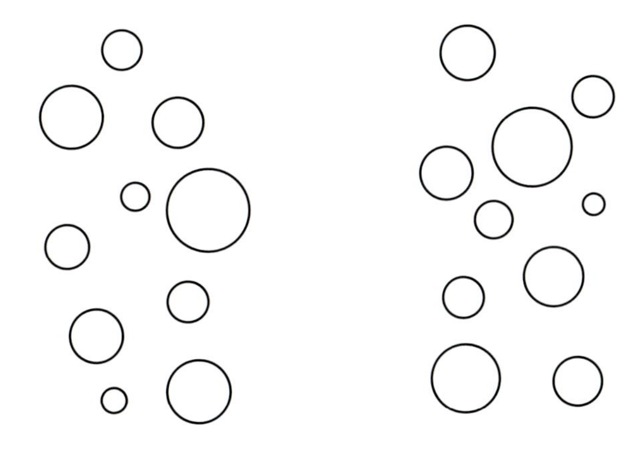

図 6.9 アンサンブル符号化
サイズの平均がより大きいのは左右どちらの集団でしょう？

えるという残効が生じることから，**数の多さ**という統計量に対して，認知的に数え上げをする能力とは別に，私たちが知覚情報処理のレベルで感受性をもつことがうかがわれます（Hisakata et al., 2016）。また，規則的に並ぶドット群に順応した後で見るドット群はより不規則に見え，不規則に並ぶドット群に順応した後で見るドット群はより規則的に見えることから，**パターンのランダムさ**に関する感受性もありそうです（Yamada et al., 2013）。

情景を把握することには，意識的気づきの関与さえ不要かもしれません。6.1 節で触れた例では，情景から与えられる光流動の情報から，不随意の姿勢反射が生じることを説明しました。また，歩行運動は脊髄の**中枢パターン発生器**という計算装置によって駆動され，各種の反射により修飾されており，いちいち意識的気づきに頼らなくても，傾斜や障害物などの存在下ですいすいと歩を進めることができます。極端な例では，視覚的意識にとって必要な大脳皮質の視覚野が損傷してものが見えなくなってしまった**皮質盲**の患者で，視野上の光の位置を――その存在に意識的に気づくことはできなくても――2AFC で選んでもらうと正しく答えられたり，障害物をうまく避けながら廊下を歩けたりする，**盲視**の能力を示す事例があります（de Gelder et al.,

2008)。

視覚において情景の把握がいかになされるか述べてきましたが，同様のことは聴覚にもあてはまります。聴覚においては，両耳に届いた音波を手がかりに，何がどこにあるはずであるのかという本来解けない問題に対処するための聴覚情景分析が常になされています。個々の音源の同定と定位に関しては後述するとして，聴覚世界の概要の記述概念として**サウンドスケープ**というものがあります。個々の聴覚オブジェクトが個別化されなくても，例えば工場の騒音であったり，ジャングルの動植物の生態音であったり，何らかの情景に特有の音響的性質があるならば，それを利用してだいたいどの方角にどんな雰囲気のものがあるかの把握に役立てようというものです。環境音が時間をかけて移り変わる際の大ざっぱな特性——要約統計量——を聴覚系であぶり出すことが，サウンドスケープの推定においても有効です（Theunissen & Elie, 2014）。

聴覚での環境の把握に関しては，**残響**や反射音も重要です。室内で突然手をたたいたら，手からは多様な周波数の振動が一過性に発生して，やがていくらかの音が部屋全体から返ってきます。そのような残響音の時間経過は，部屋の大きさ，壁からの直接の反響の強さ，音の質感——耳元のささやきのように「ドライ」なのか浴室の歌声のように「ウェット」なのか——の重要な手がかりになり，聴覚オブジェクトや聴覚情景における距離の推定にも役立てることができます。聴覚を頼りに環境の構造を把握する動物では，自分の発した音や自然音が環境から跳ね返ってくる反射音を利用して環境の事物を定位する**エコロケーション**の能力に優れ，ヒトでも訓練次第で一定の能力が発揮できます（Teng & Whitney, 2011）。

6.3 注意

6.3.1 注意の種類

自己と環境の把握をしていると言っても，私たちは四六時中あらゆることに意識的であることはできず，その必要もありません。例えば，寝起きの状態では寝室の細かな様子に気が回らないが，寝坊したとわかったとたん一気に心身が活性化して緊急事態に対処し始めるとか。また，雑然とした教室の中でも遠くの席にいる誰かのひそひそ声にじっと聞き耳を立てていられるとか。あるいは，遠くから手を振られて初めて，視野の中にずっといたはずの友達の姿に気づくとか。これらはそれぞれ，警戒的注意，内発性注意，外発性注意の例です。物事に気づくためには脳内の**認知資源**を要し，その容量には限りがあるため，いつでも何でもわかるというわけにはいきません。重要性の高いものから優先順位をつけて限られた容量の認知資源を適切に配分し，しかもその配分状況を臨機応変に変更していく必要があり，心理学ではそうした機能のことを**注意**と総称します。注意機能は様々な感覚モダリティにおいて発揮され，また限られた瞬間にだけ特別に発揮されるものではなく，今この瞬間にも，常に何かに対しては注意の状態にあり，それ以外に対しては注意をかけない**非注意**の状態にあるはずなのです。

注意の重要性を示す好例として，マジシャンは手を替え品を替え客の注意を操作して，手品の種がばれないように仕向けている――かどうかはさておき，非注意の状態の事物が意識の外に置かれてしまうことを示す心理学の実例には枚挙に暇（いとま）がありません。例えば，数人がボールを互いにパスしている動画を見せて，パスの回数を数えてもらっていると，場違いな人物――ゴリラの着ぐるみを着た人だったり――が動画の中にふと登場しても，あまり気づかれません（Simons & Chabris, 1999）。これは，注意を向けたもの以外の出来事は見落としてしまうという**非注意による見落とし**の典型例です。また，続けて呈示する 2 つの画像の間でたとえ大規模な変化――最初の画像の高層ビル 1 棟まるごとが次の画像では消されている――があっても，（変化の前後に 0.1s ほどの暗転フレームを入れて光の点滅を元にした変化の検出をできなくした状態で）変化前後の画像を交互に呈示すると，高層ビルに注意を向けない限り，いつまで経ってもどこが変化したのかわかりません（Rensink et al., 1997）。こちらは**変化の見落とし**と呼ばれます。

生活のリズムの中では，警戒度を下げてリラックスしたり自己省察していていい局面や，警戒度を上げて環境に対して「注意を怠りなく」しているべき局面があるでしょう。このように，脳の認知資源を環境の把握に優先的に用いる機能を**警戒的注意**といいます。一般に，副交感神経系に比べて交感神経系が優位になると，打って出るか逃げに走るか，いわゆる**「闘争か逃走か」**（fight-or-flight）**反応**がしやすくなり，身体の活力が上がります。そのときに脳内では**青斑核**のニューロンから大脳の広範囲に延びた軸索からノルアドレナリンが分泌され，体内では副腎のアドレナリン分泌が高まります。これらにより，覚醒水準を上げて環境の監視に役立てることができます。

環境に対する警戒度を上げたからと言って，すべての事物が同時に認識できるわけではありません。**複数オブジェクト追跡課題**などの実験結果から推定して（**図6.10**），複数の運動刺激を同時追尾できる容量は4～8個足らずと思われます（Bettencourt & Somers, 2009）。そのような貧弱な容量しかもたないシステムである以上，環境の中の特定のオブジェクトや，多数ある中での特定の課題や行動に対して認知資源を優先的に配分する必要があります。一部の物事に対して「選択と集中」を行う機能を，**選択的注意**と総称します。

選択的注意には，観察者の自由意思で特定のオブジェクトを選択して「注意を向ける」**内発性注意**と，目立った出来事の生じたことに反応して「注意が引かれる」**外発性注意**があります。あるオブジェクトに注意を向けたり注意が引かれたりしたら，そのオブジェクトに対して認知資源が優先的に配分され，処理の促進が生じます。心理学実験における「処理の促進」の操作的定義の代表は，**反応時間**の短縮と**検出率**の上昇です。自分が見つけたいものを**標的（ターゲット）**と呼ぶとして，標的が呈示されたらボタンを素早く押してもらい，標的出現からボタン押しまでの単純反応時間を測ると，注意の向いていなかった場所に比べ，注意の向いていた場所に出た標的への反応時間が短くなります。また，見づらくて検出しにくい光点について，注意の向いていない場所に比べて，注意の向いている場所に光点が呈示された方が，光点が呈示されたと正しくわかる検出率は高くなります。

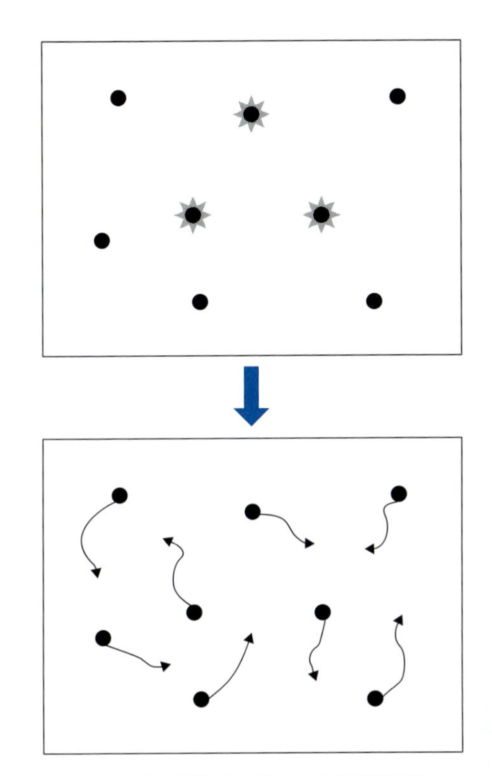

図 6.10　複数オブジェクト追跡課題
MOT（multiple object tracking）課題とも呼ばれます。心で追い続けるべき複数のオブジェクトが指し示されてから（図では星形で示しています），複数の妨害刺激とともに，画面上であちらこちらの方向にすべてのオブジェクトが運動します。注意をかけ続けていないと見失ってしまいます。

特定の場所に対して内発性注意や外発性注意が向けられる**場所ベースの注意**の他，たとえ同じ視野上の領域に重なって呈示されていたとしても特定の特徴に対してのみ注意が向く**特徴ベースの注意**があります。例えば，色刺激と運動刺激が同じ場所に混在している際に，色に対する注意，あるいは運動に対する注意をかけることが可能です。さらに，場所でも特徴でも区別できない場合――例えば，重畳した 2 個の幾何学図形――でも，画像を正しく分節化してオブジェクトたちを個別化できれば，一方のオブジェクトにのみ注意を向ける**オブジェクトベースの注意**ができます。

6.3.2 視覚探索

自分の見つけたい事物を探し当てる，すなわち探索は，狩猟採集生活においての重要性は言うまでもなく，交通機関の時刻表からテレビの番組表からウェブページから何から何まで，何十回何百回となく私たちが日常的に行っている課題に他なりません。それらを単純化して心理学の実験事態に落とし込み，反応時間という統一的指標による定量的な条件間比較を可能にしたものが**視覚探索**の実験です（図 6.11）。

視覚探索課題の典型では，画面上のばらばらな位置に呈示される 0 〜 1 個の標的と 1 個以上の**妨害刺激**（**ディストラクター**）からなる複数刺激——**アイテム**——の中に標的があるかを yes-no 法で判断したり，標的の形状判断を強制選択法でしたりして，アイテムの出現からボタンが押されるまでの反応時間を測ります。呈示するアイテムの個数——**セットサイズ**——を独立変数にして，反応時間がセットサイズに依存して変化する様子（ここでは**探索関数**と呼ぶことにします）を解析します。

標的と妨害刺激にどのような差異があるかによって，探索関数は劇的に異なります。明るさや色や傾きなどの単一次元の視覚特徴でのみ標的と妨害刺激が異なっている**特徴探索**の場合，概して**効率的探索**ができます（図 6.11A, B）。すなわち，セットサイズにほぼよらず一定の反応時間で反応でき，探索関数はほぼ横ばいになります（図 6.11D）。例えば多数の青い妨害刺激の中で 1 個だけ赤い標的があれば，どんなに妨害刺激が多くても，意識の上ではあたかも標的が「ぽんと飛び出て（**ポップアウト**して）」見えます。「すべてのアイテムについて処理が同時に進む」という類推から**並列探索**と称したりします。

青の妨害刺激がある中で赤の標的，あるいは横棒の妨害刺激がある中で縦棒の標的を探す課題では「ポップアウト」しても，「赤であり，かつ，縦棒であるアイテム」が標的である場合，赤を探すだけでも見つからず，縦棒を

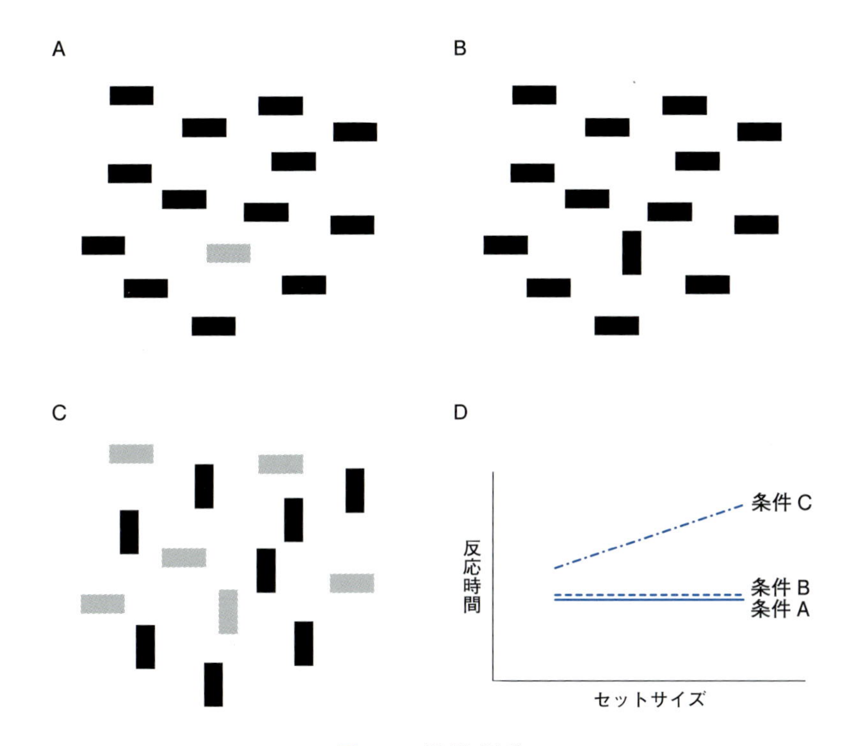

図 6.11　視覚探索

A：特徴探索の例（1 つだけ色の異なる標的を探す）。B：特徴探索の例（1 つだけ方位の異なる標的を探す）。C：結合探索の例（縦 & 薄灰色の標的を探す）。色だけに頼っても方位だけに頼っても標的は特定できず，このような場合はセットサイズの一次関数として反応時間が増加します。D：パネル A, B, C の条件での反応時間の振る舞いの概念図。

探すだけでも見つかりません（図 6.11C）。このようにアイテムが 2 種類の視覚特徴の連言（p かつ q）で定義される**結合探索**での探索関数は，セットサイズにつれて右上がりの直線となり（図 6.11D），また，標的あり条件よりも標的なし条件の方が一定割合で反応時間が長くなります。セットサイズが増えるごとに反応時間に一定量の増大が生じることから，「1 個ずつアイテムを検査しては次に進む」という類推から**逐次探索**と称したりします。ただ，並列探索と逐次探索とに定性的な断絶があるというより，定量的な探索効率の違いがあるのだとされ（Wolfe, 1998），より中性的には**非効率的探索**と呼ばれます。

特徴探索にとってそもそも何が特徴と言えるかに関して，多くの検証がなされてきました。その結果，明るさや色や傾きといったような，注意を必要としない**前注意過程**で検出できるとおぼしきいわゆる**基本的視覚特徴**だけが必ずしも特徴としての特権をもっているのではなく，例えば立体形状の認識ができて初めてわかる特徴でも，標的と妨害刺激が顕著に異なりさえすれば効率的探索がなされることがわかりました。全アイテムのうち目立ちやすさ――**顕著性**――が高い順に探索が行われるという考え方を基本として，様々なモデルが提案されています（Wolfe, 2007）。ちなみに，標的と妨害刺激の形状を入れ替えるだけで探索効率が異なるという事例も見つかっていて，それをもって**探索非対称性**があるといいます。標的が「派手」――逸脱特徴があり高顕著――で妨害刺激が「地味」――逸脱特徴なし――な方が，その逆よりも，探索が効率的になります。また，画像としての目立ちやすさというよりアイテムの形状の意味に自分が習熟しているかという**親近性**も重要で，標的（例えば鏡映文字）になじみがなく妨害刺激（普通の文字）になじみがある方が，その逆よりも，探索が効率的になります（Wang et al., 1994）。さらに，特定のアイテムに対する報酬価が高いように実験上の操作をしておくと，そうした価値づけのトップダウン処理によって**優先順位**が高められたアイテムに優先的に注意が向くようになります（Anderson, 2013）。

6.3.3 注意の諸現象

視覚探索を用いると，注意の様々な特性を反応時間の指標で評価できます。例えば，外発性注意が引かれるのを実験的操作で可能にするにはどうすればよいでしょうか？　典型的には，画面上に1個だけ目立つ刺激を課題無関連に突然表示します。色が他と異なり顕著性の高い刺激である，色の**シングルトン**を呈示すると，否応なしに注意が引きつけられる――シングルトンへの**注意の捕捉**が生じる――と解釈できる振る舞いが探索関数上に現れます

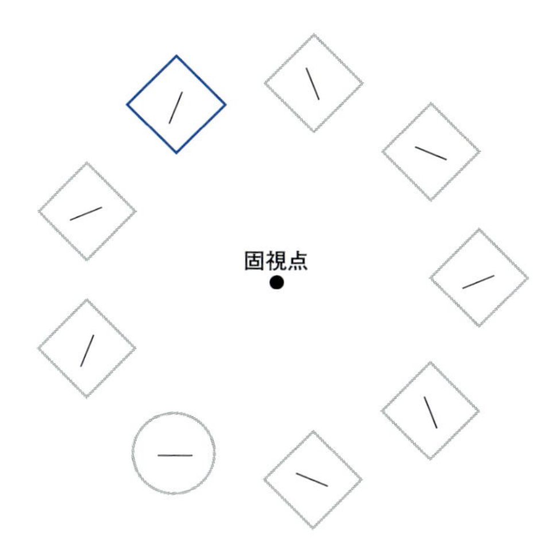

図 6.12　注意の捕捉

例えば，一斉に表示される図形のうち，他の四角形が並ぶ中に 1 個だけある円形を探して，その中にある線分の方位が縦か横かを答える課題だとします（Theeuwes, 1992）。円形の場所に着目すれば解ける課題だと頭ではわかっていても，画面の中に 1 つだけ色の異なる四角形があると，反応時間がよけいにかかってしまいます。

(Theeuwes, 1992)。標的でない場所に出たシングルトンをうっかり最初に見てしまい時間を浪費するかのように，探索関数の y 切片が増えるのです（図 6.12）。

非効率的探索において，全アイテムの半数を事前に呈示しておき，それらすべてが妨害刺激だという了解の上で，残り半数のアイテムを突然追加して呈示するとします。標的の探索はその時点で開始することになりますが，この場合，事前に観察していた妨害刺激に対して探索の優先度を下げるかのように，探索関数の傾きが小さくなります（Watson & Humphreys, 1997）。このように，「はずれ」である位置を事前に知っていればそれらの位置を省いて探索できるという機能を**視覚的印づけ**といいます（図 6.13）。「はずれ」の位置の空間的な記憶表象を保つことで，探すべき場所と探さなくてよい場所とを区別できるわけです。

探すべき場所の情報は，位置を指し示す手がかりの形で呈示することもで

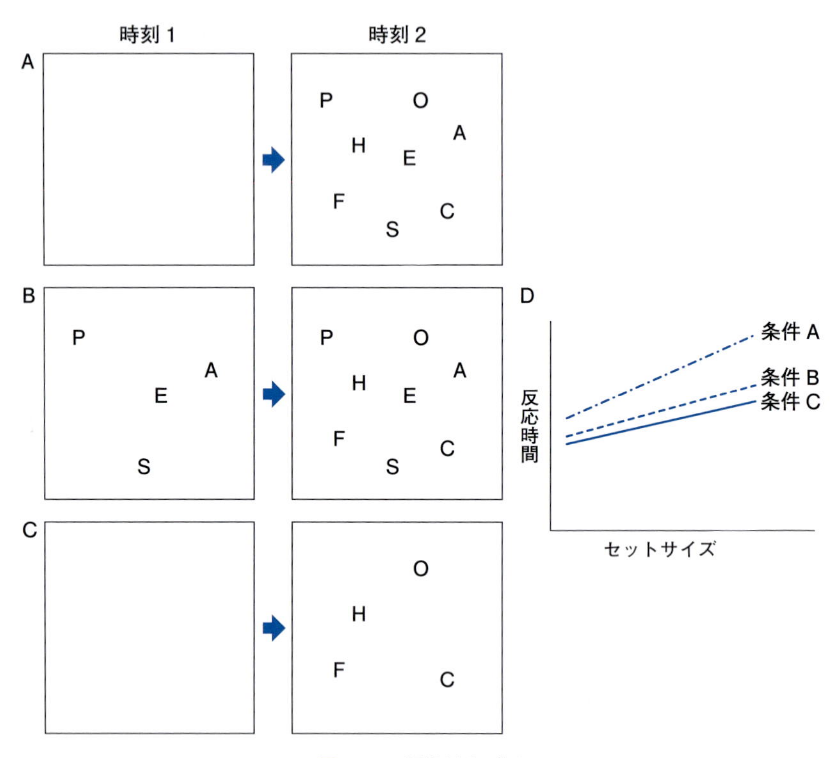

図 6.13　**視覚的印づけ**
例えば，一斉に表示される文字のうち，標的は「H」か「U」のいずれかであり，それらのどちらが出ているのかを答える課題だとします（Osugi et al., 2016）。A：突然すべてのアイテムが呈示される条件。非効率的探索となります。B：半数の妨害刺激が先行呈示されてから残りのアイテムが追加される条件。条件 A に比べて探索関数の傾きは小さくなります。C：条件 A と同じだがアイテムの実際の個数が名目上のセットサイズに比べて半分になっている条件。条件 B において先行呈示された妨害刺激を視覚的印づけできていれば，効率の上限として，この条件 C に相当する効率で探索できると考えられます。D：パネル A，B，C の条件での反応時間の振る舞いの概念図。

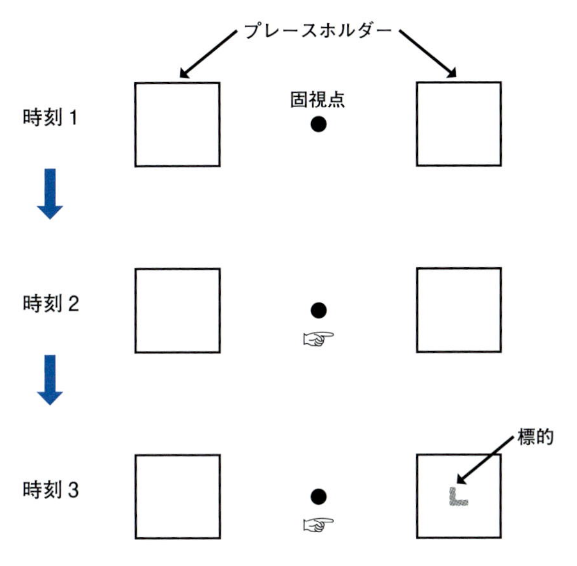

図 6.14　ポズナーの先行手がかり呈示事態
指のアイコンで方向手がかりを与えている例。

きます。その代表例が**先行手がかり呈示事態**です（図 6.14）。この事態では，典型的には固視点（じっと見つめて視線を止めておくために呈示する静止刺激）の左右に枠（プレースホルダー）を設けておき，それらのいずれかに標的を呈示しますが，直前に先行手がかりを呈示します（Posner, 1980）。先行手がかりは，例えば左矢印または右矢印（あるいは赤丸または青丸）であったりして，左矢印（あるいは赤丸）が出ればその後に 75％などの高い確率——**手がかり妥当性**——で左の枠に，25％などの低い確率で右の枠に標的が出て，反対に，右矢印（あるいは青丸）が出ればその後に高い確率で右の枠に，低い確率で左の枠に標的が出ます。先行手がかりの指示する側に注意を向け，反対側への注意を抑えれば，確率的に標的が早く見つかりやすくなります。注意を向けた側の標的への反応時間を，先行手がかりをそもそも出さなかった統制条件での反応時間から引いた値は，注意を向けたことの利得です。注意を抑えた側の標的への反応時間から統制条件での反応時間を引いた値は，注意を抑えたことの損失です。損失と利得とを合計しても通例数十ms ではあるものの，反応時間の差は頑健に生じます。

では，手がかり妥当性が確率50%の場合はどうなるでしょうか？　先行手がかりが示されても，実際には五分五分の確率で左ないし右の枠に標的が出るとしたら，一方の枠に内発性注意を向けるのは得策ではありません。ところが，右の枠そのものを一瞬光らせるなどして，**周辺手がかり**の形で呈示すると，否応なしに外発性注意を向けさせられ，その直後に右の枠内に標的が呈示されれば，左の枠内に呈示された場合に比べて，反応時間が短いことがあります。しかし，話はそれで終わりではありません。先行手がかりの呈示からある程度の時間――例えば1s――が経ってしまうと，外発性注意の効果がなくなる以上のことが生じます。いったん外発性注意が向けさせられた場所に，後になってから標的が呈示されると，他の場所に呈示された場合と比べて，反応時間が長くなるのです（図6.15）。「いったん注意が向いた場所に再び注意を向け直すことが阻まれる」ような振る舞いであることから，この現象を**復帰の抑制**といいます（Posner et al., 1985）。

このことから，注意を向けたり戻したりという作業には時間的な制約がありそうです。注意の時間特性を調べるために，RSVP を用いた実験が多数行われています。伝統的な視覚探索課題ではアイテムが空間的にばらばらな位置に同時呈示されますが，RSVP では画面上の同じ位置に妨害刺激や標的が高速に切り替わりながら――例えば0.1s ごとに1アイテムずつ――呈示されます。妨害刺激は数字で標的は文字（例えば「T」）だとして，同じ場所にそれらが次々と呈示され，最初の標的文字「T」が呈示された後で次に現れるプローブ文字「P」の検出率を調べるとします。「T」が呈示されてから十分な時間経過後に呈示される「P」の検出率に比べて，「T」呈示直後の刺激が「P」だったときの検出率は低くなります（Raymond et al., 1992）。まるで注意のシステムが初めの標的の検出後に「瞬きをする」ようだという類推から，この現象は**注意の瞬き**と呼ばれています。概して，「T」呈示後のすぐ次の刺激よりも，次の次の刺激の検出が最も悪くなる性質があります。これ

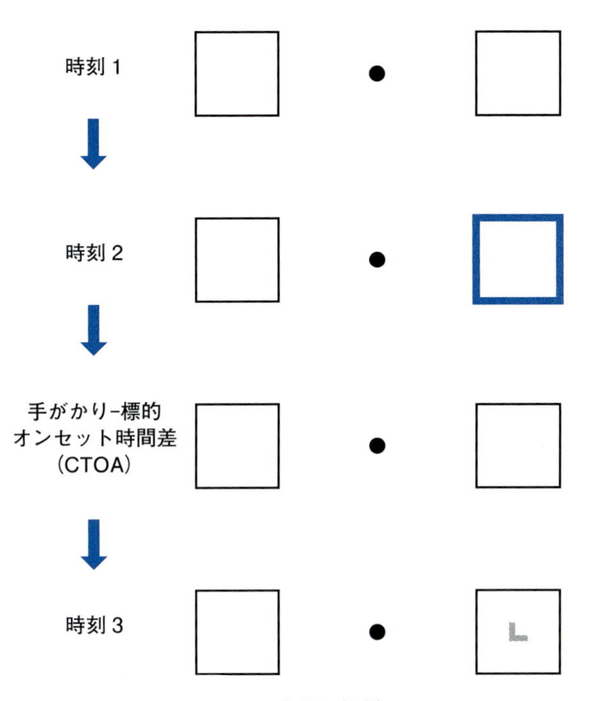

図 6.15 **復帰の抑制**

プレースホルダーを光らせるなどして周辺手がかりを与えた場合，CTOA（cue-target onset asynchrony）が十分短ければ，手がかりの場所に出た標的に対する反応時間の方が別の場所のものよりも短くなります。ところが，CTOA が 0.3s 以上になると，手がかりの場所に出た標的に対する反応時間は別の場所のものよりもかえって長くなってしまいます。

とは異なる現象として，ブランク画面の状態から RSVP を開始した直後の 1 〜 2 個の刺激はそれに続く刺激よりも見落とされる傾向があり，こちらは**注意の目覚め**と呼ばれています（Ariga & Yokosawa, 2008）。

6.3.4 注意と脳機能

選択的注意に関連する脳領域について神経心理学や機能的脳計測をはじめ研究が進んでいますが，結論から言えば，単一の脳領域に機能局在しているわけではなさそうです。認知資源を配分して特定の場所や特徴やオブジェクトに情報処理の焦点を向け，課題にとって重要な情報を乗せた**作業記憶**（**ワーキングメモリ**）という情報処理システムの上で操作を行うというはたらきに，広く注意の機能が関与するので，認識して行動するというあらゆる作業に関与するとも言え，脳全体が関わるとしても言いすぎではありません。

視覚的注意の課題を行う際に大脳皮質では後頭葉から頭頂葉にかけて広い領域が活性化し，聴覚的注意に関しては側頭葉から頭頂葉にかけて広く活性化します。複数の概念を心的に操作したり予測したりといったような，**実行機能**と呼ばれる高次機能が深く関わる課題では，前頭葉から頭頂葉にかけて広く活性化します。注意のはたらきで特定のオブジェクトを優先的に処理するために追尾するときには，頭頂葉が特に関与しているようです。

そうなると，頭頂葉が壊れると注意機能にどう影響するかが疑問になります。頭頂葉が損傷したときにしばしば発症する脳機能障害に**半側空間無視**があります。右頭頂葉の損傷によって左半分の片側に生じることが多いのですが，見ているものの片側半分を無視してしまうのです。一見これと似たものに**同名半盲**という視覚障害がありますが，これは大脳皮質視覚野や神経連絡の損傷により視野の左あるいは右半分が欠けてしまう視野欠損です。半側空間無視は視覚の障害ではなく，左半分に何かが存在するのに気づかないという注意の障害です。視野の左半分だけでなく，個々の視覚オブジェクトの左半分や，心に思い浮かべてもらった視覚イメージの左半分がわからないという訴えの報告があります。

半側空間無視よりも軽い無視の病態には，**消去**が挙げられます。個々の物体を単体で左側ないし右側に呈示するときちんと答えられるのに，左側と右側に同時に物体を呈示すると，片側の物体，典型的には左側の物体を無視してしまいます。**バリント症候群**は，両半球の頭頂葉で損傷がある場合に起こる障害で，その主症状の一つが，同時に存在する複数の物体に気づきにくいというものです。個々の物体が単体で呈示されるときちんと答えられるのに，2個の物体を同時に呈示すると，より目立つ方の物体があることにだけ気づき，目立たない方の物体に気づきが及びません。

参考図書

フィンドレイ，J. M.・ギルクリスト，I. D. 本田 仁視（監訳）（2006）．アクティヴ・ビジョン——眼球運動の心理・神経科学——　北大路書房

河原 純一郎・横澤 一彦（2015）．注意——選択と統合——　勁草書房

ラマチャンドラン，V. S.・ブレイクスリー，S. 山下 篤子（訳）（1999/2011）．脳のなかの幽霊　角川書店

第7章 オブジェクトの定位

7.1 奥行き知覚

7.1.1 両眼視差

1.2節で触れたように，網膜像は2次元なので，失われた奥行き次元を数学的に一意に決められません。こうした不良設定問題の置かれた中で適応的に行動するためには，何とかして環境の奥行き構造やオブジェクトの立体形状を知る必要があります。そのため，数々の**奥行き手がかり**というものを複合的に利用して解の制約を図り，最もありそうな奥行きの解を採用しているというのが**奥行き知覚**の実態です。

私たちの顔についている左右の眼はどちらも前を向いているため，広い視野内にわたって両眼で同時に事物を観察できます。このとき，近い事物と遠い事物とで，左右の眼の網膜像にずれが生じます。左右の手の指を眼前の異なる距離に掲げて，遠い方の指を両眼で固視してみましょう。そうしておいて片眼ずつ眼を閉じてみると，近い方の指が横方向にずれるはずです。**両眼視差**と呼ばれるこのずれは強力な奥行き手がかりで，視角1minより小さなずれからでも奥行き知覚ができます。それでは，両眼立体視を可能にする両眼視差の原理はどうなっているのでしょうか？

ある事物を両眼で見つめるとします。その投影像は両眼ともに網膜の中心窩に結像するでしょう。その事物から真右に別の事物があり，その網膜像は両眼とも中心窩から例えば視角10degだけずれたところ――左眼・右眼ともに中心窩から水平に10degの位置にある**網膜対応点**――に結像するとしま

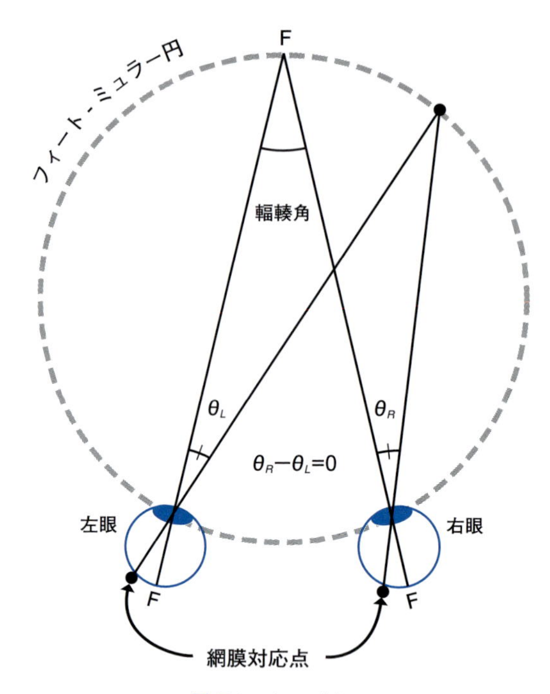

図 7.1　ホロプター
フィート-ミュラー円上の「F」は両眼固視点，眼球上の「F」はその網膜投影像が映る中心窩を示します。

す。左右の眼で比べて位置の違いがないので，両眼視差はゼロです（図 7.1）。このような，左右眼の網膜対応点に結像して両眼視差がゼロであるような環境中の事物の集合をとると，ある曲面——**ホロプター**——に集まります。単純な円周角の幾何学で水平軸上の物理的なホロプターを図示したのが**フィート-ミュラー円**です。では，ホロプターから外れた観察距離にある事物はどのような網膜像を生むでしょうか？（図 7.2）　固視点よりも観察者の方に事物を近づけホロプターより近い位置に置くと，眼に与える画像の相対位置で言えば，左眼の画像は右に，右眼の画像は左にずれます。これを**交差視差**といいます（図 7.2A）。逆に，固視点よりも事物を遠ざけホロプターより遠い位置に置くと，眼に与える画像の相対位置で言えば，左眼の画像は左に，

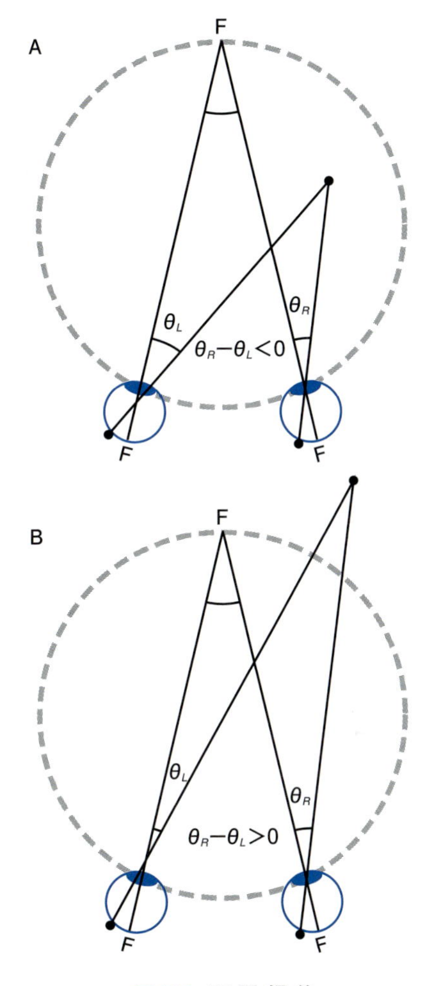

図 7.2　両 眼 視 差
A：交差視差。B：非交差視差。

右眼の画像は右にずれます。これを**非交差視差**といいます（図 7.2B）。いずれも，外界の事物の奥行き次元上の差が大きいほどその網膜像では両眼視差が大きいという定量的な関係があります。**両眼視差選択性**をもつニューロンは，大脳皮質 V1 野とそれ以降の視覚領野にあります。

視覚系では，光の集合である入力画像から形の情報を切り出していくという知覚的体制化の作業を行い，視野の様々な場所に有意味な視覚オブジェクトを成立させます。知覚的体制化によって画像が**分節化**されて切り出された形に関して，両眼の間で形の位置に違いがあるかどうかを調べて奥行き知覚をしているのでしょうか？　実は，形は両眼立体視にとって必須ではありません。左右眼それぞれの画像を見ると完全にランダムな模様で，左右眼の間で模様の位置がずれているという画像が作れますが，この**ランダムドットステレオグラム**（random-dot stereogram: RDS）を観察しただけで，両眼視差に基づいてありありとした奥行きが知覚され，しかも奥行きの異なる領域間で輪郭が生じて形の知覚が生まれます。形の両眼視差から奥行きが生じるのではなく，両眼視差による奥行きの違いから形が生じうるのです（図7.3）。

RDSの右眼像の中には，右眼だけに映る部分があり，同様に，左眼像の中には左眼だけに映る部分があります（図7.3D）。これらの部分を**両眼間非対応**といいますが，これも両眼立体視の有効な手がかりになります。なぜなら，単眼だけに映る部分の存在は，手前の物体が奥の物体を遮蔽していることを示唆するからです。両眼視差がなくても，両眼間非対応があるだけで奥行き感が生まれることがあります（Nakayama & Shimojo, 1990）。

両眼で固視している刺激の両眼視差がゼロだとして，それとは別の刺激に両眼視差がついていると，固視点より手前か奥かの手がかりになります。これを**絶対視差**といいます。これに対して，任意のある刺激と別の刺激との間の絶対視差同士の差分――**相対視差**――は，どこを観察者が両眼固視しているかによらず，2刺激間の奥行き関係の手がかりになります。大脳皮質V1野の次の階層であるV2野とそれ以降で，相対視差に対する感受性が見出されています（Thomas et al., 2002）。

いずれにせよ，水平軸上の両眼視差はあくまで相対的な奥行き手がかりであり，観察者から固視点までの距離でスケーリングされて初めて事物間の奥行き距離の情報となります。距離については，**輻輳**（ふくそう）――両眼で刺激を固視しているときにどのくらい寄り眼または離れ眼になっているか――の角度と両

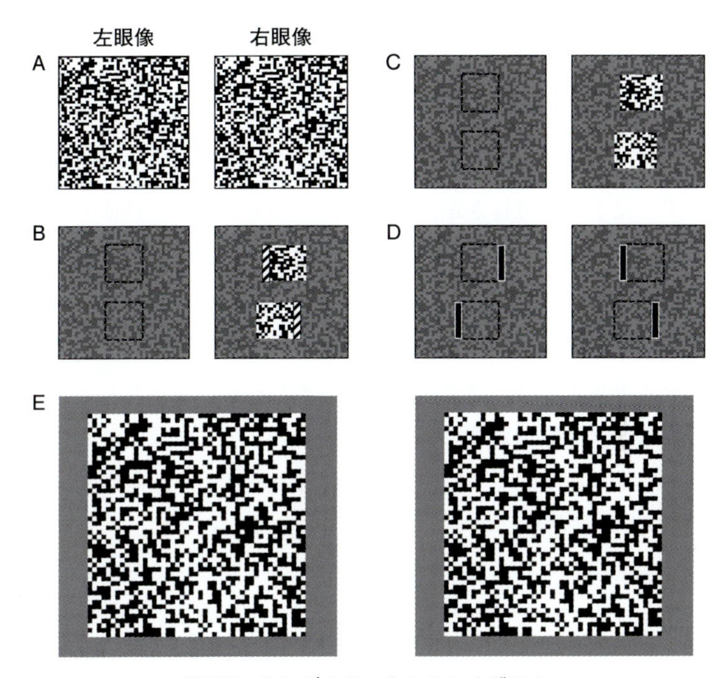

図 7.3　ランダムドットステレオグラム

作り方の本質的部分を示しています。A：同一のランダムドットパターンを２枚，左眼像と右眼像のために用意します。B：説明を簡単にするために，右眼像だけを加工することとします。左眼像は左に，右眼像は右に，相対的にずれた画像をつくれば非交差視差になるので，ある領域（上の四角形部分）を，右眼像だけ右にずらすことで作り出せます。交差視差はその逆に，ある領域（下の四角形部分）を，右眼像だけ左にずらすことで作り出せます（斜線はずらすことで未定義になった領域を示しています）。C：未定義になった領域内に，新たにランダムドットパターンを生成します。D：その結果，左眼像においても右眼像においても，それぞれ単眼にしか映らない，単眼領域ができます（黒塗り部分）。E：できたランダムドットステレオグラムの例。平行法で見ると，上が奥に，下が手前に見えます。交差法で見ると，その逆になります。ちなみに，これを左眼と右眼でなく，単眼に時刻１と時刻２という異なる時刻で継時的に与えると，ランダムドットキネマトグラムの例になります。

眼間距離がわかれば三角測量の原理で観察距離が計算できるのをはじめ（図 7.1 参照），他のいくつかの奥行き手がかりも距離の判断に利用できます。

RDS をはじめ，左右眼に与えて両眼視差による奥行きを感じさせるように作られた 2 画像が**ステレオグラム**で，ステレオグラムを左右眼に投影する装置が**ステレオスコープ**です。3D 映画で特殊な眼鏡をかけて映画を視聴する各種の方式も，ステレオスコープを用いたステレオグラムの観察の例です。ステレオスコープを用いて両眼融合して知覚される虚像は，物理的な観察距離と異なる見かけの距離に定位し，他の奥行き手がかりと不整合を来すことがあります。見かけの奥行きが人工的に作れる素晴らしい技術ではあっても，様々な観察者にとって，人に優しい 3D 映像かどうか検証されなければなりません（3D コンソーシアム安全ガイドライン部会，2011）。ところで，人に優しい映像の対極になってしまいそうですが，研究目的で試しにまったく別の 2 画像をステレオスコープで左右眼に与えたらどうなるでしょうか？　一般に，このような**両眼分離視**の状況で観察すると，2 画像のいずれかしか見えず，見える像が数 sec ごとに交互に入れ替わるという，**両眼視野闘争**が生じます。1.1 節で紹介したネッカーの立方体をはじめとする一連の多義図形と同じく，刺激が切り替わらないのに脳の作用で見かけの像が切り替わることから，現在見えている像と脳活動とを比べれば，**意識の神経相関**——意識内容の切り替わりと相関して神経活動が切り替わる様子——が調べられそうです。

7.1.2 運動視差

片眼を閉じても世界が平面に見えないということは，上記以外にも奥行き手がかりがあることになります。両眼視差というのは両眼間の視差ですが，観察者が動くと，異なる時刻に異なる観察位置——**運動視差**——で事物を観察することになり，単眼視であっても観察者が運動をすれば，両眼視差と類似の原理で奥行きを計算できます（図 7.4）。観察者が右方向に動くと，固視している事物は視野中心にとどまりますが，眼に与える画像で言えば，それより近い距離にある事物は自分と反対方向の左向きに動き，遠い距離にある事物は自分と同一方向の右向きに動きます。両眼視差と同様，奥行きの違いが大きいほど運動視差が大きいという定量的な関係があります。例えば列車の車窓から眺める風景のうち，自分の見つめている事物よりも近いもの，

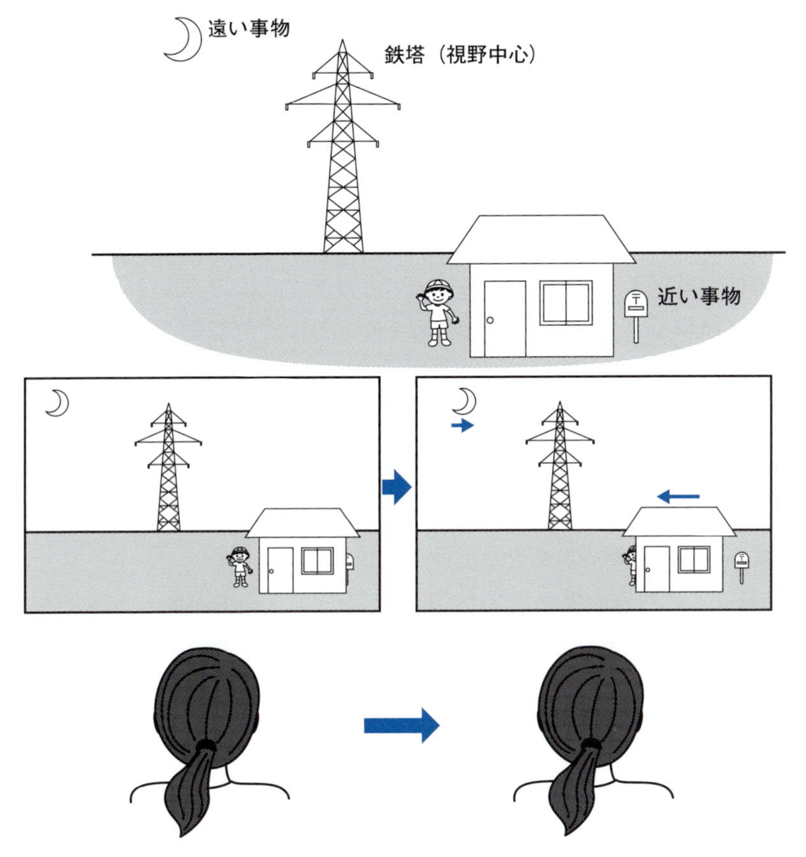

図 7.4　運動視差
自分が列車などに乗って右に動いているとします。鉄塔が常に視野中心にあるとすると，それより自分に近い事物は自分の進行方向と反対方向に，遠い事物は同じ方向に，視野上の位置が動いていく，という運動視差が生じます。それに伴い，それまで隠されていたものが見えるようになったり（郵便受け），それまで見えていたものが隠されるようになったり（子ども）といった動的遮蔽も生じます。

遠いものがどのように流れていくかを，機会があれば観察してみましょう。

両眼間非対応が遮蔽に関連しているのと同じ関係が，運動視差についても言えます。複数の事物が異なる奥行きに位置する場合，観察者が動くと，それにつれてそれまで見えていなかったものが見え，またそれまで見えていたものが見えなくなることがありますね。そのような**動的遮蔽**の情報は，ある物体が別の物体を遮蔽していることを示唆するので，奥行き手がかりとして利用できます（図 7.4）。

7.1.3 絵画的奥行き手がかり

片眼だけ開けて運動せずにいても世界が平面に見えないということは，上記以外にも奥行き手がかりがあることになります。太古の昔から人類が奥行き知覚に利用してきたそうした奥行き手がかりが，美術史の流れの中で絵画の技法として「発見」されました。絵画を制作する際に利用すれば奥行き感を作り出せるそうした手がかりを，**絵画的奥行き手がかり**と総称します。他のあらゆる知覚情報処理と同様，絵画的奥行き手がかりは，視覚系が世の中の「常識」を参考にして解の推定を図っているからこその奥行き手がかりなのです。それでは順番に紹介していきましょう。

1. **遮蔽**……奥行きの異なる 2 つの事物があって，一方が他方を部分的に遮蔽しているとします。それらの網膜像では，手前の事物の輪郭のせいで奥の事物の輪郭が途切れた場所——**T 接合**——ができます（図 7.5）。逆に，視覚系が計算の出発点にする入力信号は網膜像であって，推定するべき未知の

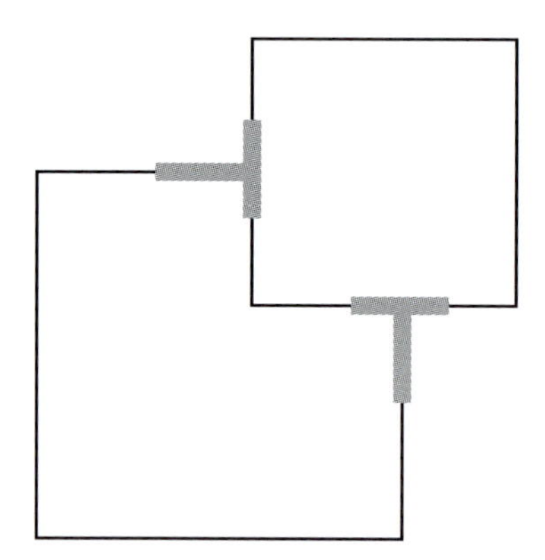

図 7.5　遮　　蔽
灰色部分は T 接合の存在を強調したもの。

ものは外界の構造です。ここで，視覚系は以下のような「常識」をもち出します。今T接合が画像中にあるが，輪郭同士にこの関係ができる原因には何がありうるか？　たまたま2つの事物が同じ奥行き位置にあって互いの輪郭形状をぴったりと重ね合ってT接合をなしている，そんな偶然が起こる見込みの高さは？　そうでなく，手前の物体が奥の物体を遮蔽している見込みの高さは？　世の中の「常識」にあてはめれば後者である見込みの方がはるかに高いため，「おそらく奥行きの異なる2つの事物があるのだろう」と視覚系は解釈するわけです。唯一の可能な解とは言えないが，いちばんありそうな解として。遮蔽は奥行きに関する定量的な解釈は与えず，**奥行き順序**の手がかりになります。

2. 大きさ……1.2節で先取りして論じましたが，網膜像において事物の像の大きさが変わるという事実を視覚系がどう解釈するかを振り返って考えましょう。世の中の「常識」として，「外界の事物は固くて，大きさや形は時々刻々変わったりしないのだ」という原則――大きさの恒常性や形の恒常性――に立脚して視覚系は解を制約すると述べました。固いはずの事物の網膜像の大きさが現に変わっていることをして，「観察距離が変化しているに違いない」と解釈するわけです（図1.4参照）。事物の網膜像の大きさが奥行き手がかりとして利用されていることになります。固いはずという「常識」以外に，事物の典型的な大きさに関する知識も用いられます。自動車の大きさ，高層ビルの高さ，旅客機の機体サイズ。そうした知識と，それらの事物の網膜像の大きさとを比べて，納得のいくように距離の推定がなされます。

3. 相対的高さ……私たちは陸上で生活する動物であって，地面の存在は重要です。頭部を正立させて地面を見ている私たちの眼には，日頃どんな像が映っているでしょうか？　自分に近い地面は下の方，地面が遠くなるにつれて上の方へと，像の位置が変わっていきます（図7.6）。地面の上に立っている群衆の像も，近い人物は下に，遠い人物は上に映っています。これを利用して，「相対的高さが高い位置に像が映るほど，事物は遠いに違いない」と視覚系が解釈すれば正解である見込みが高くなります。

図 7.6　**相対的高さ**

4. 肌理（きめ）の勾配……地面を見ている例を出しましたが，その地面が例えばどこまでも続く砂利だったとしましょう。砂利の網膜像においては，観察距離が延びるほど一つひとつの石の像は小さくなり，遠くの砂利ほどその網膜像の密度は高くなります（図 7.7）。ここでも，世界に関する「常識」――「それを覆す反証がない限り，世の中の砂利は均一な密度で地面にまかれているはずだ」――を制約条件として用いて，解の絞り込みを行うことができます。外界で均一な密度のはずなのに，現に網膜上では密度が系統的に変わっている。だとすれば，「観察距離が徐々に異なっているのだ」と解釈すればつじつまが合うので，そこに奥行き構造を見出すわけです。

5. 線遠近法……肌理の勾配と似た原理ですが，肌理の存在を必ずしも必要としません。例えば，電車の正面窓から見える線路の2本のレールを考えてみましょう。2本のレールは平行ですが，その網膜像は平行ではなく，遠くになるにつれてレール間が接近し，十分遠方では1点に収束していることでしょう（図 7.8）。「それを覆す反証がない限り，直近で平行関係である2本

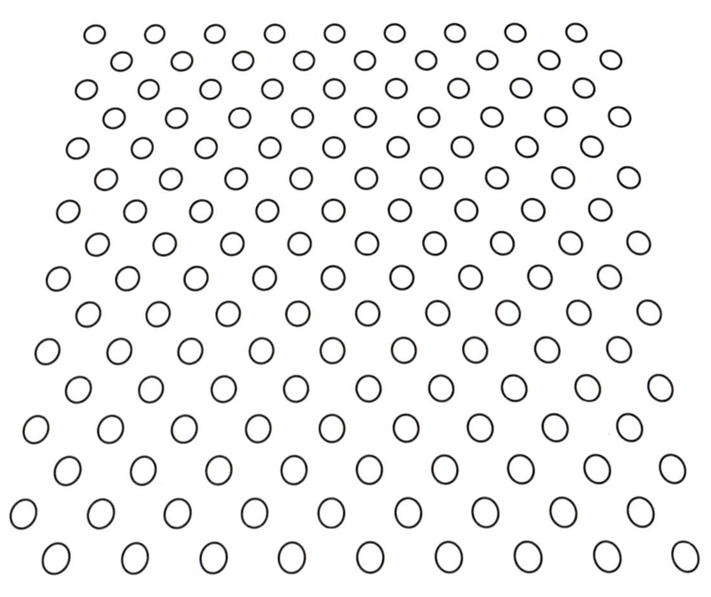

図 7.7　肌理の勾配

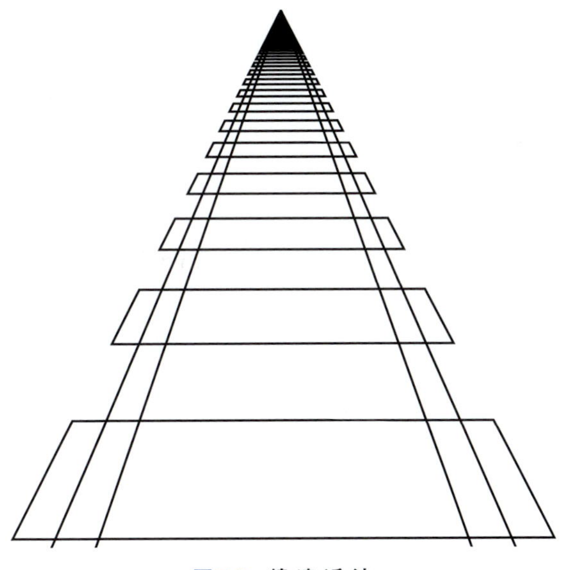

図 7.8　線 遠 近 法

のレールは平行であり続けるのだ」という思い込みを制約条件として用いて，それにもかかわらず１点に収束していく像が得られているのなら，「観察距離が徐々に異なっているのだ」と解釈することでつじつまを合わせるわけです。

6. 大気遠近法……遠くの情景はかすんで見えます（図 7.9）。なぜかというと，大気中には霧やちりなど光を散乱させる様々な物質が混じっているため，遠くの物体からやってきた光が長い距離をかけて大気を通過していくにつれ物体からの直接光が減衰するとともに多くの散乱光が足し合わさるからです。一方，その像を受け取った視覚系は，「それを覆す反証がない限り，大気というものはどこもかしこも均一な散乱をするはずだ」という制約条件をおいて計算をします。散乱が均一であるにもかかわらず，像の中の一部だけ現にかすんでいるということは，「その事物から来た光は多くの大気を通過したのだ，だから遠くにあるのだ」と解釈することでつじつま合わせをしている

図 7.9 大気遠近法
『靄の中をさしのぼる太陽（魚を洗い，売っている漁師）』（J. M. W. ターナー，1807 を元に，グレースケールに変換したもの。）

わけです。

7. 陰影……これも強力な絵画的手がかりで物体の立体感の知覚に寄与しますが，これに関しては8.2節で詳述します。

7.1.4 調 節

片眼だけ開けて運動しないでいて絵画的奥行き手がかりがたとえなくても，近い事物と遠い事物を見分ける方法はもう一つあります。1m以下の近距離での観察では，近い事物を観察するときは水晶体が膨らみ，遠い事物を観察するときは水晶体が平たくなるという反射が生じています。この屈折力の**調節**の状態を視覚系が監視していれば，現在焦点の合った状態で観察している事物が自分からどれだけ離れているかを把握することができるでしょう。輻輳と調節を合わせて，**生理的奥行き手がかり**と呼んだりします。

また，焦点の合っている距離とそうでない距離とで網膜像の**ぼけ**の程度に違いが生じますが，こちらは距離感の効果を生み出すために写真撮影などで頻用され，絵画的奥行き手がかりと言えます。

7.2 運動視，時間知覚

7.2.1 運動の検出

両眼視差とは，両眼間で光が互いにどんな位置関係かという**相関**に関する情報です。また，画像中の光の方位とは，画像の座標軸における左右軸と上下軸との間での光の相関（どれくらい右に行くとどれくらい上に行くか）に関する情報と言えます。同じような意味合いで，画像の空間軸と時間軸との間で光がどんな関係かという時空間相関の検出に関して，私たちは優れた感度をもっており，その結果ありありとした知覚印象が成立します。すなわち，「動き」です。

運動視をもたらす光の動きとはそもそも何でしょうか？　両眼視差からの奥行きの際の議論と同様，まず，画像から何か形が切り出されて，その位置が特定され，一定時間経過後にその形がどの位置にあるかが特定できれば，形の位置の時間変化がわかります。例えば，時計の長針や短針は一定時間経過後に位置を変えており，それに気づけば，針が動いたのだとわかります。しかし，光の動きを検出するという行いが単に形の位置の時間経過を追うだけではないことを示す例として，**ランダムドットキネマトグラム**（random-dot kinematogram: RDK）が挙げられます（図7.3参照）。これは，RDSの左右眼像として作った画像を，同じ場所に，時刻1と時刻2という異なるタイミングで継時的に呈示するものだと考えてください。そうすると，時刻1でも時刻2でも，その瞬間の画像は何の形もない完全にランダムなパターンです。時刻1と時刻2との間でパターンの一部に位置ずれがある，それだけしか構造はありません。ところが，このRDKを観察すると，位置ずれがつけられた領域にありありとした動きの印象が生じます。それればかりか，その動きの印象が生じる領域の形はそれ以外の領域から明瞭に切り分けられて感じられます。まず形があってその位置変化が運動として見えるのではなく，まず運動が検出され，運動の有無に基づいて形を感じうるのです。

実際，光の動きは視覚系の初期段階で抽出されます。私たち霊長類では，**運動方向選択性**をもつニューロンが大脳皮質V1野の段階で見つかります。受容野内に特定の運動方向の光があると興奮し，そこから方向が異なるにつれて興奮が小さくなり，反対方向に動く光に対してはしばしば抑制します。そして，昆虫はじめ動物一般でのニューロンの運動方向選択性を説明する単純なモデルとして，**ライカート型運動検出器**が提案されています（図7.10）。このモデルでは，光を検出する一対の光センサーが横に並んでいて外界の光刺激を監視し，例えば左側の光センサーからの神経経路上に遅延器をかませ，両方の光センサーからの信号が同時に来たら興奮する同時性検出器が最後に待っています（Reichardt, 1961）。例えば遅延器で0.1 sだけ信号が遅延されるとすると，このライカート型運動検出器は，まず左側の光センサーに対して光が入力し，0.1s経過後に右側の光センサーに対して光が入力した場合に，同時性検出器が興奮することになります。したがって，画像の形などにと

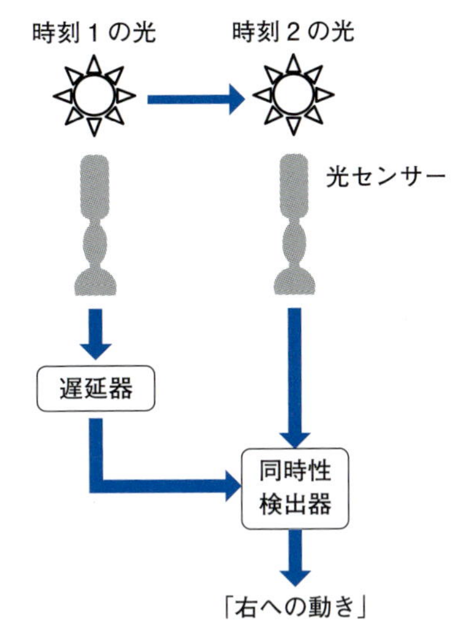

図 7.10　ライカート型運動検出器

んちゃくせずに，0.1s の時間をかけて左から右に流れる光がありさえすれば，好んで応答するというわけです。

ただしこの回路だけでは，0.1s 間隔で両方の光センサーに対して同時に光が来るようなちらつき刺激にも応答してしまいますが，右方向を好む回路と左方向を好む回路という互いに鏡映関係の一対を考え，それらの応答の差分で運動方向選択性を作り出せば，ちらつきへの応答が差し引きゼロになり，偽の運動情報が作り出される心配はなくなります。

形に無関係に応答するこうした運動検出器によって動きが検出されることの傍証は，古典的な錯覚現象に見出せます。**仮現運動**という現象では，実際のものの動きがなくても，時刻 1 においてある場所に静止刺激が一瞬呈示され，時刻 2 において別の場所に静止刺激が一瞬呈示されるだけで，それらの間に明瞭な運動印象が感じられます（図 7.11）。このことから，「全体は部分の総和以上の何物かである」という**ゲシュタルト心理学**の学派のスローガ

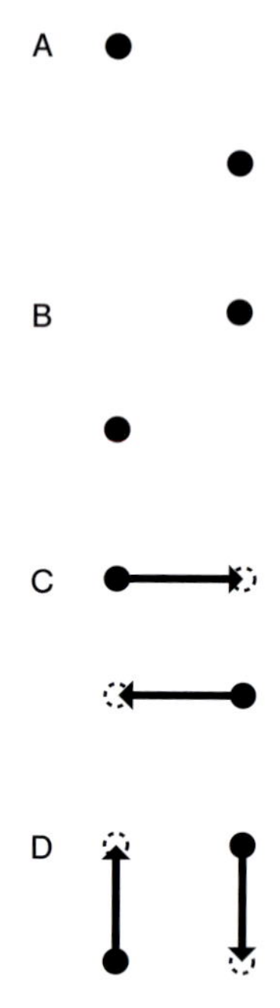

図7.11　仮現運動
2つの画像をモニター画面のフレームごとに時間的に交互に呈示するだけで，運動印象が感じられます。この例では，2種類の異なる対応がありうるため，見える仮現運動には両義性があり，しばらく見るうちに解釈が主観的に切り替わったりします。A：奇数フレームの画像。B：偶数フレームの画像。C：一つの解釈。D：もう一つの解釈。

ンが思い起こされます。ゲシュタルト心理学とは，個々の要素だけに注目しても見えてこない，複数要素間の関係性というものが知覚にとっての本質なのだということに注目して種々の検討を行った20世紀前半以来の学派です。静止図形を継時呈示すると動きが見えるということ一般を仮現運動と呼べば，パラパラ漫画の中の動きも仮現運動だし，映画——静止した一連のコマを一定の時間間隔で切り替えながら呈示し続けるもの——の中の動きだって仮現運動と言えます。そして，仮現運動は視覚以外に聴覚や触覚でも生じ，それらのクロスモーダル相互作用も盛んに調べられています（Strybel & Vatakis, 2004）。5.1節で紹介した皮膚ウサギは皮膚に感じる仮現運動を題材にした例でしたね。

生々しい光の運動方向に選択的な検出器の存在を証拠づけるもう一つの有名な錯視現象が，**運動残効**です。これは別名「滝の残効」と言われ，古くにはアリストテレスの著作にも関連の記述が見つかるような昔からよく知られた現象です（Mather et al., 1998）。運動残効とは，ある方向に流れる運動刺激を長時間観察した後で静止刺激を観察すると，以前呈示した運動刺激と反対方向に動いて見えるという現象です。運動残効は形を問わずに生じます。例えば，ワープロソフトに大量の文字の文書を表示させて，スクロールし続けて観察してみましょう。それを突然止めてみると，反対方向に文字パターンがゆっくり流れて見えます。また，順応した後，例えば人の顔など形のまったく異なるものに眼を移しても，反対方向にゆっくりした流れが感じられます。しかも，感じるのは「純粋な」動きのようです。物理法則から考えて，何らかの動きがあった物体はそれに伴い位置を変えるはずですが，運動残効を観察しているときには，ありありとした動きは感じられても刺激の位置が特段変わったようには見えません。ここから，動きの情報処理と位置の情報処理が並列に行われ，運動残効とは動きの情報処理経路だけに変容を来した錯視現象なのだと考えられます。ところで，順応刺激を片方の眼に呈示した後でもう片方の眼のテスト刺激に残効が生じるのを**両眼間転移**といいます。運動残効の場合，確かに両眼間転移を起こすのですが，両刺激を同じ眼に呈示したときより残効は弱くなります（Wade et al., 1993）。両眼間転移を調べると，処理メカニズムが単眼性の段階にあるのか両眼性の段階にあるのかに当たりをつけられます。この不完全な両眼間転移により，両眼性の段階も一部関わっているが単眼性の段階の独自の関与もある——だからその程度において比較的初期の段階で順応が生じている——と示唆されます。

運動残効は聴覚でも生じ，音源の一定方向への動きに順応した後では静止音源が反対方向に動いて聞こえます（Grantham & Wightman, 1979）。また触覚でも生じ，皮膚上の一定方向への動きに順応した後では動きの曖昧な触覚刺激が反対方向に動いて感じられます（McIntyre et al., 2016）。聴覚と視覚との間で（Berger & Ehrsson, 2016），また触覚と視覚との間で（Konkle et al., 2009），運動残効のクロスモーダルな転移や増強効果が生じるとする報告もあり，どのような処理段階が関わるかについて研究が進んでいます。

7.2.2 運動の分節化と統合

運動残効は，「今まで見ていたものと反対方向に偏って見える」という**継時対比**の現象が運動視において生じる例です。「ある刺激が別の刺激に囲まれると，囲まれたものが周辺と反対方向に偏って見える」という**同時対比**の現象も運動視の分野で古くから知られています。月にかぶった雲が流れていくと天上の月が雲と反対方向にゆっくり動いて見える，という視覚体験をしたことがあるでしょうか？　このように，静止刺激が周辺の運動刺激と反対方向に動いて見える現象を**誘導運動**と呼びます。そのメカニズムには諸説ありますが，明るさや色の情報処理に関する中心周辺拮抗型受容野をもつニューロンと同様，運動方向選択性ニューロンの中には，受容野の中心部と周辺部とで運動方向に対する好みが逆転しているものがあり，こうした仕組みの関与が示唆されています（Murakami & Shimojo, 1993）。霊長類では大脳皮質**MT野**以降でこのようなニューロンが多く現れ（Tanaka et al., 1986），環境の中で独自に動く成分を抽出するという，**運動に基づく分節化**をするのに優れた性質と考えられます。

運動に基づく分節化は知覚的体制化にとって重要ですが，初期視覚野の運動方向選択性ニューロンが応答し，異なる場所で異なる方向に動く光があるというデータを得たからと言って，それらをすべて異なるオブジェクトだとはただちに解釈できません（図7.12）。個々のニューロンには限られた範囲の受容野内の光の様子しかわからず，その「小窓」越しに観察する運動は真の運動とは必ずしも一致しない，という**窓問題**があるからです（Murakami, 2004）。例えば，ひし形が真右に動いているとします。個々の細胞は輪郭沿いの限られた範囲の光しか受け取れないとすると，（頂点付近を除いて）輪郭沿いのどこであろうと輪郭の法線方向への動きを好む細胞が最大応答をす

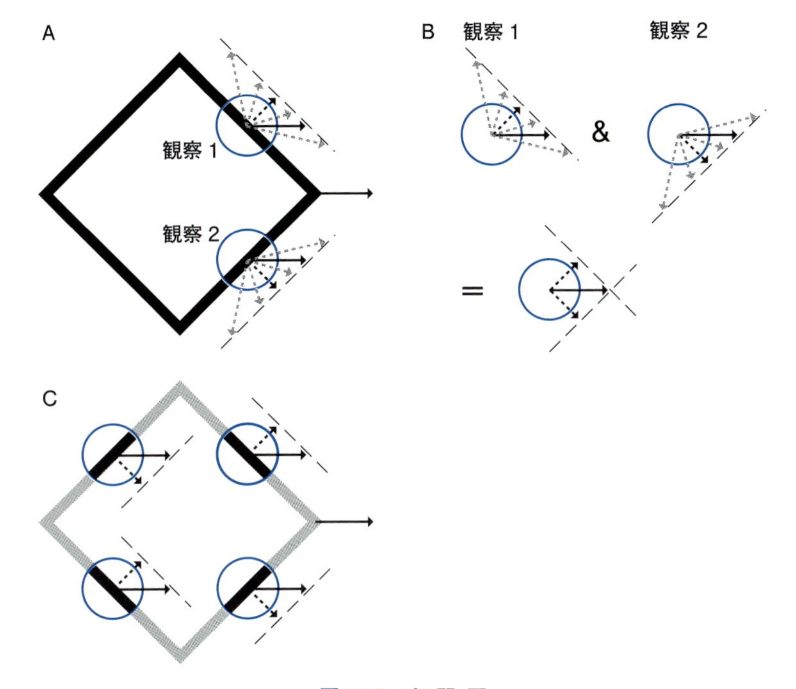

図 7.12　窓 問 題

A：ひし形が真右に動いていて，限られた受容野（円形）越しにその様子を観察しているとします。課題は，このひし形が視野上でどのような速度で動いているかを，観察によって推定することだとします。受容野内の線分が時間につれて動く様子からだけでは，ひし形の真の運動方向がわからず，制約線（破線）の上に矢印の終端がある無数の速度ベクトルのいずれが正解なのかが解けません。偏りのない解として，線分と直交方向の速度ベクトル（点線）が解として採択されるとすれば，誤った解となります。B：制約線の交点を採用するというアルゴリズムを用いた解。2 つの異なる観察を行った場合，独立な 2 本の制約線が得られるため，連立方程式を解くように一意解が求まります。C：隠された図形が固い事物の輪郭であれば，同時に同じ速度で動くべきですが，運動による結びつけが対辺同士にとどまれば，右上に動く 2 辺と右下に動く 2 辺に分かれて別々の動きが感じられるでしょう。

るでしょう（図 7.12A）。しかしそれらの方向は，「真右」という真の運動方向とは異なります。「今見ているものは 1 個の固い物体の輪郭なのだ」という制約条件をおくとすると，その条件のもとで**運動に基づく統合**ができます。方位の異なる場所で複数の観察をすれば，1 個の固い物体の真の運動方向を絞ることができます（図 7.12B）。

処理段階が進むにつれ，運動に基づく統合に適した広い受容野をもつニューロンが現れます。運動方向の異なる2つの縞模様を足し合わせた**プラッド刺激**において，例えば左上方向と右上方向の縞を重ねて呈示すると，知覚的には全体的な上方向の動き——**パターン運動**——が見えます。V1野より上位階層のV2野やMT野ニューロンの一部は，パターン運動の方向に対して運動方向選択性をもちます。しかしV1野などの低次階層では，あくまで左上方向，右上方向という**要素運動**に対して運動方向選択性をもつ細胞が応答します（Movshon et al., 1985）。また，床屋のサインポールのような運動図形に生じる**バーバーポール錯覚**では，縦長の長方形の領域内部で斜めの縞が動いていると，縞の法線方向ではなく縦方向の動きが見えます。長方形の長辺の輪郭に沿って並ぶ縞の端点は上方向へ動いており，それが窓問題を制約する役目をするのです。MT野ニューロンの一部は，端点の動きに影響された視覚応答をします（Pack et al., 2004）。ちなみに，視覚ではなく手指上の触覚刺激として，プラッド刺激やバーバーポール型の運動刺激を与えると，やはりパターン運動やバーバーポール錯覚の触覚体験がそれぞれ生じるという報告があります（Pei et al., 2008）。

例えば100個の光点を，個々のV1野ニューロンの受容野には1個程度しか入らないような低密度で広い領域にばらまき，そのうちたかだか20個程度の光点だけが上方向に動きその他はランダムな方向に動いても，全体的に上方向のパターン運動が見えます。そうした**まばらなランダムドットパターン**での運動視から，V1野より高次階層で広い領域の運動情報が統合されることが示唆されます。実際，サルMT野ニューロンはV1野ニューロンより広い受容野をもち，パターン運動の方向が上か下かを当てるサル個体の正答率に匹敵する感度で運動方向が上か下かによって応答を変えます（Britten et al., 1992）。

ただ，視野上の刺激のどれとどれに対して運動に基づく分節化や統合を行うべきか——**運動の結びつけ**——には曖昧性があり，視覚系の側での解釈を要します。例えば，正円に従う運動軌跡に沿って時々刻々位置を変えるひし形があるとします。ひし形の各頂点が見えれば頂点の運動軌跡を追いかけて真の運動がわかりますが，頂点を隠して四辺のみが見える場合，観察できるのは4本の線分の動きなので窓問題が生じます（図7.12C）。これらを独立な運動だと解釈すれば，それぞれが法線方向に動く線分に見え，1個の固い物体の4本の輪郭だと解釈すれば，運動軌跡に沿って動く1個のひし形に見えるので，多義図形の一例と言えます。同じ刺激でも視野中心で見ると前者が，視野周辺では後者が優勢な解釈となりがちです（Lorenceau & Shiffrar, 1992）。

MT野の上位階層にある**MST野**（medial superior temporal）では，さらに複雑な運動の統合である拡大縮小や回転の光流動パターンに対する選択性が現れます。MST野より先の階層の頭頂連合野には，物体に視線を移動する眼球運動，物体に手を伸ばす到達運動，物体をつかむ把持運動のための，視覚と運動とのインタフェース機能をもつ各領野があり，前頭葉の運動関連領野とネットワークを構成しています。V1野，V2野からMT野，そしてMST野を経て頭頂連合野に至るこうした視覚経路は**背側経路**と総称されます。背側経路が損傷すると，見ている物体に正確に手を伸ばして追う作業が障害されたりします。逆に背側経路が正常で物体認識に関わる腹側経路が損傷すると，ものの形の認識に視覚障害が起きる一方，平たい物体を細い隙間に挿入する「葉書の投函（とうかん）」のような動作は視覚情報に基づいて正常に行えるという報告があります（Goodale et al., 1991）。

7.2.3 運動と位置ずれの現象

運動残効を紹介した際，視覚系の中で運動と位置は独立に計算されると述べました。しかし，特に視野周辺での空間解像度の悪さから考えて，位置を計算するには多くの情報処理からの助けが欲しいところです。かたや，運動が存在するという感覚証拠は自然環境では多くの場合，事物が位置を変えたことの傍証になるので，運動情報処理が位置の計算に寄与してもおかしくありません。

運動処理と位置処理の協調的相互作用を示唆する現象として，運動によって位置がだまされる錯視があります（Whitney, 2002）。**フレーリッヒ効果**では，何もないところに突如出現して等速運動を始める光点を見ると，光点の出現位置が運動方向にずれて見えます。反対に，**表象的慣性**という現象では，等速運動をしていた刺激が突然消失すると刺激の消失位置が運動方向にずれて見えます。**運動による位置ずれ**と呼ばれる現象では，不明瞭な輪郭をもつ静止窓の内部で模様が動いていると，静止輪郭の位置が運動方向にずれて見えます。また，一瞬だけ呈示されるフラッシュ刺激には知覚的位置ずれが容易に生じ，**フラッシュラグ効果**では，運動する棒の隣にフラッシュ刺激を呈示すると，運動する棒に比べてフラッシュ刺激は後ろに遅れているように見え，**フラッシュドラッグ効果**では，大きな運動刺激の近くにフラッシュ刺激を呈示すると，運動方向に位置がずれて見えます。これらのことから，網膜で刺激された位置に光が見えるという単純な関係からはほど遠い，大がかりな位置計算システムがはたらいて物体の定位が成り立つことがわかります。

7.2.4 時間知覚

動きが見えるということは，脳には光刺激の時間変化を検出して解釈するメカニズムが備わっているはずです。光刺激の空間的変化を表す概念に空間周波数があり，2.2節では，まさに視覚系には特定の空間周波数帯域に感度をもつ複数の空間周波数チャネルがあると述べました。光刺激の時間的変化に関しても同様で，1sあたり何回明滅するかを表す**時間周波数**に対して，遅いちらつきを好むものや，素早いちらつきを好むものからなる複数の時間周波数チャネルがあるとされます。ヒトのコントラスト感度を時間周波数の関数として描いたコントラスト感度関数は，明所視では逆U字型をしており，遅すぎず速すぎず，中庸な速さの時間変調が最も見えやすいことがわかります（図2.10B参照）。視認できる最も高い空間周波数をもって縞視力とするように，視認できる最も高い時間周波数をもって**臨界ちらつき頻度**といいます（明暗の変調では約 60Hz，色のみの変調では約 15Hz）。

このように，知覚システムは刺激の時間変化に感受性があり，むしろ時間変化が感覚入力の本質かもしれません。聴覚にしても，気圧の時間変化である音波の周波数に同調性をもち，振幅の時間変化である振幅包絡を用いて音色を聞き分けます。触圧覚にしても，異なる種類の機械受容器が皮膚の振動周波数に同調性をもち，圧力の時間変化を用いて物体の形を探ります。嗅覚や味覚も，化学物質組成の順応状態からの変化を検知するのに加え，刺激の時間パターンもとらえます（Kakutani et al., 2017）。これらすべて，時間そのものに対する感受性ではなく，時間に伴う物理的状態の変化に対する感受性です。では，これらの感覚モダリティにおいて刺激に何ら変更が及んでいない場合，私たちはどんな気持ちがするでしょうか？　画像に変化がない限り録画がされない防犯カメラのように，「何もないのだから何も感じずに意識が一時停止する」わけはありませんね。暗黒無音状態で沈思黙考していても，もちろん自己意識は途絶えることなく，時の流れも感じ続けるはずです。

このようなことを念頭に，**時間知覚**とは専用の感覚器官なしに生じる知覚である，とよく言われます。「純粋な時間の流れ」なる実体が物理学で規定されておらず，それゆえ，**変換**——外界の物理的実体を受けて生体電気信号を発すること——が原理的に不能なのに，なぜか当たり前のように心的に成立し，かつ万人に共有されているというわけで，時間の流れの感じというのはよく考えてみれば奇怪な心的構成概念です。

私たちが時間を感じるというとき，実際には様々な尺度でのことを言っています。人生航路の過去・未来に思いをはせたり，季節感を感じたり，昼夜を認識したり，数十 min の時間経過がわかったりするというのには，それぞれ独自のメカニズムが関わるとされます。知覚心理学で特に問題にする**主観的現在**の範囲では，まったき瞬間である現在そのものは認識できないので，数 sec 以下の範囲をもって**見かけの現在**として扱います。

視覚と聴覚，視覚と触覚などのクロスモーダル相互作用の中で正しい時間的対応がなされないと，知覚世界は支離滅裂になってしまいます。専門化したメカニズムから出力された各情報表現をいかにして組み合わせて合一なオブジェクトを作り上げるかという問題を，一般に**結びつけ問題**といいます。時間知覚については，同じオブジェクトから来たものが同時に見え，聞こえ，また肌触りをおぼえ，というように，知覚的同時性を成立させるべき結びつけ問題があります。視覚と聴覚を例にすれば，外界で光は約30万km/s，音は約340m/sで進み，ひるがえって生体内での応答潜時は視覚ニューロンより聴覚ニューロンが一般に短いといった具合で，視覚の時刻と聴覚の時刻の何をもって同時と定めるかというクロスモーダルな較正（こうせい）作業が必要です。しかしこの脳内の較正は意外なくらい柔軟なようです。視覚刺激と聴覚刺激にわざと時間的なずれをつけて反復呈示し，たかだか数minの間これに順応しただけで，**同時性判断**が変容します（Fujisaki et al., 2004）。物理的に同時でなく，順応時の時間ずれの側に若干ずれていても，「同時だ」と判断されるようになるのです。視覚刺激の光量等に応じて視覚応答の潜時は長くなるし，聴覚でも距離や媒質に応じて音源からの到達時間は変わるので，視聴覚受容のタイミングは日常生活上でも環境に依存して容易に変動し，この変動を補正するよう短時間で再較正ができるのは理にかなっています。

7.3 音源定位

7.3.1 両耳間時間差

環境の中でオブジェクトがどこに存在するか理解するために，視覚では，網膜というスクリーンで様々な方角からの光を同時に監視しています。そこでは，光の方角だけでなく，どのくらい遠くから来るか知るために，視覚信号中にある様々な奥行き手がかりを利用しています。また，運動情報を検出して統合することで，視覚オブジェクトの動き方の把握に努めています。同様なことが聴覚において可能でしょうか？

視覚と異なり聴覚系では，特定の方角から来た音だけを受容するような，いわば位置特異的な受容野というものは――最初の感覚受容の段階では――

ありません。聴覚系では，たった2個の受聴器官である両耳を用いて感覚受容する宿命にあるため，音源の位置は脳内で推定する必要があります。そのための作業を総称して**音源定位**といいます。

たった2個とは言っても，2チャネルの「ステレオ」受聴ができるおかげで，両耳間のデータの差を音源定位の手がかりにできるという計り知れない恩恵が受けられます。音波が左右の耳に届くまでの時間差である**両耳間時間差**（interaural time difference: **ITD**）と，音波が左右の耳に届いたときの音圧レベルの差である**両耳間レベル差**（interaural level difference: **ILD**）があり，これらのおかげで，理想的な環境では音源が正中から約1deg ずれただけで弁別できます（Perrott et al., 1989）。

ITD は音波が媒質中を伝わるのにかかる時間に由来し，約1500Hz 以下の周波数で有効利用できます（図7.13A）。音の速さが340m/s だとすると，1ms あたり34cm 進みます。両耳の位置の違いにより，音源が正中からずれた位置にあるときは音波の到着にはわずかな時間差が生じます。両耳間時間差を用いて音源の様々な方角が識別できるためには，1ms よりはるかに短いごくわずかな時間差への感受性が必要です。

ITD の検出についての代表的なモデルが，聴覚心理学者ジェフレスの提案したモデルです（図7.14）。**ジェフレスのモデル**では，7.2節で触れた視覚のライカート型運動検出器に似た回路を考えます（Jeffress, 1948）。例えば左の方から来た音は左耳に先に入るので，左耳に届いた信号が遅延器を通った後で右耳の信号と出合ったときにのみオンになるような同時性検出器があればよいというわけです。でも，1ms 未満の遅延時間を作り出す遅延器など，どうすれば生物学的に実装できるでしょうか？　それはいわば「導火線」のような仕組みです。軸索を活動電位が伝導するのには単位長さあたり一定時間がかかるため，軸索の距離に比例して伝導時間が長くなります。このため，横に並んだ一連の同時性検出器に向かって，系統的に長さの異なる軸索を介して左右の耳からの連絡がつながる回路を組めば，特定のITD で特定の同時性検出器がオンになるはずです。聴覚を頼りに餌動物を定位して闇夜で狩

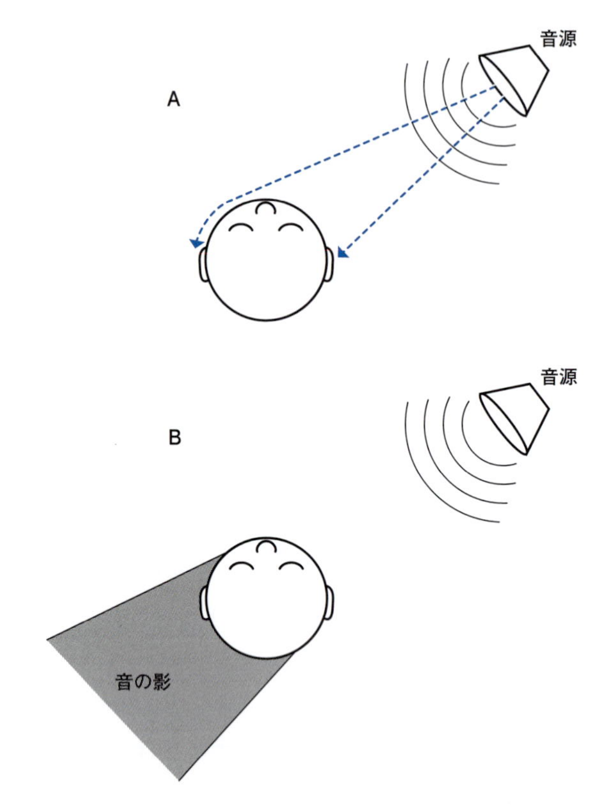

図 7.13　両耳間時間差と両耳間レベル差
A：ITD が生じる理由。B：ILD が生じる理由。

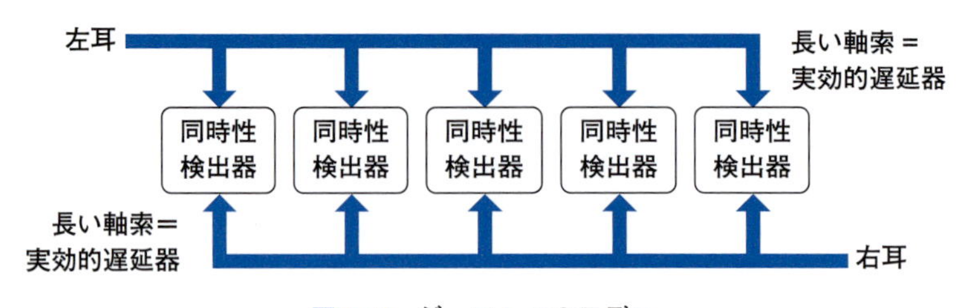

図 7.14　ジェフレスのモデル

りができるメンフクロウを用いた研究では，軸索を遅延器として用いた神経回路が実際にはたらいていて，特定のITDに鋭い同調性で応答するニューロンがあることがわかっています（Sullivan & Konishi, 1986）。哺乳類においてITD感受性のあるニューロンでは一般に，個々のニューロンのITD同調性は鈍く，多様なITDに対して発火頻度の高低で応じますが，同調性が鈍いぶんを集団符号化で補っています（Pecka et al., 2008）。哺乳類では**上オリーブ複合体内側核**（medial superior olive: **MSO**）において，対側音源を好む——左右一対のうち左MSOでは右方向，右MSOでは左方向から来る音に興奮する——ITD感受性ニューロンがあります。

7.3.2 両耳間レベル差

音波の振幅は距離に応じて減衰するだけでなく，高い周波数の音は頭部で反射し，頭部によって音源から隠された方の耳では**音の影**ができて音波の振幅が減衰します。したがって，ILDは高い周波数において音源定位手がかりとして有効利用できます（図7.13B）。これを応用して，音楽のレコーディングでは左右スピーカーから鳴らすべき相対音量を各楽器ごとに変えるだけで，左右スピーカーのどちらの位置とも異なる様々な水平位置に分かれて楽器音が定位する効果が生まれます。

哺乳類では**上オリーブ複合体外側核**（lateral superior olive: **LSO**）に同側音源を好むILD感受性ニューロンがあります。その後，下丘という上位段階に情報が送られる際に，MSOは同側の下丘へ，LSOで高周波を好むものは対側の下丘へ連絡するため，音源定位のための類似の情報が下丘で出合います。

実物体からの音の周波数スペクトルは一般に広帯域です。その各周波数成分についてITDとILDの乗った音波が両耳に入り，内耳の基底膜で周波数分解されて聴神経線維で運ばれます。活動電位の発火時刻の形でITDに関する情報が，また発火頻度の形でILDに関する情報が，周波数ごとに運ばれます。そして，ITDとILDに由来する情報が高次中枢で統合され，聴覚オブジェクトの定位がなされます。統合の実験心理学的な証拠としては，ITDによって音源が正中からずれて聞こえるとき，ILDを調整して音源が正中に聞こえるように定位ずれを相殺できる場合があります（Young & Carhart, 1974）。

視覚の傾き残効など，ある視覚刺激に順応することによって，順応刺激とわずかに異なるテスト刺激が順応刺激からもっと異なって見える反発性残効が生じます。実は，ITDに基づく音源定位でもこうした残効は起こります（Kashino & Nishida, 1998）。あるITDの音に順応した後では，順応しない場合に比べ，順応刺激と異なるITDの音が順応刺激の位置から遠ざかる位置に偏って聞こえます。この効果は，順応刺激と十分異なるピッチの音をテスト刺激に用いると消失します。音源定位という一見機械的に処理されそうな事柄でも，常に直前の環境の状態を把握しながら適応的に処理資源を活用する高次の計算メカニズムがはたらいているのです。

7.3.3 頭部伝達関数

ITDとILDは音源の方角によって異なるからこそ音源の方角の推定に利用できます。しかし，あるITDとILDをもつ純音が両耳呈示され，例えば正中から左45degの方角に音源があると推定されたとしても，それが左前なのか，左上なのか，左後ろなのか，左下なのか，知ることはできません。「左45deg」であるという条件を満たす円周上のどこに音源があるかはITDとILDからは数学的に知りえないのです。さらに，音源の距離もわからないので，結局，円錐上のどこにでも音源は存在しうることになります。これを**混同の円錐**といいます（図7.15）。

そこで，耳介の出番です。3.2節で，耳介は複雑な形状をしていて音源定位に寄与していると述べました。複雑な形状の何がうれしいかというと，耳介のおかげで，同じ周波数の純音でも上下のどの方角から来るかによって鼓膜に届いたときの振幅・位相が異なるのです（図3.4参照）。そして，そのような関係がすべての周波数にわたって言えます。耳介に限らず頭部全体や

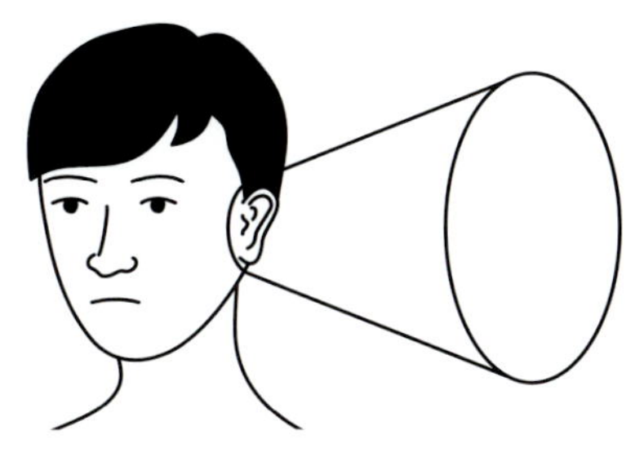

図 7.15 混同の円錐

体幹も関与し，ある周波数の純音が上下左右のどの方角から来るかによってどれだけの割合で届くかが変わります。聴取者個別に，周波数と音源の方角の関数として左右の耳に到達する音波の振幅・位相を記述した関数が，その人の**頭部伝達関数**（head-related transfer function: **HRTF**）の周波数表現です。HRTF が音源定位に及ぼす寄与が体感できるのは，頭部の両耳にマイクを置いてステレオ録音する**バイノーラル録音**でしょう。そうした録音内容を後からヘッドフォンで再生すれば，通常のステレオ録音と比べて立体感に優れた音場が広がります。

聴覚系が自分の HRTF を知っていて今の音源の周波数スペクトルが既知なら音源定位は数学的にできそうですが，実際は音波をもとに未知の音源の同定と定位という 2 種類の推定をしなければなりません。また，音源の方角が推定できても距離は不定のままです。距離の手がかりとしては，6.2 節で触れたように，残響や反射音を利用して直接音と間接音を比較するなどの方略が考えられます。また，私たちは自分自身が運動したことに由来して感覚入力が変更を来すこと――再求心性信号――を手がかりにして種々の計算をすることができるので，身体運動しながら音を聞けば，推定される音源方向の移り変わりを距離の推定に使うことができるでしょう。逆に，実際に外界の音源が移動していても，音源の動きが推定できます。その聴覚オブジェクトが何であるか同定できて，それはどんな速さで動くはずなのかに関する知識があれば，推定角速度と組み合わせてその聴覚オブジェクトの距離の推定に役立ちます。

参考図書

ブオノマーノ，D. 村上 郁也（訳）（2018）．脳と時間――神経科学と物理学で解き明かす〈時間〉の謎――　森北出版

藤田 一郎（2015）．脳がつくる3D世界――立体視のなぞとしくみ――　化学同人

日本音響学会（編）安藤 彰男（編著）鈴木 陽一・古川 茂人（著）（2019）．基礎音響学　音響学講座1　コロナ社

オブジェクトの認識　第8章

8.1 視覚オブジェクトの認識

8.1.1 図地分化

視力や聴力が正常で，自己身体と環境の把握，注意，オブジェクトの定位が正常にできても，オブジェクトがいったい何であるのかがわからないということもあります。物体の認識が障害されてしまう神経心理学的な病態を**失認**と総称しますが，大脳皮質の特定の領域が損傷されることで特定の失認が生じることがあり，ある程度の機能局在をしながら脳がはたらく様子をうかがわせます。オブジェクトの認識は，入力データにどんな意味があるのか知覚システムが能動的につかみ取る作業をした計算結果として得られるものなのです。

視覚入力である網膜像は2次元の光の集合にすぎません。そこに意味を見出すためには，オブジェクトでありそうな場所とそれ以外の場所とを切り分ける作業が必要です。2.3節で触れた通り，オブジェクトには輪郭があり，網膜像における光強度の不連続であるエッジは輪郭の手がかりになります。幼児のお絵描きでも，たいていは輪郭から描き始めますね。入力画像の中で，視覚系の処理によって「ここは輪郭である」とみなされた境界に囲まれて有意味な図形として切り出された部分集合を**図**，その図以外の領域を**地**，こうした切り出し作業全般を**図地分化**と呼びます（**図8.1**）。

輪郭によって形作られた図には，輪郭そのものも含まれて——心的に帰属されて——います（Kogo et al., 2015）。明るさや色などに不連続があったと

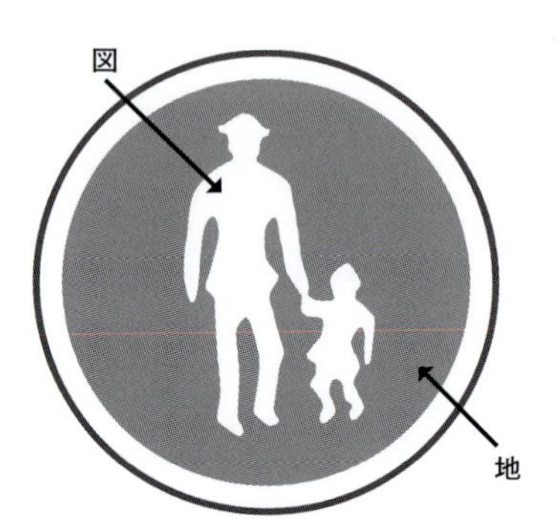

図 8.1 図地分化
この円形領域内に人間の姿を見出したなら，国土交通省のねらい通りの図地分化がかなったことになります。

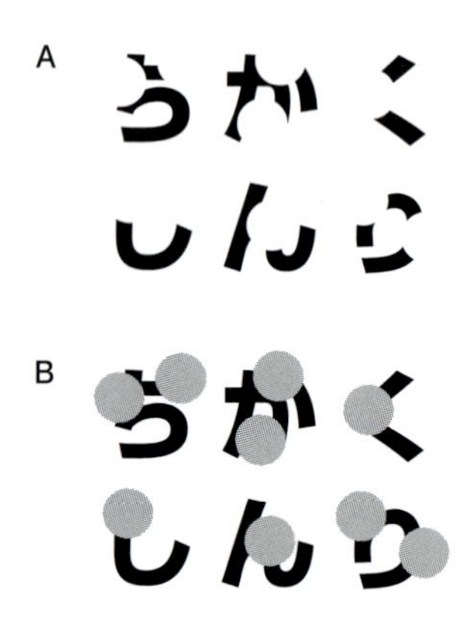

図 8.2 境界所有
遮蔽物を原因としたエッジが混ざっていると，形状認識はやっかいになります。A：黒い領域がすべての境界を所有していると解釈されると，文字は読みにくくなります。B：遮蔽物を色つきにした結果，遮蔽輪郭が遮蔽物によって所有されていると解釈されると，文字は読みやすくなります。

き，不連続を挟んだ2領域のどちらに原因帰属をするか——何のせいでその不連続が生じたことにするか——という**境界所有**の問題は図地分化と不可分の関係で，エッジを遮蔽物に正しく帰属できなければ物体認識に悪影響が及びます（図8.2）。大脳皮質V1野の次の階層にある**V2野**には，境界所有に関して選択性をもつニューロンがあります（von der Heydt, 2015）。例えば中央のエッジで区切られた左半分が白色，右半分が黒色の光が受容野内に落ち，かつ，白色の領域が地の場合よりも図の場合に強く応答するといった具合です。

8.1.2 主観的輪郭

図地分化とは多くの場合，光強度の不連続を手がかりに用いますが，色の違いしかなくても，またランダムドットステレオグラムのように両眼視差を用いたり，ランダムドットキネマトグラムのように運動を用いたりしても図地分化はできます。ところで，これまで光強度と言ってきた値は，**輝度**という測光量でも記述されます。これは電磁波の物理的な放射量を標準観察者の分光視感効率と掛け合わせた値で，ヒトが感じる光の強度に対応します。「色の違いしかない」すなわち**等輝度**の色刺激を見ても，ぼんやりとはしていますが輪郭は見えます。また，平均輝度が等しいが，肌理の粗い・細かいという違いのみしかなくても図地分化はできます。

このように，様々な視覚特徴の空間変化を手がかりに図地分化ができ，図と地の間の輪郭が決まりますが，まったく視覚特徴の違いがない場所にも輪郭が見えることがあります。物理的対応物がなくて心的にのみ生じる輪郭なので，これを**主観的輪郭**といいます（図8.3）。主観的輪郭が見えるために重要なのは，視覚特徴の不連続はないが遮蔽が含意されている刺激布置です。例えば**カニッツァの正方形**においては，白い背景上の黒い「パックマン」型の図形群がたまたま特定の並び方で配置されているという解釈も可能ですが，白い背景上の黒い充実円たちを手前の白い正方形が部分遮蔽しているという解釈も可能です（図8.3A）。このような場合，白い正方形とおぼしき領域を

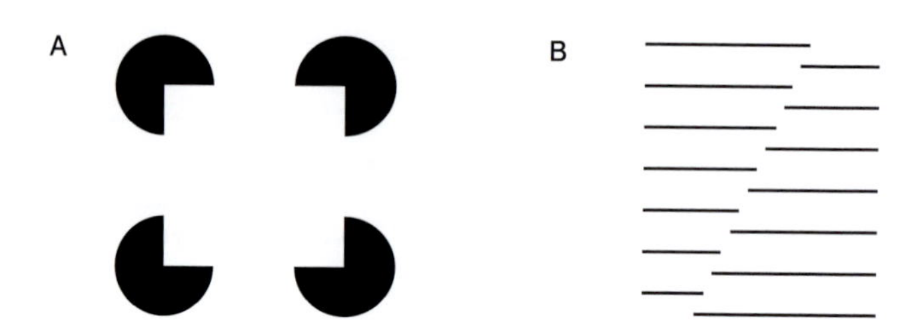

図 8.3　主観的輪郭
A：カニッツァの正方形。B：隣接する格子。この場合，主観的輪郭とその誘導図形との間の方位が異なります。

区分けして物理的に存在しないはずの主観的輪郭を心的に創作してまで，見える輪郭は**よい連続**——不自然にぎくしゃくしておらず自然に滑らか——でありたいという要求を優先させるのです。

盲点での線分の補完と同様，主観的輪郭は，輝度などで定義されたエッジが物理的になくてもそこにありありとした輪郭が見えるという意味で，モーダル補完の一例とみなせます。そして，「白い正方形で部分的に隠されている」と解釈される部分の黒円の輪郭は，隠されているのだから見えてはいけないがそこに存在しているはずだと解釈されるものなので，アモーダル補完の一例です。ただ，隠されていると解釈されるからと言って，ただちに見えていけないとは限らず，**ネオン色拡散**という錯視現象では，「半透明な物体が手前にある」と解釈してつじつまが合うような刺激を観察すると，半透明な面（主観的輪郭で囲まれた領域）とそれを透かして見える背景とが同時に見えます（van Tuijl, 1975）。

大脳皮質 V2 野などには，主観的輪郭の方位に対して方位選択性をもつニューロンがあります。主観的輪郭を生成する誘導図形としては，「パックマン」以外にも線分などを用いることもでき，そうした場合，誘導図形の方位と主観的輪郭の方位が異なります（図 8.3B）。主観的輪郭の方位に選択的なニューロンは，物理的に呈示されている光刺激の方位が自分の好まないものであっても，主観的輪郭の方位が自分の好むものであれば，興奮するのです（von der Heydt & Peterhans, 1989）。

8.1.3 群　化

図地分化は，画像の中に意味を見出すという**知覚的体制化**の最も基本的なものに属します。しかし，画像のどの部分がひとまとまりの視覚オブジェクトとみなされる——**群化**される——べきかは自動的に決まるものではなく，視覚系の設定するルールに基づいているのです。先に，よい連続が好まれると述べたのはその一例です。

ゲシュタルト心理学者により，それらの様々なルールがすでに列挙されています（図 8.4）。「近いもの同士は群化されやすい」という**近接の要因**，「似たもの同士は群化されやすい」という**類同の要因**，「閉図形を構成しそうな輪郭同士は群化されやすい」という**閉合の要因**，「一緒に動くもの同士は群化されやすい」という**共通運命の要因**など，多数の要因が指摘されました。

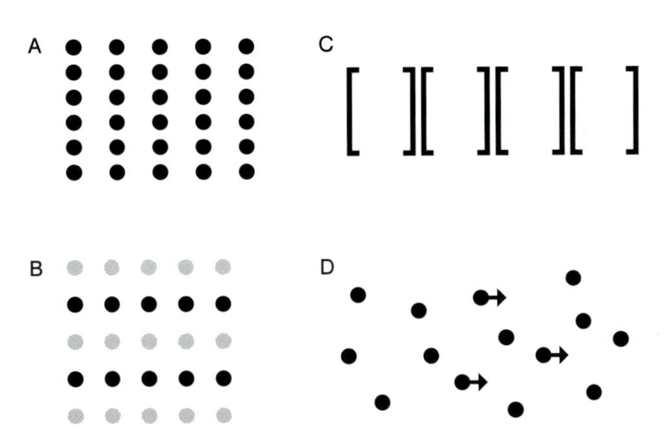

図 8.4　群化の法則

A：近接の要因。この例では垂直に並ぶもの同士が群化されやすい。B：類同の要因。この例では水平に並ぶもの同士が群化されやすい。C：閉合の要因。この例では近接しているペアよりも閉図形の長方形を形作るペア同士が群化されやすい。D：共通運命の要因。この例では右方向に同時に動く 3 個が群化されやすい。

総括すれば，できるだけ単純できちんとした形——**プレグナンツ**——になるように群化されるべきだ，という基本原則があります。このような視覚系の「常識」によって，画像が与えられたときに最もありそうな外界の様子が推定されるというわけです。

8.1.4 照　合

視覚特徴に基づいて図地分化し，プレグナンツの法則を適用して知覚的体制化を行った結果，今や網膜像はまとまりをもった有限個の塊たちになっています。そしてこの先は，選択的注意が適宜払われながら，視覚特徴間の関係が精密に結びつけられて視覚オブジェクトとしての解釈過程に入ります。解釈に成功すれば物体認識が成立して視覚世界の中にそれらが置かれ，解釈に失敗すれば見誤りや見落としになり，解釈する装置に重篤な障害があれば失認になるかもしれません。

解釈とは，世界の成り立ちに関して観察者が各自の「世界観」を作り出すことです。そのために私たちは，自分の過去経験，期待，アクションなどを，また自然制約条件を，そしてもちろん感覚証拠をも総動員して，最終的に自分にとっての世界の見え方を決め，決めたからにはその信念に固執し続けます。例えば，多義図形には解釈の曖昧性がありますが，そう言ったところで，私たちは多義図形を「曖昧に解釈する」わけではありません。解釈可能性が複数あって曖昧な中から1つの解釈を選び取った後は，明瞭にその解釈のみが保たれ続け，解釈が切り替わるとしても数 sec 経ってからになります（図8.5）。

解釈をするためには，心的なデータベースが必要です。文章を聞いて意味がわかるためには，心内辞書と呼ばれる言語データベースにアクセスして語彙ネットワークを心的に活性化させる必要があるとされます。同じように，視覚オブジェクトが何物であるのかがわかるためには視覚的な知識に照らし合わせる必要があります。視覚情報処理において網膜像から上位階層へと処理が進んでいくボトムアップ処理の結果は，いずれ，知識との照合のための

図 8.5　多 義 図 形
『我が妻と姑』（W. E. ヒル，1915）

トップダウン処理と出合い，**鋳型**（**テンプレート**）や**原型**（**プロトタイプ**）とも呼ばれる，心内辞書の視覚版のような知識——**スキーマ**——と照合されます。

照合には大きく分けて**視点依存の照合**と**視点非依存の照合**があり，どちらも使われているとされます。視点依存の照合として用いられる代表的方略は**鋳型照合**です。そのオブジェクトを識別しやすいような観察方向から見たいくつかの**典型的見え**での視覚像が，鋳型として心的にしまわれていて，視覚系は視覚入力との合致度が最も高い鋳型を見つけることで，オブジェクトを同定するのです。典型的見えの観察方向と異なる方向からの像が入力された場合は，隣り合う観察方向の 2 つの典型的見えの間の内挿を利用するか，あるいは立体的な視覚表現を**心的イメージ**として作業記憶上に置いて，心の中で適切に回転させる**心的回転**という操作を行ってから，鋳型照合がなされると考えられます。心的イメージが記号や論理式などの形式でなくグラフィカルな表現であることの傍証としては，異なる観察方向から見た立体形状の異同判断をする課題の際に観察角度差につれて反応時間が長くなることや，心に浮かべた心的イメージの中で注目するべき場所の距離が遠いほど回答に時間がかかる――イメージ上を一定速度で心の眼が動く**心的走査**をしていると解釈できる――ことがあります。

照合のもう一つのやり方は，いわば3Dモデリングソフトウェアのようなものを心的に起動して，「今見ている視覚オブジェクトはどんな立体部品がどんな組合せでくっつきどんな階層構造で構築されているのか」を計算する**構造記述**を行うことです。その解析では，視覚オブジェクトを分解して設計図のように記述するので，必ずしも視点に依存しない記述が可能になります（図8.6）。提案法の代表例としては，計算神経科学者マーの提唱した**一般化円錐**という最小要素の組合せや（Marr, 1982），認知心理学者ビーダマンの考案した**ジオン**という数十種類の形の最小要素の組合せで記述する方法があ

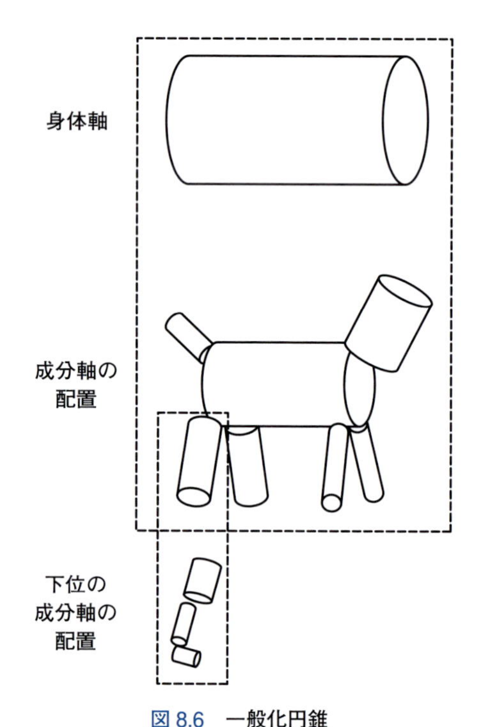

図8.6　一般化円錐
マー（1987）『ビジョン――視覚の計算理論と脳内表現――』（産業図書）を参考に作図。

ります（Biederman, 1987）。

立体部品がどのようにつながっているかを知るための重要な手がかりに，動きの情報があります。観察者が動きながら静止物体を観察すれば運動視差が得られることは7.1節で扱いましたが，観察者が動かなくても事物が動き回って観察角度が変われば，その際に網膜像に生じる動きを用いて事物の立体形状を推定できます。そうした推定を**運動からの構造復元**といい，動き回る固い事物に取りつけた光点群の動きを観察しただけで立体形状がわかります。また，動きが重要であることをさらに示す例が**バイオロジカルモーション**の知覚でしょう。人体の関節部分や四肢先端につけた光点の動きを観察するだけで，肉体そのものの姿が見えなくても，そもそも人体が動いているのだということが認識できるばかりか，性別や年齢や情動まで把握できてしまいます（Steel et al., 2015）。

8.1.5 物体認識の神経経路

では，物体認識の脳内メカニズムはどうなっているのでしょうか？　注意や運動や感覚運動インタフェースの役割を担う背側経路とは別に，V1野とV2野から始まりその上位階層にある**V4野**から**下側頭皮質**に至る**腹側経路**が重要な関与をしていそうです。しかし，ニューロン活動と物体認識との間をつなぐ研究は容易ではありません。背側経路では個々のニューロンに運動方向選択性や両眼視差選択性という比較的わかりやすい刺激変数依存性が見出され，うまくいけば個々のニューロンの感度と知覚の検出感度との一致が認められます（Britten et al., 1992）。対して腹側経路では，上位階層に行って情報処理の複雑性が増すにつれて，個々のニューロンの視覚応答がどのような刺激変数に依存するかを見つけるのがますます困難になるという宿命があります。

サルの電気生理学的研究などで，腹側経路での多くのことがわかってきています。V1野では方位選択性ニューロンがあり，方位というのが重要な情報次元の一つですが，その上位階層に位置するV2野では，すでに述べた境界所有に関する選択性や主観的輪郭への方位選択性とともに，線分の折れ曲がりへの選択性が現れてきます（Ito & Komatsu, 2004）。

さらに上位階層のV4野では，複雑な曲線形状，陰影，複雑な色や肌理への選択性があります（Roe et al., 2012）。さらに上位の階層に位置している下側頭皮質では，複雑な図形パターンに対して選択的に応じるニューロンが見つかります。星形のような形状だったり，手の形のような形状だったり（Fujita et al., 1992），また顔にのみ応じる**顔ニューロン**も見つかっています（Gross, 2005）。V4野から下側頭皮質に至る階層では，広い受容野内部の位置によらず自分の好む刺激図形に対して応答するという**位置不変性**が徐々に顕著になってきます。

では，世の中の特定のものだけに選択的に応答する，例えば特定の有名人の姿にしか応答しないニューロンなどがあるのでしょうか？ 視覚神経系の中での応答特異性はそこまで鋭くはないようです。そしてそれは理にかなっているかもしれません。世の中の極めて特殊なものに対して極めて少数のニューロンが鋭い応答特異性をもつという仮想的状況を突き詰めると，自分のおばあさんの顔を符号化する細胞が脳内に1個だけあるような情報表現様式であってもよいわけですが，そこではいわゆる**おばあさん細胞問題**が生じます。おばあさんを認識するために必要な**認識細胞**が死んでしまうとおばあさんがわからなくなってしまうのかとか，世の中の事物は多数の要素の組合せで成り立つため無限個に等しい組合せの各々に対して対応するニューロンを数的に確保できるのかとか，日常的に新奇な物体に遭遇するのに認識細胞の応答特異性をそのつどどうやって作り上げるのかといった問題です。下側頭皮質ではそうした問題を回避するためか，個々のニューロンは一定の形状のバラエティに対して応答する緩やかな同調性をもち，そのため1つの物体を観察しているときには多数のニューロンが同時に発火しているはずです。その同時発火パターンによって集団符号化をして，故障に対する耐性，組合せ的爆発の回避，新奇物体の柔軟な学習を可能にしていると考えられます。

サルでは単一ニューロンの電気活動の記録ができますが，ヒトの脳では主に**機能的磁気共鳴画像法**（functional magnetic resonance imaging: **fMRI**）などの脳計測のデータから，大脳皮質の機能について研究が進んでいます。腹側経路にある**外側後頭複合体**（lateral occipital complex: **LOC**）では形状に対する選択的な活性化が報告されています。また，サルでの顔ニューロンと同様，**紡錘状回顔領域**（fusiform face area: **FFA**）では顔以外の画像に比べて顔画像に対して強く活性化します。**海馬傍回場所領域**（parahippocampal place area: **PPA**）では家や風景など場所に関する画像に対して強く活性化します。**線条外身体領域**（extrastriate body area: **EBA**）では，身体の全部または一部の画像，またバイオロジカルモーション刺激に対して強く活性化します。

8.2 色 知 覚

8.2.1 明るさ，色

8.1 節で輝度に言及した際，感じる光の強度に対応するものと述べましたが，感じる光の**明るさ**だ，とは述べませんでした。輝度とは電磁波の放射量にヒトの感度を考慮して重みづけした値なので，心理的なことが考慮された物理的尺度ということで「心理物理量」と言い表すものの，輝度計で測光する値です。それに対して明るさとは，現在それを見ている観察者が感じる光の主観的な強さのことであり，あくまで心に生じる心理量です。

明るさと独立して，光の見えには赤・黄・緑・青など様々な色みのバリエーションがあり，**色相**といいます。コンピュータ上で **HSV 色空間**（Hue-Saturation-Value）という座標系を操作したことがあるかもしれません（**図 8.7A**）。そこには「虹の七色」のような順に色相を円環状に配置したユーザーインタフェースがありますが，このような円環を**色相環**といいます。明暗に対応する**明度**の次元は，色相環で張られる円盤の中心を貫いて円盤の法線方向に伸びた軸と考えます。3 次元目の**飽和度**は円盤の中心からの距離で，中心から遠いほど鮮やか，近いほどくすんだ色になります。色を系統的に並

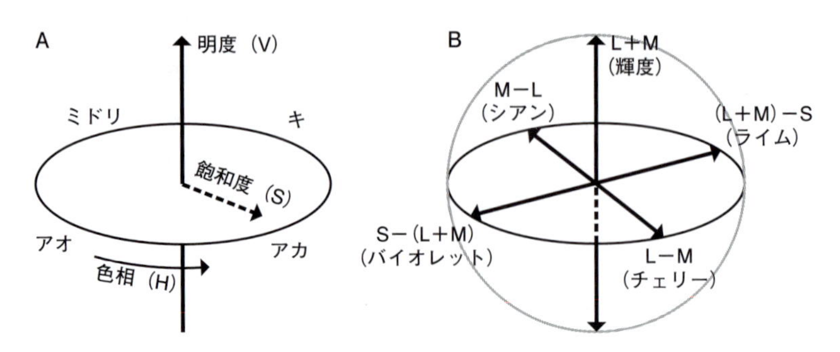

図 8.7　色 空 間
A：HSV 色空間。円周（色相環）上の位置が変わるにつれてアカ・キ・ミドリ・アオなどの色みが変わり，中心から離れるにつれて鮮やかになり，上に行くにつれて明るくなります。B：DKL 色空間。L，M，S 錐体の活性化状態の足し算，引き算で L － M 軸，S －(L ＋ M) 軸，L ＋ M 軸という３本の直交する枢軸が張られています。

べて記述する**表色系**には他にも様々なモデルがあります。例えば，「色覚の初期段階」で触れた L － M 軸と S －(L ＋ M) 軸の 2 軸を直交させて等輝度平面を作り，それと直交させて明暗に対応する軸を作って 3 次元とすれば，色を **DKL 色空間**（Derrington-Krauskopf-Lennie）に配置したことになります（図 8.7B）。色を混ぜて新しい色を作る混色を考えるのに便利な表色系もあれば，色の見えの感じ方である顕色（カラーアピアランス）にとって便利な表色系もあり，色の記述の仕方は用途によって使い分けられます。

8.2.2 明るさや色の錯視

明るさや色は心的にのみ生じ，周辺や過去の文脈に応じて見え方が変わります。7.2 節で，静止刺激が周辺の動きと反対方向に動いて見える誘導運動や，今まで見ていた動きと反対方向に静止刺激が動いて見える運動残効の現象に触れました。明るさや色に関してもこうした同時対比や継時対比の現象が古くから知られています。同じ灰色でも明るい周辺刺激の中に置くと暗く見え，暗い周辺刺激の中に置くと明るく見える，**明るさの同時対比**があります（図 8.8A）。また，同じ黄色でも赤の周辺刺激の中に置くと緑がかって見

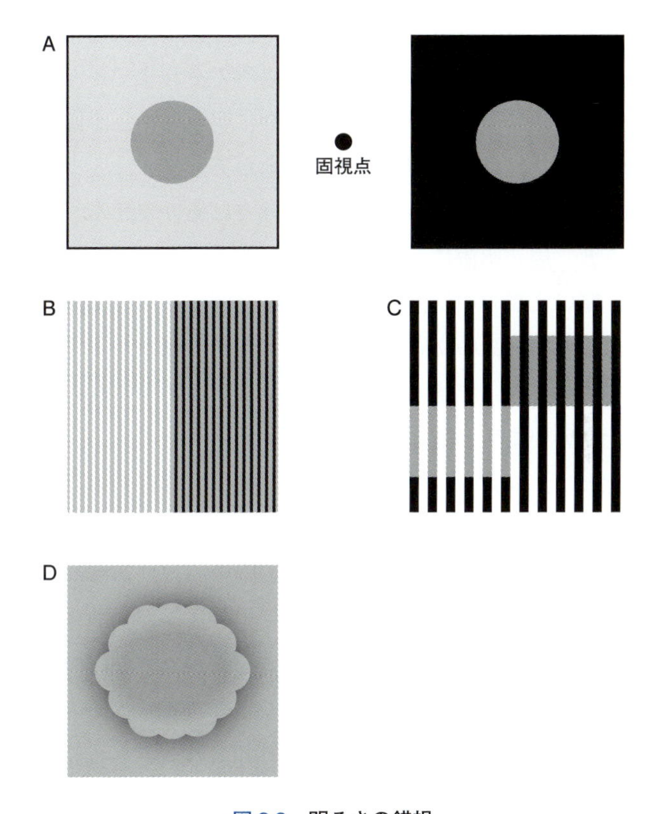

図 8.8　明るさの錯視

A：明るさの同時対比。同じ灰色でも，明るい背景上ではより暗く，暗い背景上ではより明るく感じられます。B：明るさの同化。同じ灰色でも，明るい細縞が重なっているとより明るく，暗い細縞が重なっているとより暗く感じられます。C：ムンカー - ホワイト錯視。同じ灰色でも，黒い縦縞の一部を覆っている方はより明るく，白い縦縞の一部を覆っている方はより暗く感じられます（明るさにおける錯視をホワイト錯視，色における同様の錯視をムンカー錯視といいます）。D：クレイク - オブライエン - コーンスウィート効果。同じ灰色でも，図の輪郭付近においてのみ，図の内部の光強度が高く図の外部の光強度が低いような急峻な空間変化をつけると，図の内部が外部に比べて明るく感じられます。

え，緑の周辺刺激の中に置くと赤みがかって見えるというように，周辺刺激と比較して反対色の方向に色相が偏って見える，**色の同時対比**があります。さらに，白を見続けた後で見る灰色は暗く，黒を見続けた後で見る灰色は明るく，赤を見続けた後で見る黄色は緑がかって，緑を見続けた後で見る黄色は赤みがかって見えるというように，同じ場所でそれまでどんな明るさや色にさらされていたかによってそれと反対方向に明るさや色が偏って感じられる，**明るさの継時対比**や**色の継時対比**の現象があります。

周辺刺激との間では対比ばかり生じるわけではありません。図形パターンが細かくなると，周辺刺激に引きずられて，明るい文脈の中に置いた灰色はより明るく，暗い文脈の中に置いた灰色はより暗く，赤の文脈の中に置いた黄色は赤みがかって，緑の文脈の中に置いた黄色は緑がかって見えるというように，同じ方向に偏って感じられることがあります。これらを**明るさの同化**，**色の同化**といいます（図 8.8B）。

対比や同化とは，ニューロンの中心周辺拮抗型受容野の中心部と周辺部とに，比較されるべき2色が落ちるかどうかに依存すると説明されたりします。周辺刺激が受容野周辺部に，中心刺激が受容野中心部に落ちればそのニューロンにとって空間的な比較ができ，明るさや色の違いが強調されて対比が生じうるが，刺激が細かい模様だと細かすぎて比較ができないので同化が生じうるというわけです。しかしすべてを低次段階のニューロンの受容野サイズで還元的に説明することはできません。その顕著な例として（図 8.8C），**ムンカー - ホワイト錯視**が挙げられます（White, 1979）。

自分の受容野に入った2色の比較をするという中心周辺拮抗型受容野をもつニューロンは，図形の境界部分の色差に感度があります。しかし，明るさや色の同時対比では境界部分だけでなく中心刺激の領域全体の明るさや色が周辺刺激の影響を受けます。境界の対比のメカニズムが領域全体の対比に結びつく仕組みについては，知覚的充填との関連で議論されています。境界部分の情報が領域内部にまで反映される劇的な実例である**クレイク - オブライエン - コーンスウィート効果**では（Purves et al., 2004），灰色背景上に輪郭を描き，その付近だけ，図形内部は明るく外部は暗くして描いておくと，輪郭付近以外は物理的に同じ光強度なのに輪郭内部全体が背景より明るく見えます（図 8.8D）。まず境界部分で対比が計算され，その結果が神経ネットワークを伝わって領域内部へと伝播(でんぱ)することで領域全体の対比が生じるという考え方があります（Rossi & Paradiso, 1996）。

空間的な比較をする中心周辺拮抗型受容野という装置だけで説明の一端がつくかもしれない事例も，数多く検討されています。**マッハの帯**という現象では，図形の左側から右側に行くにつれ，ある光強度から突然直線的に強度が増加し，増加し終わって高止まりの光強度になる，というような空間分布の画像を見ると，光強度の変化開始部分と変化終了部分のところの変化の仕方が強調されて見えます（図 8.9A）。**シュブルール錯視**では，階段上に光強度が変化する空間分布をもった画像を見ると，明暗境界の暗い方はより暗く，明るい方はより明るく見えます（図 8.9B）。これらの見えはあたかも，特定の空間周波数帯域を通過させる帯域フィルターを通過させた後の画

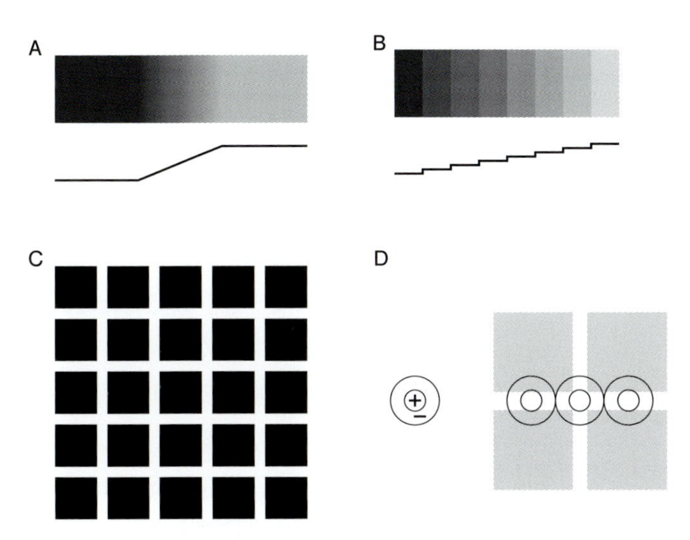

図 8.9　明るさの錯視（続き）

A：マッハの帯。グラフは横位置に従って光強度が物理的に変化する様子。B：シュブルール錯視。グラフは横位置に従って光強度が物理的に変化する様子。C：ヘルマンの格子。D：ヘルマンの格子を中心周辺拮抗型受容野をもつニューロンによる出力で説明するモデル（Baumgartner, 1960）。

像に似ています。また，**ヘルマンの格子**では，黒背景上に縦横の白い格子模様をつけておくと，自分が見つめていないところの交差点にぼんやりと灰色の染みが見えます（図 8.9C）。ヘルマンの格子の一つの説明では，光強度の空間的な比較をするニューロンが関わるとします（図 8.9D）。格子模様で交差点でないところでは白が黒に多く囲まれているので，黒い周辺の中に白があるときを好むニューロンが強く興奮するのに対して，交差点のところは黒に囲まれている面積が相対的に小さいので，そうしたニューロンはあまり強く興奮しない。そのような興奮度合いの空間上の違いが情報処理の上位階層で解釈された結果，あたかも外界において交差点部分に他より暗い領域があるかのように解釈される。このような単純な理論がどれだけ妥当かはともかく（Schiller & Carvey, 2005），様々な錯視現象が利用されて，明るさや色の知覚に寄与する計算原理について研究が進んでいます。

8.2.3 表面反射率

物体から跳ね返る反射光は物体を照らす照明光源の内容——直射日光，曇り空，蛍光灯，白熱ランプ——によって変わります。また反射光は，物体から光がどれだけ跳ね返るかを定める**表面反射率**によっても変わります。感じる明るさと色のうち，物体表面の反射率の推定結果として「事物の色」と感じるものを指して，それぞれ**表面明度**，**表面色**といいます。光をほとんど反射して「白」に見えたり，ほとんど吸収して「黒」に見えたり，長波長側を多く反射して「暖色」に見えたり，単波長側を多く反射して「寒色」に見えたり，表面に感じる明るさ・色は様々です。眼で受け取った反射光を L，M，S 錐体というたった 3 チャネルで生体電気信号に変換して，私たちにとって必要にして十分であるらしい 3 次元情報——例えば HSV 色空間で言うところの色相，飽和度，明度——の座標系での 1 点に置き換える情報処理をすることで，表面反射率という複雑な物理的特性を，表面明度や表面色という直観的で使い勝手のよい記述形態としてやり，それを私たちは意識化しているのです。

ところが，光源と表面反射率によって反射光の中身が変わるという関係そのものが，明るさ・色知覚に常に不良設定問題があることを意味しています。入射と反射の角度に関する厄介な問題は脇に置いておいて，表面から跳ね返る光の強度は，要するに光源から来る光の強度と表面反射率の掛け算の結果です。物体からの表面反射光が網膜に届いた時点で，掛け算の結果だけが来たことになります。ということは，1つの値から2つの未知数を求めることになり，数学的には光源強度と表面反射率の両方を復元することは不可能です。これを如実に示す古典的現象に**ゲルプ効果**があります。完全暗黒の中，白い背景上に黒い物体を置き，スポット光を当てます。物体だけが照らされると，黒いはずの物体は白く見えます。スポット光が物体と背景の両方を照らして初めて，背景は白く，それとともに物体は黒く見えます。物体の色がどう見えるべきかは，その物体から届く光だけでは解けず，周囲の参照枠の中で大局的に推定されなければならないのです。

しかも厄介なことに，光源ごとに特有の分光分布——どの波長の光がどれだけ強いか——があり，表面ごとに特有の**分光反射率**——どの波長の光がどんな割合で反射されるか——があります。上述の議論の通り，数学的には光源の分光分布と表面の分光反射率の両方を復元する——例えば，白い光が赤い表面に当たっているのか，赤い光が白い表面に当たっているのかを見分ける——ことは不可能なはずです。さらに，錐体を使うことで色を知覚すると述べてきましたが，その場合に視覚系にとって入手可能なデータとは，L，M，S錐体の活動量だけです。これら3つの値の各々は，反射光の分光分布と各錐体の分光感度との掛け算の結果を1次元にまとめたものです。たったこれだけから，光源のありさまも推定し，「事物の色」の意識的体験のための計算もしなくてはならないのです。

そこで視覚系がとっている方略は，正しいかどうかはわからなくても「常識」的に考えれば正しいことが最も多いであろう解を選ぶということです。まず，「それを覆す反証がない限り，照明光源からはどこも一様な光が降り注いでいる」という仮定をおくとします（簡単のため，反射光のうち後述する「陰影と光沢感」で説明できることはし尽くしたとします)。それにもかかわらず反射光の強度の不連続があったなら，すなわち，それらの場所の間で表面反射率が異なっていることの状況証拠になります。表面反射率が異なっているとは，典型的には，2つの異なる材質の物体──例えば，白い紙と黒い紙──があるということになるでしょう。また，同時に見えているもののうち相対的に光の強いものはより明るい色，光の弱いものはより暗い色をしていることにします。2.2節で少し触れた，視野全体が「白トビ」をしたりしないための仕組みとして，生理的なメカニズムに加えてこうした脳内の計算方略が能動的に用いられるのです。さらに，「それを覆す反証がない限り，物体はたやすく変色しない」という仮定をおきます。2物体についてそうした仮定をおけば，照明が変化しても2物体からの反射光の比は時間変化しないことになります。この，明るさの恒常性や色の恒常性の仮定があればこそ，広い視野上の光の時々刻々の変化を照明光量の変化のせいにしながら，照明光量が変化しても変わらない相対的関係を抽出して，表面明度や表面色を推定できるのです。

8.2.4 陰影と光沢感

明るさの恒常性という制約条件を設けることで，もう一つの優れた機能が提供されます。網膜像における光強度情報から，物体の奥行き構造を推定できるのです。

照明光源から降り注ぐ光を完全に乱反射する表面があり，すべての方向に対して同じ強度の光を跳ね返すとします。そして反射光量は，光源からの光の方向と表面とのなす角に従って異なる──表面と直交して入射する光からは強い光，表面とほぼ平行に入射する光からは弱い光が跳ね返る──としましょう。軟式テニスボールの表面をイメージするとよいかもしれません。このような表面をもつ立体があったなら，照明光源の方向と表面方向の関係により，その網膜投影像には光強度の空間的変化である**陰影**ができます。ここまでは順光学の関係です。反対に，視覚系は網膜像から逆算していく逆光学

図 8.10 **陰影からの形状**
1 枚の白い紙をただねじっただけのものの白黒写真。

を用いて，外界にどのような立体構造があるかを推定します。その際，陰影がもたらす画像の濃淡は優れた絵画的奥行き手がかりとして使える情報なのです（図 8.10）。

視覚系はいくつかの仮定――自然制約条件――をおいて，解を絞っていきます。第一に，上述のように「照明光源からは一様な光が降り注いでいる」と仮定します（例えば，無限遠から来る平行光源とか）。これにより，たとえ濃淡画像が本当はプロジェクターによってスクリーン上に投影されたものだったとしても――照明光源そのものに明暗の原因があっても――そのようには見えないことになります。第二に，「物体の表面反射率は一様である」と仮定します。白い紙はどこもかしこも同じく白い，灰色のボールはどこもかしこも同じ灰色であるべきだ，という制約です。これにより，たとえ濃淡画像が本当は絵画だったとしても――表面反射率の系統的な違いが絵の具でつけられた平面でも――絵画の中にありありとした奥行きを感じることになります。第三に，「連続した一物体からの反射光である」と仮定します。投影像の一部は 1m 先，その隣は 10m 先，そのまた隣は 100m 先にあるそれぞれ別個の物体から届くということはなく，同じ物体表面から届いていると考えるわけです。光源は一様で，表面反射率は一様で，同じ一物体からの反射光である，にもかかわらず事実として濃淡画像が届いているではないか。その入力画像への解釈として，「濃淡をもたらした原因とは，照明光源と物体表面とのなす角に様々なバラエティがあったからに違いない，つまりその物体は場所によって様々に異なる表面傾きをもつ，要するに立体なのだ」となるわけです。こうして推定された物体表面の立体構造を，**陰影からの形状**といいます。

上で述べた基本的な制約条件に加えて，表面の反射特性についての厳密な数学的関係——例えば「反射光強度は入射光と表面法線とのなす角の余弦に

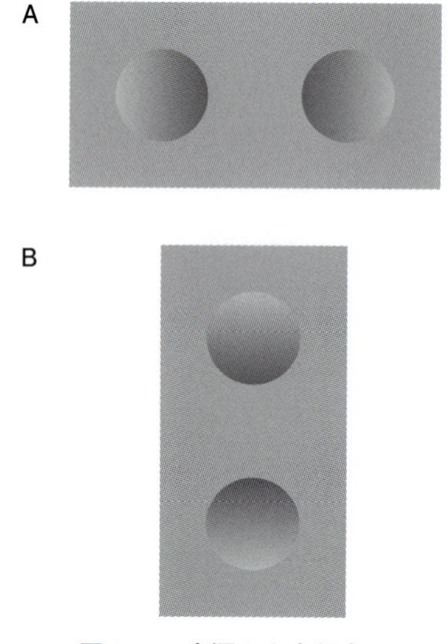

図 8.11　光源の上方仮定

4個の円形は同一の図形を回転させただけのものです。A：左右方向にグラデーションが施されていると，凹凸に知覚的曖昧性があり，しばしば凹形状と凸形状が知覚交替して見えたりします。B：上下方向にグラデーションが施されていると，上から下にかけて光強度が減少している方がふくらんで見え，その逆はへこんで見えるように，強い制約がかかって知覚されるとすれば，光源の上方仮定が採用されていることの証拠です（このページを逆さから眺めると見かけの形状がどうなるか体験してみましょう）。

比例する」とか――を仮定してしまえば，濃淡のデータからほぼ一意な立体形状を定めることができます。「ほぼ」というのは，ここまで来ても光源方向と物体の凹凸との関係に曖昧性が残るからです。例えば，左方向の光源に照らされた凸形状なのか，右方向の光源に照らされた凹形状なのか，1つの濃淡画像からはどちらの解もありえて，見ようと思えばそれらが知覚交替して見えるといった具合です（図 8.11A）。ところが，同じ画像でも 90 deg 回転してみると，光源方向が上方向なのか下方向なのかに関して曖昧性があるはずなのに，下方向の光源に照らされた形状とはなかなか見えず，上方向の光源に照らされた形状という解が選ばれがちになります（図 8.11B）。自然照明――天体――や人工照明が常に上方向にある環境で日常生活を送る観察者にとっては，「光源は上方にあるものだ」という**光源の上方仮定**が強い制約となってはたらくらしいのです。

外界の物体表面は完全に乱反射するのでなく，**鏡面反射（スペキュラー）**の成分も多く含むことがあり，そうした場合には陰影以外にきらきらした**光沢感**が知覚されます。色相，飽和度，明度が表面の分光反射率に関連する心的構成概念であるのと同じく，光沢感は鏡面反射特性に関連する心的構成概念であり，それらのいずれもが表面材質の質感の決め手になります。光沢感が表面材質の質感評価に重要な例として，食物などの新鮮さの手がかりになることがまず挙げられます（Arce-Lopera et al., 2012）。また，そもそも金色や銀色といった金属的な色は，分光反射率だけで決まるのではなく，推定されたオブジェクトの表面に光沢感が伴って初めて成立する色で――金色の事物の画像から鏡面反射に由来する成分を取り除くとただの（つや消しの）黄色に変わってしまいます（Okazawa et al., 2011）。鏡面反射に由来する成分は，光源――物体を取り巻く環境全体からやってくる環境光――と物体表面の傾きや微細構造との関係で成り立つ複雑な形状をしています。しかし，視覚系はそうした難しい光学的関係にかかわらず光沢感をはじき出せます。一つの手がかりは運動で，例えば立体のオブジェクトが回転するのに伴って同じ角速度で動く色は表面に描かれた模様であり，そうでなければ鏡面反射なのだろう，という目星がつきます（Doerschner et al., 2011）。もう一つの手がかりは画像統計量で，物体の画像における光強度の度数分布（どの光強度の画素が何個あるかを，光強度の関数として表したグラフ）を作り，その分布の歪度——画像データの最も単純な統計量の一つ——を変更する操作を行うだけで，物体の光沢感が劇的に変わります（Motoyoshi et al., 2007）。

8.3 聴覚オブジェクトの認識

8.3.1 音脈分凝

視覚世界の成立には眼前に広がる情景の把握と少数の視覚オブジェクトの精緻な認識とが重要であることを見てきました。聴覚世界の成立においても，環境音のサウンドスケープの把握とともに少数の聴覚オブジェクトの精緻な認識が重要です。視覚と同様に聴覚でも，音の時間発展の経過は少数のまとまりで同時処理されており，そのような各々の心的なまとまりを指して**音脈**（**ストリーム**）といいます。視覚でプレグナンツの法則に基づいて知覚的体制化がなされるように，聴覚でも一つひとつの音脈を個別化して切り出す作業——**音脈分凝**——は知覚的体制化を要する心理学的な解釈過程なのです。

視覚の知覚的体制化と同様，音脈分凝に用いられる手がかりには様々あります。まず，音色の手がかりを用いることで異なる楽器音や人の声質に基づいて音脈を切り出せます。また，空間的な手がかりを用いれば異なる場所に定位した音源同士を異なる音脈に属するとみなせます。時間に関して，規則性を共有しているもの同士——例えば，時計のチクタク——はまとまりやすくなります。また，音の高さや大きさが「よい連続」で変化するピッチ同士，音の高さや大きさが「近接」しているピッチ同士，同じタイミングで「共通運命」をもって変化するピッチ同士は，それぞれ1つの音脈にまとまる傾向があります。

音脈とは心的な構成物なので，物理的な対応がいつも必要というわけではありません。場合によっては，「その音はあり続けることにしよう」と聴覚

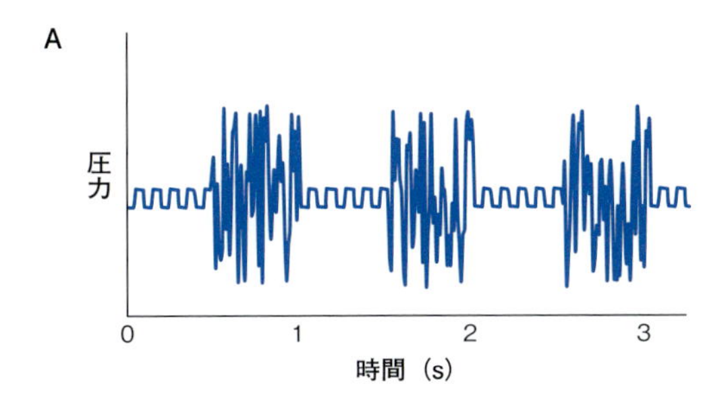

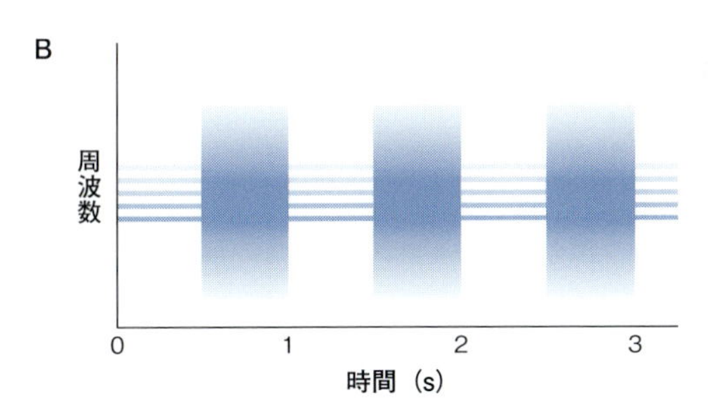

図 8.12　連 続 聴

A：音波形。ビープ音が 0.5s，雑音が 0.5s 交互に呈示される様子の概念図（説明のため，ビープ音の音波の振幅と周期は大げさな縮尺で描いています）。B：音響スペクトログラムの概念図。色が濃いほど音圧レベルが高いことを表します。

系で決めたかのように，連続した音脈が聞こえ続けることもあります。盲点をまたがるように呈示した線分が盲点内部でもつながってありありと感じられるように，聴覚でも**連続聴**という補完現象が起こります（図 8.12）。例えば，ビープ音を 0.5s 鳴らしてから 0.5s は無音状態にするのを繰り返すと，当然ながら 0.5s の長さのビープ音が 1s につき 1 回のテンポで繰り返して聞こえます。ところが，無音状態であった期間にそのビープ音の周波数を含む周波数帯域の雑音を挿入すると，もはやビープ音は断続的でなくずっと鳴り続けて感じられ，そこに重ねて 0.5s の長さの雑音が 1s につき 1 回のテンポで繰り返して聞こえます。雑音が挿入されることによって，「ビープ音が途切れた」ことを示す感覚証拠が失われ，途切れているのか雑音の背後で鳴り続けているのかがデータからは区別できなくなった際に，よい連続を保つように知覚的体制化が行われるのだと考えられます。音声でも同様の現象は生じ，例えば「legislatures」という単語の中間部分に雑音が重なることで子音が音響学的に隠されてしまっても，前後の文脈から音素の並びがありありと知覚される，**音素修復**が起こったりします（Warren, 1970）。前後関係から単語を認知的に推定するのでなく，修復された子音が雑音の時間帯にありありと鳴って聞こえるので，この現象は5.1節で紹介したポストディクションの一例と言えるかもしれません。

8.3.2 ピッチの知覚

それでは，そもそも知覚されるピッチはどうやって決まるのでしょうか。3.2節で触れた通り，複合音には複数の周波数成分があり，蝸牛の基底膜上で異なる場所が異なる周波数に同調しているため音は場所情報として符号化される一方，聴神経線維は自身の特徴周波数の振動に対してタイミングの合った——位相固定した——発火ができるため音は時間情報としての符号化もされています。また，3.1節で触れた通り，純音を聞くと特定のピッチが聞こえるのに対し，調波複合音を聞くとその周波数成分のうちの基本周波数の純音で聞こえるピッチと同じピッチが聞こえます。ところが，こうした理解では不十分であることがわかる興味深い現象がたくさんあります。そのうちの代表的なものが，**ミッシングファンダメンタル**——欠落した基音——の状況でのピッチ（**レジデューピッチ**）です（図8.13）。

例えば，200Hzの基音とその2，3，4，……，10倍の成分を含む複合音があるとします。この複合音を聞くと，200Hzの純音に感じるピッチと同じ高さのピッチが聞こえます。では，そこから基音だけ抜いてしまったらどうなるでしょうか？　そうすると，200の2，3，4，……，10倍の成分しか含まれていないので，最低の周波数は400Hzとなります。最初に比べて，新しい複合音では高いピッチ（周波数が倍になるので1オクターブ高いピッチ）

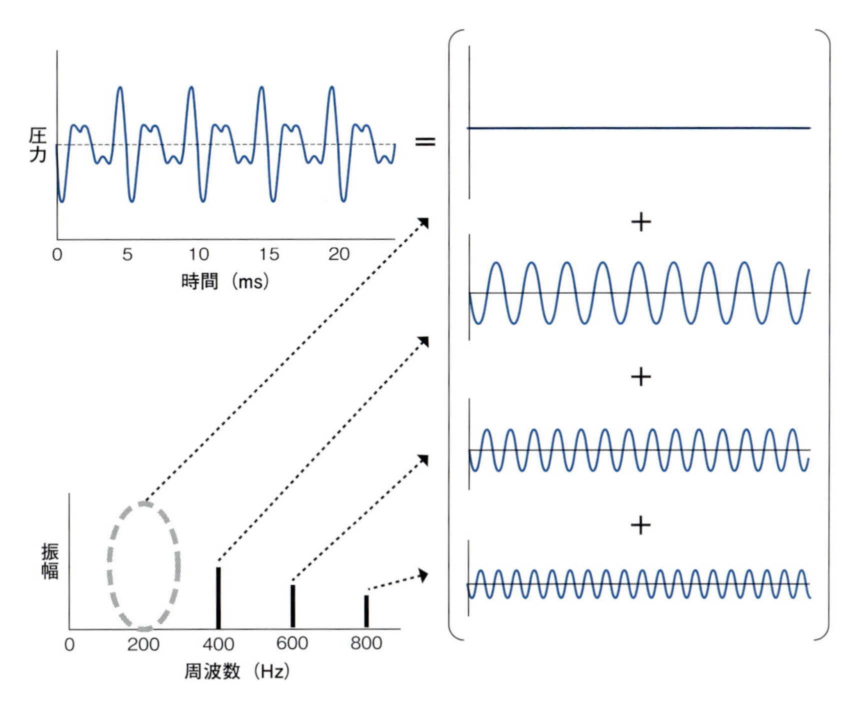

図 8.13　ミッシングファンダメンタル
複合音の基音を取り除いたもの（図では基本周波数が 200Hz でその 2，3，4 倍の倍音を含む調波複合音の例を示しています）。

に聞こえるでしょうか？　これを聞くと，なぜか，存在しないはずの 200Hz が鳴っているかのように，最初と同じピッチに聞こえるのです。同じく，2 倍の周波数，3 倍の周波数，4 倍の周波数，……を順次取り除いていっても，音色が変わるだけで最初と同じピッチに聞こえ続けます。どうやらそのように細工をした複合音では，それに含まれる複数の周波数の最大公約数にあたる周波数に相当するピッチが聞こえるようです。基音に同調した基底膜の場所の振動情報を使えなくしてもこの現象は残るので，場所情報ではなく時間情報に基づいて脳内の情報処理の結果としてそのピッチが聞こえることになります。一次聴覚野においては，ミッシングファンダメンタルに対してもその基音の周波数だけをもつ純音に対しても同じ応答を示す**ピッチ選択性ニューロン**が見つかっています（Bendor & Wang, 2005）。

ミッシングファンダメンタルのピッチを生じさせる複合音の音波形を時間の関数として描くと，周期性が現れます。上の例では，0.005s（200Hz の逆数）で1周期のパターンになります。この時間長を検出できればピッチ知覚につなげられそうです。音の周期性に基づいてピッチ知覚が生じる別の例として，**反復リプル雑音**があります。反復リプル雑音は蝸牛基底膜上の場所情報に依存せず特定のピッチ知覚が生じる音なので，ピッチ選択性ニューロンを探る目的の神経科学研究で頻用されます（Barker et al., 2013）。作り方は，まず雑音を作り，その雑音を一定時間（例えば 0.005s）遅らせて自分自身に加算し，その合成雑音を同じ時間遅らせて自分自身に加算するという操作を何回か繰り返します。できた音を聞くと，遅延時間の逆数の周波数（200Hz）に対応するピッチが聞こえます。しかし元の音は雑音なので，200Hz の周波数成分が特に際立ってはいません。またその周波数の数倍（例えば 1000Hz）までの低い周波数成分をすべて除去しても，やはり 200Hz に対応するピッチが聞こえます。反復リプル雑音では，遅延時間の周期ごとに内耳の聴神経線維が――各々の特徴周波数を問わず――発火確率を変調させるので，高次段階でそうした時間情報が利用されている可能性があり，そのような時間情報の処理はミッシングファンダメンタルにおける最大公約数を見出すのにも役立っているかもしれません。

では，すべてのピッチ知覚は時間情報のみで説明でき，場所情報は無用なのでしょうか？　これについては多くの議論があります。まず，時間情報の神経表現である位相固定は高次段階に行くにつれて曖昧になり，大脳皮質に至ると 100Hz 以上の音には同期できません（Lu & Wang, 2000）。したがって，時間情報がピッチ知覚の基盤だとしても，大脳皮質に至る前に何らかの再符号化がなされる必要があります。また，狭い周波数帯域にのみ成分が存在するような雑音では，基底膜上の狭い場所で振動が生じるため場所情報がある一方，雑音であるため時間情報に基づいてピッチを予測することは困難です。

この**狭帯域雑音**に含まれる周波数帯域が異なると，ピッチが異なって聞こえます（Stover & Feth, 1983）。ピッチ知覚には時間も重要，場所も重要となり，統一的メカニズムに関する研究が進んでいます（Oxenham, 2018）。

8.3.3 楽　音

ピッチの高低を音楽で用いる**楽音**にあてはめた場合，2 種類の音の高さの概念が考えられます。一方は，ピアノの鍵盤で左から右に向かって順番に打鍵すると単調に音が高くなることに対応するもので，**トーンハイト**といいます。もう一方は，ドレミファソラシというような音階上の位置に対応するもので，**トーンクロマ**といいます。周波数が 1：2（例えば 200Hz と 400Hz）である関係を 1 **オクターブ**と表記しますが，低い「ド」の 1 オクターブ上はやはり「ド」になります。トーンハイトが単調に上がるにつれ，トーンクロマは周期的に変わっていくのですね。ある音列と，それをすべて 1 オクターブ上にした音列との間では，トーンハイトは異なるがトーンクロマの並びは同じで，同じ旋律に聞こえます。

そこで，1 オクターブの範囲内でトーンクロマに関連する位置を定める作業，すなわち音階の決定が，音楽学の重要なトピックになります。音階には様々な種類があり，西洋音楽で例えばピアノの鍵盤で 1 オクターブぶんの白鍵と黒鍵を下から上に打鍵した音の並びが，**半音階**です。調律楽器で半音階を作る際，対数軸上で周波数を 12 分割した調律が**平均律**で，隣り合う半音の間は周波数が $2^{100/1200}$ だけ異なります。べき数の分子の数が 100 となっていますが，これを 100 **セント**と表記します（1 オクターブ＝ 1200 セント）。

人によっては，例えば，音名「変ト」の音が 1 回だけ鳴れば「変ト」とわかるように，何の文脈もなく 1 音を聞いただけで音名を同定できる**絶対音感**の能力をもっています。絶対音感の能力をもつには遺伝的素因とともに生後の音楽経験が必要なようで，ごくまれな人でしか起こらないなどと言われたりしますが，ピッチに関する記憶表象と，そのピッチの名づけをできる能力について，測定基準を緩和すれば健常者一般の多くの割合が絶対音感に準じる能力を示すので，超能力のような特殊なものではありません（Moulton, 2014）。ちなみに音名同定課題で，純音でなく反復リプル雑音を聞くとトーンハイトがややわかりにくく，純音でなく狭帯域雑音を（絶対音感保持者が）聞くとトーンクロマがややわかりにくいので，どちらかと言えばトーンハイトには場所情報が，トーンクロマには時間情報が重要な手がかりになることが示唆されます（Fujisaki & Kashino, 2005）。

あるトーンクロマの楽音に対して特定の色を感じるという，「色聴」の**共感覚**をもつ人がいます（Itoh et al., 2017）。共感覚には他にも，特定の文字に対して特定の色が感じられたり，暦の月ごとに身体近傍空間に感じられる位置が違ったり，様々な種類が報告されています（Ward, 2013）。共感覚とは一般に，本来無関係である2種類のカテゴリー知覚の間に個人ごとに一貫した写像関係が獲得されているということで，これもごくまれな人でしか起こらないと思われがちですが，研究者によっては共感覚者の割合を100人に1人と見積もっていたりして，やはり超能力というにはあたりません（Watson et al., 2017）。

8.3.4 音　声

聴覚オブジェクトとして抽出して聞き分けることが重要である音は数多く考えられますが，そのうち社会生活に欠かせない音の筆頭が，人間やその他の動物の生物発音です。威嚇や脅威シグナルなど異種動物間でも音によるコミュニケーションは日々行われ，同種他個体の鳴き声に関してはある程度細かな弁別能力をもつことにより個体識別や繁殖に活かせます。野生の鳴鳥では，複雑な系列で発声する能力とその系列を聞いて識別する能力があるおかげで，自分の所属する集団とその外の集団の歌を聞き分けて集団行動に役立てています。霊長類にも状況に応じた発声系列のレパートリーがいくつかあり，意思疎通に寄与しています。それをさらに極限まで精緻化し，固有の言語運用能力に組み込んだのが人間の音声言語だと言えるでしょう。喉頭から唇に至る**声道**を通過するうち，様々な異なる音の特徴を作り出す複雑な**調音**

ができるおかげで，言語学的な音の基本単位である数多くの**音素**を音声化して，音響学的な音として生成できるのです。

音声を作るための第一歩が**喉頭原音**です（図 8.14A）。食物が気管に入り込むのを防ぐ弁の役割をする喉頭蓋の奥に**声門**という空間があり，呼気の通過によって音波のエネルギーを作り出します。声門が狭まり左右一対の**声帯**が振動すれば倍音を豊かに含む**有声音**が，声門が広いと調波性のない**無声音**が生じます。声門から先の声道での調音により，喉頭原音のもつ広い周

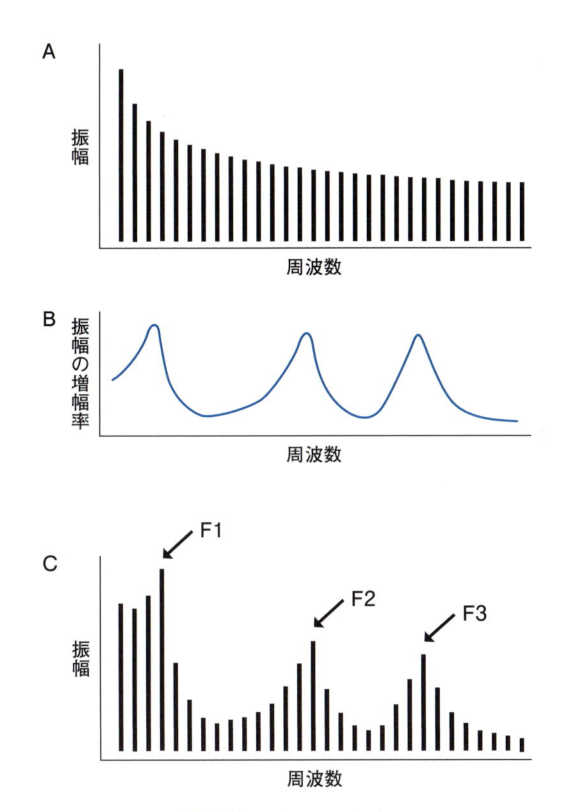

図 8.14　フォルマント
A：喉頭原音の振幅スペクトルの概念図。B：声道での共鳴などによる増幅率の概念図。
C：喉頭原音と増幅率との掛け合わせの結果の振幅スペクトル。

波数スペクトルのうち特定の周波数帯域が強まったり弱まったりします（図8.14B）。振幅が極大となる周波数を**フォルマント**と呼び，低いものから順にF1，F2，F3等と表します（図8.14C）。フォルマントの周波数は調音によって変化し，フォルマント同士の周波数の高低のバラエティが母音の違いに対応します。母音前後のフォルマントの時間変化――**フォルマント遷移**――のバラエティが子音の違いに対応します。

音声という音響情報を聞いてその中にある有意味な言語学的シンボル――音素――を抽出することは，これまた知覚的体制化に他ならず，聴覚系の行う能動的な解釈となります。なぜなら，音波と音素は一意な対応をしないからです。ある発話者の /a/ は別の発話者の /o/ とそっくりの音波であるといったことは日常的に起こります。しかも**調音結合**という現象があり，先行母音の種類に依存して次に発声された子音のフォルマント遷移が影響を受けるため，異なる子音のフォルマント遷移が似ていたりその逆だったりといった事態も日常的に生じます。したがって，聴覚系および言語中枢における音声言語理解の処理とは，発話された音声の統計的特徴や時間発展を計算に入れながら，日本語なら日本語の音韻体系のどこに分類するのが最も妥当であるかといったカテゴリー判断を10回 / s ほどのスピードでこなしているという，驚異的なパターン認識情報処理なのです。

音素の聞き分けのカテゴリー性を示す古典的実験例に /ba/ 音と /pa/ 音の弁別実験があります（図8.15）。破裂音に対応するフォルマント遷移の後，ある長さの無音期間――**有声開始時間**（voice-onset time: **VOT**）――の後に /a/ に対応するフォルマントで鳴るように合成音を呈示し，VOT を操作変数とします。VOT が十分短ければ /ba/ が，十分長ければ /pa/ がありありと聞こえます。そしてそれらの中間部分では，/ba/ とも /pa/ ともつかないどっちつかずの声というよりは，どの VOT でも /ba/ ないし /pa/ のいずれかに比較的明瞭に聞こえるのです（Lisker & Abramson, 1964）。

音声の知覚が単純な周波数判別分析ではなくカテゴリー判断という心的作業を必要とする理由は多々あります。音声言語を運用する環境では，強風や

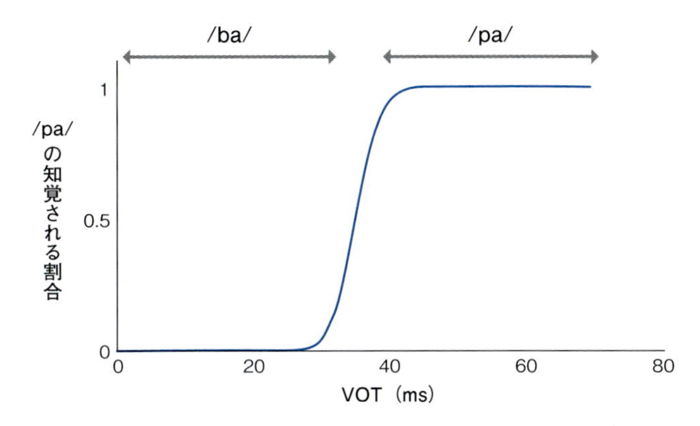

図 8.15　音声のカテゴリー知覚
有声開始時間（VOT）は /ba/ と /pa/ を聞き取る最重要の手がかりです。VOT を連続的に変えた人工音声を聞くと，/ba/ ないし /pa/ のいずれかの音素が知覚され，判断不能な怪しい音声と聞こえたりすることはあまりありません。

豪雨，はたまた電話越しとか他人の声色を真似るとか，果ては「音声は変えてあります」という特殊音響効果が施されているとか，様々な音響物理学的な出来事が生じえます。たとえ声のバラエティ全体にわたって音響的効果が付与されていたとしても，音素間を区別する特徴である**弁別的素性**さえ有効に聞き取れればカテゴリー判断は可能です。このように，状況ごとの音響特性の違いにかかわらず頑健な音声言語理解をするために，発話者の音声の統計量を解析して——しかも状況に応じて能動的に音素修復を行いつつ——高度な知覚情報処理をしているのです。

8.3.5　視聴覚相互作用

声がどう聞こえるかは，実は視覚にも依存することが知られています。/ba/ 音は破裂音だと述べましたが，そのうち特に両唇の閉鎖を伴うものです。/ga/ は両唇の閉鎖をせず軟口蓋の閉鎖で出す破裂音ですが，/ga/ と言っている人の唇を見ながら /ba/ 音を聞くと，もはや /ba/ には聞こえず /ga/ や /da/ のように聞こえてしまいます。この**マガーク効果**は強力な錯聴現象で，視覚刺激と矛盾する音素は「聞こえてはならないもの」であるかのように解釈の候補から外され，視聴覚の間で矛盾のない音素が選ばれます（McGurk & MacDonald, 1976）。これも認知的に理詰めで判断されるのでなく，ありありと感じる音声知覚そのものが変容してしまうのです。ただし個人差もあり，日本語が母語の聴取者や（Sekiyama & Tohkura, 1991），音楽経験の豊富な聴取者では（Proverbio et al., 2016），それほど強力には生じないようです。

音源を視覚と聴覚の両方の感覚モダリティで観察する際に，互いに補いながら矛盾のない解決をする，という視聴覚間のクロスモーダルな現象例には，マガーク効果以外にも数多くの事例があります。**腹話術効果**と呼ばれる現象では，空間的に異なる場所に視覚刺激と聴覚刺激を呈示し，それらに随伴性があるようにすると，音があたかも視覚刺激の方向から来るかのように聞こえます。講堂でマイク越しに話している人の声は，スピーカーから音響信号が発せられているはずなのに，発話者の口から声が聞こえる感じがします。聴覚信号だけでは音源定位が容易でない場合，視覚の方が空間的手がかりがより豊かであれば，視覚によって推定音源の位置が制約されるのです。これと逆の話で，**時間腹話術効果**では今度は聴覚の面目が保たれます。視覚刺激と聴覚刺激をほぼ同時に呈示すると，視覚刺激があたかも聴覚刺激と同時に出たかのように時間的に引き寄せられて見えるのです（Shams et al., 2000）。この一例である**二重フラッシュ錯覚**では，一瞬（フラッシュして）呈示される視覚刺激とともにクリック音を1回呈示すると，視覚刺激は1回だけ出たように正しく見えますが，視覚刺激と同時にクリック音を素早く2回鳴らすと，視覚刺激があたかも2回素早く出たかのように見えてしまいます。

8.4 力触覚オブジェクトの認識

8.4.1 力触覚とアクティブタッチ

視覚の認識にせよ聴覚の認識にせよ，それらの情報処理には空間分解能に優れた感覚モダリティ（典型的には視覚）と時間分解能に優れたもの（典型的には聴覚）が互いの長所を利用して解を制約するクロスモーダル相互作用があります。食味の認識も，味覚・触覚・嗅覚信号，および視聴覚の統合を要する本質的にマルチモーダルな知覚です。自己身体の認識も，体性感覚と前庭系信号の統合，そして視聴覚の重要な寄与もあるマルチモーダルな知覚です。入り口では視覚，聴覚，嗅覚，味覚，体性感覚，前庭系という異なる感覚モダリティに分かれて信号が受容されるものの，その後はそれらが目的に従って様々に協力し合いながら知覚情報処理を進め，知覚システムにおいて最終的にベストな解としての見え，聞こえ，味わい……その他が整えられ，知覚世界が成立するのです。

こうしたことは，物体を触って感じるという過程において，特筆すべき重要性をもっています。外界と物理的に相互作用しながら生きる私たちには，触る行為で物体の形や固さや滑りやすさなどを知ることが不可欠ですが，これを可能にするには，触圧覚受容だけでは十分ではありません。どんな運動指令が中枢から筋肉に発せられ，どんな運動が現に生じてその結果どんな反力が皮膚と運動器に返ってきたのか，といったように運動指令と自己受容感覚と触覚を総合的にとらえて，初めて物体認識が可能になります。本質的にマルチモーダルなそうした知覚のことを，**力触覚**（**触力覚**，**ハプティクス**）と呼びます。力触覚オブジェクトを認識するためには，まず自分が動いてみて，その身体運動の帰結として入手される情報――再求心性信号――を計算に取り入れて，心的にオブジェクトの立体構造を構築していくという流れが基本になります。自分が能動的に動いて外界の物体と触れ合うことで豊かな情報を取り入れるような接触行動を，**アクティブタッチ**（**能動的触知覚**，**能動触**）といいます（**図 5.4** 参照）。

アクティブタッチには，運動器の持ち味を活かした方略で物体と相互作用することで優れた性能を発揮するという性質があります。手と物体との相互作用においては，「つかむ」動作と「触れる」動作のそれぞれで動作レパートリーが様々に用意されています。「つかむ」動作には，親指ともう１本の手指を対向させて指先で小物体をつまむ**精密把握**と，すべての指と手掌で物体をがっちり握りしめる**握力把握**という大別があります。力触覚オブジェクトの重さや長さや重心などは，片手で把持した物体を動かす動作をするだけで目星がつき，足にも同じようなアクティブタッチの性能があります（Hajnal et al., 2007）。「触れる」動作においても，数種類の触り方のレパートリーである**探索法**があらかじめ用意されています（Lederman & Klatzky, 1987）。

アクティブタッチを行うことは，実時間の中で物理法則に従って変化する力との取っ組み合いなので，一筋縄ではいきません。一片の豆腐を指でつまむという作業を例にとると，豆腐のサイズや重量や重心や摩擦や硬度などを瞬時に知覚して，どこに触れてどんな把持力でどんな持ち上げ動作をするべきかがわからないと，豆腐は滑り落ちたり崩れたりしてしまいます。それに対して，自分の指がどこにあってどの方向に進んでいるかを自己受容感覚フィードバックを頼りに脳内で推定するには，時間のかかる計算を要します。皮膚の触圧覚情報が中枢に伝わるまでにも時間遅れがあり，それらを参照して誤り補正のための再計算を行うこと自体も時間を消費します。箸でつまむ場合など，道具を介した間接触ではさらに複雑度を増すのが想像できます。

そのため，手指を動かす運動指令を発すると同時に，発せられた運動指令によって手指がどのように動きつつあるはずであるか，すなわち**順モデリング**の計算を実行して，手指動作の内部モデルを脳内でシミュレートしながら，触圧覚・自己受容感覚信号からのフィードバックで絶えず「検算」していると考えられます（Danion et al., 2009）。そして，あらかじめプログラムされた無数の回路の一つが即座に選ばれて反射的に筋活動が調整され，そのおかげで最小の時間遅れで適切な力を出して触り続けることができるのだと思われます。

力触覚で立体を把握し，身体運動で物体を3次元世界内で制御する際には，手を中心とした座標系と空間座標系との間での，座標変換の問題がついて回ります。両手を用いてアクティブタッチをする際には，さらに，左手の座標系と右手の座標系と空間座標系という3個の間で対応づけを行わなければなりません。このことがあってか，2個の立体をアクティブタッチする際，両手のそれぞれで1個ずつを探索するより，片手だけで2個を順番に探索する方が，立体形状判断の成績がよいとされます（Kappers & Koenderink, 1996）。ただし両手でも，1個ずつ順番に探索すると，片手の探索と同じ成績になるという報告もあります（Dowell et al., 2018）。

8.4.2 予測誤差

このように，外界の力触覚オブジェクトを認識して相互作用する際には多数の下位システムが関わっていて，使える情報を総動員して物体を推定し，制御しています。物体の推定にあたっては私たちの力触覚と身体運動のシステムが環境についてどれくらい習熟し期待しているかも影響します。期待の効果の例としては，球を眺めて手で持ち上げる課題で，たとえ同じ重さでも大きな球はより軽く，小さな球はより重く感じるという**シャルパンティエ効果**や（Murray et al., 1999），動いていないエスカレーターだとわかっていてもいざ足を踏み入れるとふらついて感じる**壊れたエスカレーター現象**が挙げられます（Reynolds & Bronstein, 2003）。期待していた事柄と異なる感覚入力が入ってくると，システム側としては「予想違いでびっくり」してしまうのですね。これを**予測誤差**と呼べば，6.2節で紹介した視覚の生成モデルと似たことを，力触覚と身体運動に関しても論じることができるでしょう。すなわち，外界の事物をアクティブタッチで探索する際，脳内には外界に関する「仮想現実」が生成されていて，ある運動実行をすればどのような信号が返ってくるかが予測でき，実際に体性感覚や前庭系で取り入れたフィードバック情報がシステムの予測通りであればよしとして，予測と異なる信号が来たならばその原因を突き止めて，脳内の「世界観」を微修正して現実と整合させるというわけです（Donnarumma et al., 2017）。

運動実行をした結果としてどんな信号が得られるべきかを計算する経路には，実際の手に伝わる運動指令の写しである遠心性コピーが届くとされます。この遠心性コピーなどを材料にして，脳内の内部モデル——いわば「仮想現実」——で手の動きを模倣する順モデリングの過程を経て（Desmurget & Grafton, 2000），その通りに身体が動いたとすればどのような感覚フィードバックが返ってくるはずであるかという**随伴発射**のデータが形成され，これが感覚の予測となります。この予測が現実の入力と突き合わされることで，力触覚オブジェクトの認識の継続あるいは更新が行われるというわけです。

このことから，なぜ自分で自分をくすぐれないかの理由がつきそうです。他人にくすぐられるときは予想のつかない入力がやってくるのに対して，自分で自分をくすぐるときは，自分の運動指令に伴う遠心性コピーを材料にした順モデリングから得られる随伴発射で，皮膚に到来するであろう触覚刺激が予測できてしまいます。そしてだいたい予測通りにやってきた触覚刺激は，随伴発射と相殺され，くすぐったいと思わなくなるのです（Blakemore et al., 1999）。直接くすぐるのでなく，自分の指につながった器械を介して自分で自分をくすぐると，時間遅れなしで力が伝わるときはくすぐったくありませんが，一定の時間遅れを挟むと，随伴発射から予想されない入力とみなされるからか，くすぐったさを感じるようになります。

8.4.3 疑似力触覚

豆腐の例のところで箸の話をしかけましたが，他にもスプーン，ペン，ほうき，シャベルといったように，私たちは日常的に道具を使用して物体と相互作用する生活を送っています。その際には言うまでもなく，身体を直接用いる場合と比べて大きな違いがあります。手で直接ものを触って探索するときには手指の皮膚の一連の機械受容器が物体表面の材質や角度に応じて活性化します。しかし，道具を介して物体を触ると，物体からの反力や振動は道具を自分がどう握るかによってまったく異なる手掌部位を刺激することになります。このように何か道具を介在させて物体を触るとき，私たちの力触覚は非常に優れた特性を示し，力触覚オブジェクトは概して正しく認識されます（Lawrence et al., 2007）。このはたらきがあるおかげで，食器からスポーツ用具から仮想現実での遠隔操作まで，多岐にわたる道具使用ができるのです。

道具を介して力触覚を発揮できるということには，応用面で有利なことがあります。例えば，ペンの形の仮想現実デバイスを作り，ペンの動きうるたかだか3次元程度の自由度でデバイス側から力を呈示するだけで，握ったペンを介してアクティブタッチをする操作者にとっては，仮想的オブジェクトのありありとした立体表面の材質感がもたらされたりするでしょう。このことにより，操作者の生身の肉体を超越した遠隔操作や拡張現実への可能性が広がるかもしれません。

力触覚に介在する「道具」としては，コンピュータの入力デバイスも考えられます。トラックボールのような入力デバイスに力を加えるのにつれて画面上のカーソルが横に動くようにしておいて，ある視覚図形上にカーソルが

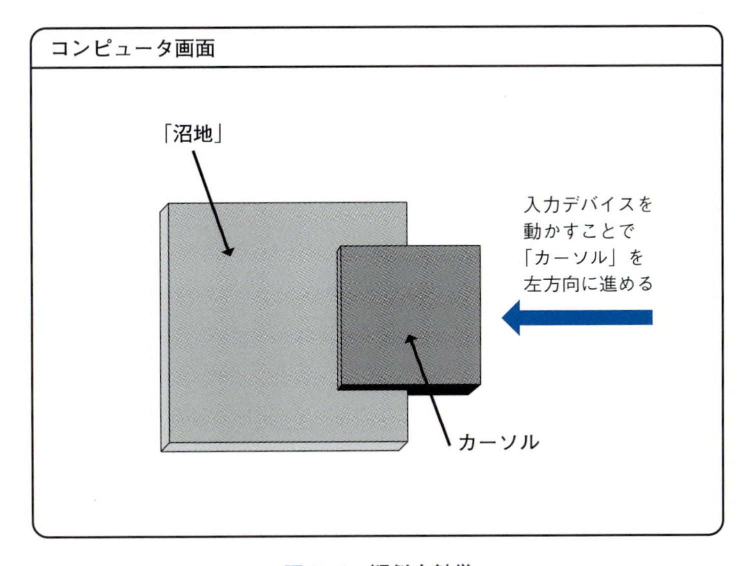

図 8.16　**疑似力触覚**
トラックボールのような入力デバイスを操作して，画面上で「カーソル」を動かしていきます。「カーソル」が「沼地」の領域に進入すると，画面上での速度が遅くなるようにプログラムしてあります。操作する人は，「カーソル」が「沼地」に入り込んで動きが鈍くなると，摩擦，重力，粘性を力触覚体験として感じると訴えます。（Lécuyer et al.（2000）を参考に作図。）

乗り上げたときにまるで沼地にはまり込んだように突然カーソルの動きが遅くなるような仕掛けを描画プログラムにあらかじめ仕込んでおくと，乗り上げた瞬間，自分の握っているトラックボールに何か抵抗力がかかったかのように感じられます（Lécuyer et al., 2000）。視覚信号によって誘発されるこのような力触覚現象を**疑似力触覚**と呼んだりします（図 8.16）。シャルパンティエ効果も疑似力触覚も，知覚情報処理が複数の情報処理経路の相互通信によって成り立つことの好例であり，力の感じ方が如実に変わることを利用すれば安価な仮想現実環境の呈示技術などへの応用につながるかもしれません。

参考図書

石口 彰（2006）．視覚　新曜社
岩村 吉晃（2001）．タッチ　医学書院
日本音響学会（編）大串 健吾（著）（2016）．音のピッチ知覚　コロナ社

全般にわたる参考図書

ベアー, M. F.・コノーズ, B. W.・パラディーソ, M. A. 加藤 宏司・後藤 薫・藤井 聡・山崎 良彦（監訳）(2007). カラー版　ベアー コノーズ パラディーソ　神経科学――脳の探求――　西村書店

Breedlove, S. M., & Watson, N. V. (2017). *Behavioral neuroscience* (8th ed.). Oxford : Oxford University Press.

カールソン, N. R. 泰羅 雅登・中村 克樹（監訳）(2013). カールソン神経科学テキスト――脳と行動――　第4版　丸善出版

Coren, S., Ward, L. M., & Enns, J. T. (2003). *Sensation and perception* (6th ed.). New York : Wiley.

Eagleman, D., & Downar, J. (2015). *Brain and behavior : A cognitive neuroscience perspective.* Oxford : Oxford Univesity Press.

Frisby, J. P., & Stone, J. V. (2010). *Seeing : The computational approach to biological vision* (2nd ed.). Cambridge, Massachusetts : MIT Press.

Goldstein, E. B., & Brockmole, J. R. (2016). *Sensation and perception* (10th ed.). Boston : Cengage Learning.

Harris, J. (2014). *Sensation and perception.* London : SAGE Publications.

東山 篤規 (2012). 体と手がつくる知覚世界　勁草書房

カンデル, E. R. 他　金澤 一郎・宮下 保司（日本語版監修）(2014). カンデル神経科学　メディカル・サイエンス・インターナショナル

鹿取 廣人・杉本 敏夫・鳥居 修晃（編）(2015). 心理学　第5版　東京大学出版会

川人 光男 (1996). 脳の計算理論　産業図書

Kingdom, F. A. A., & Prins, N. (2016). *Psychophysics : A practical introduction* (2nd ed.). London : Academic Press.

北岡 明佳（編著）(2011). 知覚心理学――心の入り口を科学する――　ミネルヴァ書房

Mather, G. (2016). *Foundations of sensation and perception* (3rd ed.). London : Routledge.

道又 爾・北崎 充晃・大久保 街亜・今井 久登・山川 恵子・黒沢 学 (2011). 認知心理学――知のアーキテクチャを探る――　新版　有斐閣

村上 郁也（編著）(2010). イラストレクチャー認知神経科学――心理学と脳科学が解くこころの仕組み――　オーム社

日本基礎心理学会（監修）坂上 貴之・河原 純一郎・木村 英司・三浦 佳世・行場 次朗・石金 浩史（編）(2018). 基礎心理学実験法ハンドブック　朝倉書店

日本視覚学会（編）(2017). 視覚情報処理ハンドブック　新装版　朝倉書店

大山 正・今井 省吾・和氣 典二（編）(1994). 新編　感覚・知覚心理学ハンドブック　誠信書房

大山 正・今井 省吾・和氣 典二・菊地 正（編）(2007). 新編　感覚・知覚心理学ハンドブック Part2　誠信書房

ピネル，J. P. J. 佐藤 敬・若林 孝一・泉井 亮・飛鳥井 望（訳）（2005）．ピネル　バイオサイコロジー――脳―心と行動の神経科学――　西村書店

坂井 建雄・河原 克雅（編）（2017）．カラー図解　人体の正常構造と機能　全10巻縮刷版　改訂第3版　日本医事新報社

Spillmann, L., & Werner, J. S.（Eds.）（1990）. *Visual perception：The neurophysiological foundations.* San Diego：Academic Press.

田中 良久（1977）．心理学的測定法　第2版　東京大学出版会

Wolfe, J. M., Kluender, K. R., Levi, D. M., Bartoshuk, L. M., Herz, R. S., Klatzky, R. L., & Merfeld, D. M.（2018）. *Sensation and perception*（5th ed.）. Oxford：Oxford University Press.

横澤 一彦（2010）．視覚科学　勁草書房

引用文献

3D コンソーシアム安全ガイドライン部会（2011）．人に優しい 3D 普及のための 3DC 安全ガイドライン　3D コンソーシアム　Retrieved from www.3dc.gr.jp/jp/scmt_wg_rep/3dc_guideJ_20111031.pdf

Adams, D. R., Wroblewski, K. E., Kern, D. W., Kozloski, M. J., Dale, W., McClintock, M. K., & Pinto, J. M.（2017）. Factors associated with inaccurate self-reporting of olfactory dysfunction in older US adults. *Chemical Senses*, *42*（3）, 223–231.

Anderson, B. A.（2013）. A value-driven mechanism of attentional selection. *Journal of Vision*, *13*（3）, 7.

Anstis, S. M.（1974）. A chart demonstrating variations in acuity with retinal position. *Vision Research*, *14*（7）, 589–592.

Arce-Lopera, C., Masuda, T., Kimura, A., Wada, Y., & Okajima, K.（2012）. Luminance distribution modifies the perceived freshness of strawberries. *i-Perception*, *3*（5）, 338–355.

Ariga, A., & Yokosawa, K.（2008）. Attentional awakening：Gradual modulation of temporal attention in rapid serial visual presentation. *Psychological Research*, *72*（2）, 192–202.

Armel, K. C., & Ramachandran, V. S.（2003）. Projecting sensations to external objects：Evidence from skin conductance response. *Proceedings of the Royal Society B：Biological Sciences*, *270*（1523）, 1499–1506.

Bacon-Macé, N., Macé, M. J., Fabre-Thorpe, M., & Thorpe, S. J.（2005）. The time course of visual processing：Backward masking and natural scene categorisation. *Vision Research*, *45*（11）, 1459–1469.

Barker, D., Plack, C. J., & Hall, D. A.（2013）. Representations of pitch and slow modulation in auditory cortex. *Frontiers in Systems Neuroscience*, *7*, 62.

Baumgartner, G.（1960）. Indirekte Größenbestimmung der rezeptiven Felder der Retina beim Menschen mittels der Hermannschen Gittertäuschung. *Pflügers Archiv für die gesamte Physiologie des Menschen und der Tiere*, *272*, 21–22.

Bendor, D., & Wang, X.（2005）. The neuronal representation of pitch in primate auditory cortex. *Nature*, *436*（7054）, 1161–1165.

Benjamin, M.（2009）. The fascia of the limbs and back：A review. *Journal of Anatomy*, *214*（1）, 1–18.

Bergenheim, M., Johansson, H., & Pedersen, J.（1995）. The role of the gamma-system for improving information transmission in populations of Ⅰa afferents. *Neuroscience Research*, *23*（2）, 207–215.

Berger, C. C., & Ehrsson, H. H.（2016）. Auditory motion elicits a visual motion aftereffect. *Frontiers in Neuroscience*, *10*, 559.

Bettencourt, K. C., & Somers, D. C.（2009）. Effects of target enhancement and distractor suppression on multiple object tracking capacity. *Journal of Vision*, *9*（7）, 9.

Biederman, I. (1987). Recognition-by-components : A theory of human image understanding. *Psychological Review, 94* (2), 115–147.

Binder, J. R., Frost, J. A., Hammeke, T. A., Cox, R. W., Rao, S. M., & Prieto, T. (1997). Human brain language areas identified by functional magnetic resonance imaging. *Journal of Neuroscience, 17* (1), 353–362.

Bizley, J. K., & Cohen, Y. E. (2013). The what, where and how of auditory-object perception. *Nature Reviews Neuroscience, 14* (10), 693–707.

Blakemore, C., & Cooper, G. F. (1970). Development of the brain depends on the visual environment. *Nature, 228* (5270), 477–478.

Blakemore, S. J., Frith, C. D., & Wolpert, D. M. (1999). Spatio-temporal prediction modulates the perception of self-produced stimuli. *Journal of Cognitive Neuroscience, 11* (5), 551–559.

Botvinick, M., & Cohen, J. (1998). Rubber hands 'feel' touch that eyes see. *Nature, 391* (6669), 756.

Brainard, D. H. (2015). Color and the cone mosaic. *Annual Review of Vision Science, 1*, 519–546.

Britten, K. H., Shadlen, M. N., Newsome, W. T., & Movshon, J. A. (1992). The analysis of visual motion : A comparison of neuronal and psychophysical performance. *Journal of Neuroscience, 12* (12), 4745–4765.

Brown, A. D., Jones, H. G., Kan, A., Thakkar, T., Stecker, G. C., Goupell, M. J., & Litovsky, R. Y. (2015). Evidence for a neural source of the precedence effect in sound localization. *Journal of Neurophysiology, 114* (5), 2991–3001.

Campbell, F. W., & Maffei, L. (1971). The tilt after-effect : A fresh look. *Vision Research, 11* (8), 833–840.

Chandrashekar, J., Kuhn, C., Oka, Y., Yarmolinsky, D. A., Hummler, E., Ryba, N. J., & Zuker, C. S. (2010). The cells and peripheral representation of sodium taste in mice. *Nature, 464* (7286), 297–301.

Chaudhari, N., Landin, A. M., & Roper, S. D. (2000). A metabotropic glutamate receptor variant functions as a taste receptor. *Nature Neuroscience, 3* (2), 113–119.

Chen, X., Gabitto, M., Peng, Y., Ryba, N. J., & Zuker, C. S. (2011). A gustotopic map of taste qualities in the mammalian brain. *Science, 333* (6047), 1262–1266.

Cole, J., Crowle, S., Austwick, G., & Slater, D. H. (2009). Exploratory findings with virtual reality for phantom limb pain ; From stump motion to agency and analgesia. *Disability and Rehabilitation, 31* (10), 846–854.

Conway, B. R., & Livingstone, M. S. (2006). Spatial and temporal properties of cone signals in alert macaque primary visual cortex. *Journal of Neuroscience, 26* (42), 10826–10846.

Crouzet, S. M., Busch, N. A., & Ohla, K. (2015). Taste quality decoding parallels taste sensations. *Current Biology, 25* (7), 890–896.

Damasio, A. R. (1994). *Descartes' error : Emotion, reason, and the human brain.* New York : Putnam Publishing.

Danion, F., Descoins, M., & Bootsma, R. J. (2009). When the fingers need to act faster than the arm：Coordination between grip force and load force during oscillation of a hand-held object. *Experimental Brain Research, 193*（1）, 85–94.

de Gelder, B., Tamietto, M., van Boxtel, G., Goebel, R., Sahraie, A., van den Stock, J., Stienen, B. M., Weiskrantz, L., & Pegna, A.（2008）. Intact navigation skills after bilateral loss of striate cortex. *Current Biology, 18*（24）, R1128–1129.

Desmurget, M., & Grafton, S.（2000）. Forward modeling allows feedback control for fast reaching movements. *Trends in Cognitive Sciences, 4*（11）, 423–431.

DiCarlo, J. J., Johnson, K. O., & Hsiao, S. S.（1998）. Structure of receptive fields in area 3b of primary somatosensory cortex in the alert monkey. *Journal of Neuroscience, 18*（7）, 2626–2645.

Doerschner, K., Fleming, R. W., Yilmaz, O., Schrater, P. R., Hartung, B., & Kersten, D.（2011）. Visual motion and the perception of surface material. *Current Biology, 21*（23）, 2010–2016.

Donnarumma, F., Costantini, M., Ambrosini, E., Friston, K., & Pezzulo, G.（2017）. Action perception as hypothesis testing. *Cortex, 89*, 45–60.

Doty, R. L., & Cameron, E. L.（2009）. Sex differences and reproductive hormone influences on human odor perception. *Physiology and Behavior, 97*（2）, 213–228.

Dow, B. M., Snyder, A. Z., Vautin, R. G., & Bauer, R.（1981）. Magnification factor and receptive field size in foveal striate cortex of the monkey. *Experimental Brain Research, 44*（2）, 213–228.

Dowell, C. J., Norman, J. F., Moment, J. R., Shain, L. M., Norman, H. F., Phillips, F., & Kappers, A. M. L.（2018）. Haptic shape discrimination and interhemispheric communication. *Scientific Reports, 8*（1）, 377.

DuBose, C. N., Cardello, A. V., & Maller, O.（1980）. Effects of colorants and flavorants on identification, perceived flavor intensity, and hedonic quality of fruit flavored beverages and cake. *Journal of Food Science, 45*, 1393–1399.

Duhamel, J. R., Colby, C. L., & Goldberg, M. E.（1992）. The updating of the representation of visual space in parietal cortex by intended eye movements. *Science, 255*（5040）, 90–92.

Eagleman, D. M., & Sejnowski, T. J.（2000）. Motion integration and postdiction in visual awareness. *Science, 287*（5460）, 2036–2038.

Felleman, D. J., & Van Essen, D. C.（1991）. Distributed hierarchical processing in the primate cerebral cortex. *Cerebral Cortex, 1*（1）, 1–47.

Fettiplace, R., & Kim, K. X.（2014）. The physiology of mechanoelectrical transduction channels in hearing. *Physiological Reviews, 94*（3）, 951–986.

Frisby, J. P., & Stone, J. V.（2010）. *Seeing：The computational approach to biological vision*（2nd ed.）. Cambridge, Massachusetts：The MIT Press.

Fuentes, C. T., & Bastian, A. J.（2010）. Where is your arm? Variations in proprioception across space and tasks. *Journal of Neurophysiology, 103*（1）, 164–171.

Fujisaki, W., & Kashino, M.（2005）. Contributions of temporal and place cues in pitch perception in absolute pitch possessors. *Perception and Psychophysics, 67*（2）, 315–323.

Fujisaki, W., Shimojo, S., Kashino, M., & Nishida, S. (2004). Recalibration of audiovisual simultaneity. *Nature Neuroscience, 7* (7), 773–778.

Fujita, I., Tanaka, K., Ito, M., & Cheng, K. (1992). Columns for visual features of objects in monkey inferotemporal cortex. *Nature, 360* (6402), 343–346.

Gardner, R. J. (1980). Lipid solubility and the sourness of acids : Implications for models of the acid taste receptor. *Chemical Senses, 5* (3), 185–194.

Geldard, F. A., & Sherrick, C. E. (1972). The cutaneous "rabbit" : A perceptual illusion. *Science, 178* (4057), 178–179.

Gerkin, R. C., & Castro, J. B. (2015). The number of olfactory stimuli that humans can discriminate is still unknown. *eLife, 4*, e08127.

Gibson, J. J. (1972). Note on the differences between a sensory modality and a perceptual system. Retrieved from commons.trincoll.edu/purpleperils

Giummarra, M. J., Gibson, S. J., Georgiou-Karistianis, N., & Bradshaw, J. L. (2007). Central mechanisms in phantom limb perception : The past, present and future. *Brain Research Reviews, 54* (1), 219–232.

Goodale, M. A., Milner, A. D., Jakobson, L. S., & Carey, D. P. (1991). A neurological dissociation between perceiving objects and grasping them. *Nature, 349* (6305), 154–156.

Gottfried, J. A. (2010). Central mechanisms of odour object perception. *Nature Reviews Neuroscience, 11* (9), 628–641.

Grantham, D. W., & Wightman, F. L. (1979). Auditory motion aftereffects. *Perception and Psychophysics, 26* (5), 403–408.

Gross, C. G. (2005). Processing the facial image : A brief history. *American Psychologist, 60* (8), 755–763.

Hajnal, A., Fonseca, S., Harrison, S., Kinsella-Shaw, J., & Carello, C. (2007). Comparison of dynamic (effortful) touch by hand and foot. *Journal of Motor Behavior, 39* (2), 82–88.

Harlow, H. F., Harlow, M. K., & Suomi, S. J. (1971). From thought to therapy : Lessons from a primate laboratory. *American Scientist, 59* (5), 538–549.

Hassabis, D., Chu, C., Rees, G., Weiskopf, N., Molyneux, P. D., & Maguire, E. A. (2009). Decoding neuronal ensembles in the human hippocampus. *Current Biology, 19* (7), 546–554.

Hatsopoulos, N. G., & Suminski, A. J. (2011). Sensing with the motor cortex. *Neuron, 72* (3), 477–487.

Hecht, S., Shlaer, S., & Pirenne, M. H. (1942). Energy, quanta, and vision. *Journal of General Physiology, 25* (6), 819–840.

Hendry, S. H., & Reid, R. C. (2000). The koniocellular pathway in primate vision. *Annual Review of Neuroscience, 23*, 127–153.

Herz, R. S. (2004). A naturalistic analysis of autobiographical memories triggered by olfactory visual and auditory stimuli. *Chemical Senses, 29* (3), 217–224.

Herz, R. S., & von Clef, J. (2001). The influence of verbal labeling on the perception of odors : Evidence for olfactory illusions? *Perception, 30* (3), 381–391.

Hisakata, R., Nishida, S., & Johnston, A. (2016). An adaptable metric shapes perceptual space. *Current Biology, 26* (14), 1911–1915.

Hudspeth, A. J. (2014). Integrating the active process of hair cells with cochlear function. *Nature Reviews Neuroscience, 15* (9), 600–614.

Ilg, U. J., & Thier, P. (2008). The neural basis of smooth pursuit eye movements in the rhesus monkey brain. *Brain and Cognition, 68* (3), 229–240.

Intraub, H. (1981). Rapid conceptual identification of sequentially presented pictures. *Journal of Experimental Psychology : Human Perception and Performance, 7* (3), 604–610.

Intriligator, J., & Cavanagh, P. (2001). The spatial resolution of visual attention. *Cognitive Psychology, 43* (3), 171–216.

Iriki, A., Tanaka, M., & Iwamura, Y. (1996). Coding of modified body schema during tool use by macaque postcentral neurones. *Neuroreport, 7* (14), 2325–2330.

Ito, M., & Komatsu, H. (2004). Representation of angles embedded within contour stimuli in area V2 of macaque monkeys. *Journal of Neuroscience, 24* (13), 3313–3324.

Itoh, K., Sakata, H., Kwee, I. L., & Nakada, T. (2017). Musical pitch classes have rainbow hues in pitch class-color synesthesia. *Scientific Reports, 7* (1), 17781.

Iwamura, Y., Iriki, A., & Tanaka, M. (1994). Bilateral hand representation in the postcentral somatosensory cortex. *Nature, 369* (6481), 554–556.

Jeffress, L. A. (1948). A place theory of sound localization. *Journal of Comparative and Physiological Psychology, 41* (1), 35–39.

Jonas, J. B., Schmidt, A. M., Müller-Bergh, J. A., Schlötzer-Schrehardt, U. M., & Naumann, G. O. (1992). Human optic nerve fiber count and optic disc size. *Investigative Ophthalmology and Visual Science, 33* (6), 2012–2018.

Kakutani, Y., Narumi, T., Kobayakawa, T., Kawai, T., Kusakabe, Y., Kunieda, S., & Wada, Y. (2017). Taste of breath : The temporal order of taste and smell synchronized with breathing as a determinant for taste and olfactory integration. *Scientific Reports, 7* (1), 8922.

Kappers, A. M., & Koenderink, J. J. (1996). Haptic unilateral and bilateral discrimination of curved surfaces. *Perception, 25* (6), 739–749.

Kashino, M., & Nishida, S. (1998). Adaptation in the processing of interaural time differences revealed by the auditory localization aftereffect. *Journal of the Acoustical Society of America, 103* (6), 3597–3604.

Kelly, D. H. (1972). Adaptation effects on spatio-temporal sine-wave thresholds. *Vision Research, 12* (1), 89–101.

Keysers, C., Kaas, J. H., & Gazzola, V. (2010). Somatosensation in social perception. *Nature Reviews Neuroscience, 11* (6), 417–428.

Kilteni, K., Normand, J. M., Sanchez-Vives, M. V., & Slater, M. (2012). Extending body space in immersive virtual reality : A very long arm illusion. *PLoS One, 7* (7), e40867.

King-Smith, P. E., & Kulikowski, J. J. (1975). The detection of gratings by independent activation of line detectors. *Journal of Physiology, 247* (2), 237–271.

Kogo, N., Hermans, L., Stuer, D., van Ee, R., & Wagemans, J. (2015). Temporal dynamics of different cases of bi-stable figure-ground perception. *Vision Research, 106*, 7-19.

Konkle, T., Wang, Q., Hayward, V., & Moore, C. I. (2009). Motion aftereffects transfer between touch and vision. *Current Biology, 19* (9), 745-750.

Kraft, T. W., Schneeweis, D. M., & Schnapf, J. L. (1993). Visual transduction in human rod photoreceptors. *Journal of Physiology, 464*, 747-765.

Kringelbach, M. L. (2005). The human orbitofrontal cortex : Linking reward to hedonic experience. *Nature Reviews Neuroscience, 6* (9), 691-702.

Lamme, V. A., & Roelfsema, P. R. (2000). The distinct modes of vision offered by feedforward and recurrent processing. *Trends in Neurosciences, 23* (11), 571-579.

Lawrence, M. A., Kitada, R., Klatzky, R. L., & Lederman, S. J. (2007). Haptic roughness perception of linear gratings via bare finger or rigid probe. *Perception, 36* (4), 547-557.

Lécuyer, A., Coquillart, S., Kheddar, A., Richard, P., & Coiffet, P. (2000). Pseudo-haptic feedback : Can isometric input devices simulate force feedback? *Proceedings of the IEEE Virtual Reality 2000 Conference*, 83-90.

Lederman, S. J., & Klatzky, R. L. (1987). Hand movements : A window into haptic object recognition. *Cognitive Psychology, 19* (3), 342-368.

Legge, G. E., & Foley, J. M. (1980). Contrast masking in human vision. *Journal of the Optical Society of America, 70* (12), 1458-1471.

Lisker, L., & Abramson, A. S. (1964). A cross-language study of voicing in initial stops : Acoustical measurements. *Word, 20* (3), 384-422.

Lloyd, D. M., McGlone, F. P., & Yosipovitch, G. (2015). Somatosensory pleasure circuit : From skin to brain and back. *Experimental Dermatology, 24* (5), 321-324.

Loggia, M. L., Mogil, J. S., & Bushnell, M. C. (2008). Empathy hurts : Compassion for another increases both sensory and affective components of pain perception. *Pain, 136* (1-2), 168-176.

Lorenceau, J., & Shiffrar, M. (1992). The influence of terminators on motion integration across space. *Vision Research, 32* (2), 263-273.

Lu, T., & Wang, X. (2000). Temporal discharge patterns evoked by rapid sequences of wide- and narrowband clicks in the primary auditory cortex of cat. *Journal of Neurophysiology, 84* (1), 236-246.

Malnic, B., Godfrey, P. A., & Buck, L. B. (2004). The human olfactory receptor gene family. *Proceedings of the National Academy of Sciences of the USA, 101* (8), 2584-2589.

Marr, D. (1982). *Vision : A computational investigation into the human representation and processing of visual information*. New York : Freeman & Company.

Mather, G., Verstraten, F., & Anstis, S. (Eds.) (1998). *The motion aftereffect : A modern perspective*. Cambridge, Massachusetts : MIT Press.

McGurk, H., & MacDonald, J. (1976). Hearing lips and seeing voices. *Nature, 264* (5588), 746-748.

McIntyre, S., Birznieks, I., Vickery, R. M., Holcombe, A. O., & Seizova-Cajic, T. (2016). The tactile motion aftereffect suggests an intensive code for speed in neurons sensitive to both speed and direction of motion. *Journal of Neurophysiology, 115* (3), 1703–1712.

Meisami, E., Mikhail, L., Baim, D., & Bhatnagar, K. P. (1998). Human olfactory bulb : Aging of glomeruli and mitral cells and a search for the accessory olfactory bulb. *Annals of the New York Academy of Sciences, 855*, 708–715.

Melzack, R., Israel, R., Lacroix, R., & Schultz, G. (1997). Phantom limbs in people with congenital limb deficiency or amputation in early childhood. *Brain, 120* (Pt 9), 1603-1620.

Melzack, R., & Wall, P. D. (1965). Pain mechanisms : A new theory. *Science, 150* (3699), 971–979.

Morris, R., Frey, S., Kasambira, T., & Petrides, M. (1999). Ibotenic acid lesions of the basolateral, but not the central, amygdala interfere with conditioned taste aversion : Evidence from a combined behavioral and anatomical tract-tracing investigation. *Behavioral Neuroscience, 113* (2), 291–302.

Motoyoshi, I., Nishida, S., Sharan, L., & Adelson, E. H. (2007). Image statistics and the perception of surface qualities. *Nature, 447* (7141), 206–209.

Moulton, C. (2014). Perfect pitch reconsidered. *Clinical Medicine, 14* (5), 517–519.

Movshon, J. A., Adelson, E. H., Gizzi, M. S., & Newsome, W. T. (1985). The analysis of moving visual patterns. In C. Chagas, R. Gattass, & C. Gross (Eds.), *Pattern recognition mechanisms* (pp.117–151). New York : Springer-Verlag.

Mueller, K. L., Hoon, M. A., Erlenbach, I., Chandrashekar, J., Zuker, C. S., & Ryba, N. J. (2005). The receptors and coding logic for bitter taste. *Nature, 434* (7030), 225–229.

Murakami, I. (2004). The aperture problem in egocentric motion. *Trends in Neurosciences, 27* (4), 174–177.

Murakami, I., & Cavanagh, P. (1998). A jitter after-effect reveals motion-based stabilization of vision. *Nature, 395* (6704), 798–801.

Murakami, I., & Shimojo, S. (1993). Motion capture changes to induced motion at higher luminance contrasts, smaller eccentricities, and larger inducer sizes. *Vision Research, 33* (15), 2091–2107.

Murakami, I., & Shimojo, S. (1996). Assimilation-type and contrast-type bias of motion induced by the surround in a random-dot display : Evidence for center-surround antagonism. *Vision Research, 36* (22), 3629–3639.

Murray, D. J., Ellis, R. R., Bandomir, C. A., & Ross, H. E. (1999). Charpentier (1891) on the size-weight illusion. *Perception and Psychophysics, 61* (8), 1681–1685.

Nakayama, K., & Shimojo, S. (1990). Da Vinci stereopsis : Depth and subjective occluding contours from unpaired image points. *Vision Research, 30* (11), 1811–1825.

Nassi, J. J., & Callaway, E. M. (2009). Parallel processing strategies of the primate visual system. *Nature Reviews Neuroscience, 10* (5), 360–372.

Nelson, G., Chandrashekar, J., Hoon, M. A., Feng, L., Zhao, G., Ryba, N. J., & Zuker, C. S. (2002). An amino-acid taste receptor. *Nature, 416* (6877), 199–202.

Nelson, G., Hoon, M. A., Chandrashekar, J., Zhang, Y., Ryba, N. J., & Zuker, C. S. (2001).

Mammalian sweet taste receptors. *Cell, 106* (3), 381–390.

Ohla, K., Busch, N. A., & Lundström, J. N. (2012). Time for taste : A review of the early cerebral processing of gustatory perception. *Chemosensory Perception, 5* (1), 87–99.

Okazawa, G., Koida, K., & Komatsu, H. (2011). Categorical properties of the color term "GOLD". *Journal of Vision, 11* (8), 1–19.

Osugi, T., Hayashi, D., & Murakami, I. (2016). Selection of new objects by onset capture and visual marking. *Vision Research, 122*, 21–33.

Oxenham, A. J. (2018). How we hear : The perception and neural coding of sound. *Annual Review of Psychology, 69*, 27–50.

Pack, C. C., Gartland, A. J., & Born, R. T. (2004). Integration of contour and terminator signals in visual area MT of alert macaque. *Journal of Neuroscience, 24* (13), 3268–3280.

Pantle, A., & Sekuler, R. (1968). Size-detecting mechanisms in human vision. *Science, 162* (3858), 1146–1148.

Pecka, M., Brand, A., Behrend, O., & Grothe, B. (2008). Interaural time difference processing in the mammalian medial superior olive : The role of glycinergic inhibition. *Journal of Neuroscience, 28* (27), 6914–6925.

Pei, Y. C., Hsiao, S. S., & Bensmaia, S. J. (2008). The tactile integration of local motion cues is analogous to its visual counterpart. *Proceedings of the National Academy of Sciences of the USA, 105* (23), 8130–8135.

Perrott, D. R., Marlborough, K., Merrill, P., & Strybel, T. Z. (1989). Minimum audible angle thresholds obtained under conditions in which the precedence effect is assumed to operate. *Journal of the Acoustical Society of America, 85* (1), 282–288.

Pitron, V., & de Vignemont, F. (2017). Beyond differences between the body schema and the body image : Insights from body hallucinations. *Consciousness and Cognition, 53*, 115–121.

Plassmann, H., O'Doherty, J., Shiv, B., & Rangel, A. (2008). Marketing actions can modulate neural representations of experienced pleasantness. *Proceedings of the National Academy of Sciences of the USA, 105* (3), 1050–1054.

Posner, M. I. (1980). Orienting of attention. *Quarterly Journal of Experimental Psychology, 32* (1), 3–25.

Posner, M. I., Rafal, R. D., Choate, L. S., & Vaughan, J. (1985). Inhibition of return : Neural basis and function. *Cognitive Neuropsychology, 2* (3), 211–228.

Pritchard, R. M., Heron, W., & Hebb, D. O. (1960). Visual perception approached by the method of stabilized images. *Canadian Journal of Psychology, 14* (2), 67–77.

Provencio, I., Rodriguez, I. R., Jiang, G., Hayes, W. P., Moreira, E. F., & Rollag, M. D. (2000). A novel human opsin in the inner retina. *Journal of Neuroscience, 20* (2), 600–605.

Proverbio, A. M., Massetti, G., Rizzi, E., & Zani, A. (2016). Skilled musicians are not subject to the McGurk effect. *Scientific Reports, 6*, 30423.

Purves, D., Williams, S. M., Nundy, S., & Lotto, R. B. (2004). Perceiving the intensity of light. *Psychological Review, 111* (1), 142–158.

Ramachandran, V. S., & Hirstein, W. (1998). The perception of phantom limbs : The

D. O. Hebb lecture. *Brain, 121* (Pt 9), 1603–1630.

Ramachandran, V. S., Rogers-Ramachandran, D., & Cobb, S. (1995). Touching the phantom limb. *Nature, 377* (6549), 489–490.

Raymond, J. E., Shapiro, K. L., & Arnell, K. M. (1992). Temporary suppression of visual processing in an RSVP task : An attentional blink? *Journal of Experimental Psychology : Human Perception and Performance, 18* (3), 849–860.

Reichardt, W. (1961). Autocorrelation, a principle for the evaluation of sensory information by the central nervous system. In W. A. Rosenblith (Ed.), *Sensory communication* (pp.303–317). Cambridge, Massachusetts : MIT Press.

Reid, R. C. (2012). From functional architecture to functional connectomics. *Neuron, 75* (2), 209–217.

Rensink, R. A., O'Regan, J. K., & Clark, J. J. (1997). To see or not to see : The need for attention to perceive changes in scenes. *Psychological Science, 8* (5), 368–373.

Reynolds, R. F., & Bronstein, A. M. (2003). The broken escalator phenomenon : Aftereffect of walking onto a moving platform. *Experimental Brain Research, 151* (3), 301–308.

Rizzolatti, G., & Craighero, L. (2004). The mirror-neuron system. *Annual Review of Neuroscience, 27*, 169-192.

Roe, A. W., Chelazzi, L., Connor, C. E., Conway, B. R., Fujita, I., Gallant, J. L., Lu, H., & Vanduffel, W. (2012). Toward a unified theory of visual area V4. *Neuron, 74* (1), 12–29.

Rolls, B. J., Van Duijvenvoorde, P. M., & Rolls, E. T. (1984). Pleasantness changes and food intake in a varied four-course meal. *Appetite, 5* (4), 337–348.

Roper, S. D., & Chaudhari, N. (2017). Taste buds : Cells, signals and synapses. *Nature Reviews Neuroscience, 18* (8), 485–497.

Rossi, A. F., & Paradiso, M. A. (1996). Temporal limits of brightness induction and mechanisms of brightness perception. *Vision Research, 36* (10), 1391–1398.

Ruggero, M. A., Robles, L., & Rich, N. C. (1992). Two-tone suppression in the basilar membrane of the cochlea : Mechanical basis of auditory-nerve rate suppression. *Journal of Neurophysiology, 68* (4), 1087–1099.

Saito, M., Miyamoto, K., Uchiyama, Y., & Murakami, I. (2018). Invisible light inside the natural blind spot alters brightness at a remote location. *Scientific Reports, 8* (1), 7540.

Schellekens, W., Petridou, N., & Ramsey, N. F. (2018). Detailed somatotopy in primary motor and somatosensory cortex revealed by Gaussian population receptive fields. *Neuroimage, 179*, 337–347.

Schiller, P. H., & Carvey, C. E. (2005). The Hermann grid illusion revisited. *Perception, 34* (11), 1375–1397.

Schoups, A. A., Vogels, R., & Orban, G. A. (1995). Human perceptual learning in identifying the oblique orientation : Retinotopy, orientation specificity and monocularity. *Journal of Physiology, 483* (Pt 3), 797–810.

Schut, C., Grossman, S., Gieler, U., Kupfer, J., & Yosipovitch, G. (2015). Contagious itch :

What we know and what we would like to know. *Frontiers in Human Neuroscience, 9*, 57.

Sekiyama, K., & Tohkura, Y. (1991). McGurk effect in non-English listeners : Few visual effects for Japanese subjects hearing Japanese syllables of high auditory intelligibility. *Journal of the Acoustical Society of America, 90* (4 Pt 1), 1797–1805.

Shams, L., Kamitani, Y., & Shimojo, S. (2000). What you see is what you hear. *Nature, 408* (6814), 788.

Sharpe, L. T., & Stockman, A. (1999). Rod pathways : The importance of seeing nothing. *Trends in Neurosciences, 22* (11), 497–504.

Shera, C. A., & Guinan, J. J., Jr. (1999). Evoked otoacoustic emissions arise by two fundamentally different mechanisms : A taxonomy for mammalian OAEs. *Journal of the Acoustical Society of America, 105* (2 Pt 1), 782–798.

Simons, D. J., & Chabris, C. F. (1999). Gorillas in our midst : Sustained inattentional blindness for dynamic events. *Perception, 28* (9), 1059–1074.

Singer, T., Seymour, B., O'Doherty, J., Kaube, H., Dolan, R. J., & Frith, C. D. (2004). Empathy for pain involves the affective but not sensory components of pain. *Science, 303* (5661), 1157–1162.

Sjolund, L. A., Kelly, J. W., & McNamara, T. P. (2018). Optimal combination of environmental cues and path integration during navigation. *Memory and Cognition, 46* (1), 89–99.

Small, D. M. (2012). Flavor is in the brain. *Physiology and Behavior, 107* (4), 540–552.

Steel, K., Ellem, E., & Baxter, D. (2015). The application of biological motion research : Biometrics, sport, and the military. *Psychonomic Bulletin and Review, 22* (1), 78–87.

Stevens, S. S. (1961). The psychophysics of sensory function. In W. A. Rosenblith (Ed.), *Sensory communication* (pp.1-33). Cambridge, Massachusetts : MIT Press.

Stockman, A., & Sharpe, L. T. (2000). The spectral sensitivities of the middle- and long-wavelength-sensitive cones derived from measurements in observers of known genotype. *Vision Research, 40* (13), 1711–1737.

Stockman, A., Sharpe, L. T., & Fach, C. (1999). The spectral sensitivity of the human short-wavelength sensitive cones derived from thresholds and color matches. *Vision Research, 39* (17), 2901–2927.

Stover, L. J., & Feth, L. L. (1983). Pitch of narrow-band signals. *Journal of the Acoustical Society of America, 73* (5), 1701–1707.

Strybel, T. Z., & Vatakis, A. (2004). A comparison of auditory and visual apparent motion presented individually and with crossmodal moving distractors. *Perception, 33* (9), 1033–1048.

Sullivan, W. E., & Konishi, M. (1986). Neural map of interaural phase difference in the owl's brainstem. *Proceedings of the National Academy of Sciences of the USA, 83* (21), 8400–8404.

Tanaka, K., Hikosaka, K., Saito, H., Yukie, M., Fukada, Y., & Iwai, E. (1986). Analysis of local and wide-field movements in the superior temporal visual areas of the macaque monkey. *Journal of Neuroscience, 6* (1), 134–144.

Teng, S., & Whitney, D. (2011). The acuity of echolocation : Spatial resolution in the sighted compared to expert performance. *Journal of Visual Impairment and Blindness, 105* (1), 20–32.

Theeuwes, J. (1992). Perceptual selectivity for color and form. *Perception and Psychophysics, 51* (6), 599–606.

Theunissen, F. E., & Elie, J. E. (2014). Neural processing of natural sounds. *Nature Reviews Neuroscience, 15* (6), 355–366.

Thomas, O. M., Cumming, B. G., & Parker, A. J. (2002). A specialization for relative disparity in V2. *Nature Neuroscience, 5* (5), 472–478.

van Nes, F. L., & Bouman, M. A. (1967). Spatial modulation transfer in the human eye. *Journal of the Optical Society of America, 57* (3), 401–406.

van Tuijl, H. F. (1975). A new visual illusion : Neonlike color spreading and complementary color induction between subjective contours. *Acta Psychologica, 39* (6), 441–445.

Virsu, V., & Hari, R. (1996). Cortical magnification, scale invariance and visual ecology. *Vision Research, 36* (18), 2971–2977.

von der Heydt, R. (2015). Figure-ground organization and the emergence of proto-objects in the visual cortex. *Frontiers in Psychology, 6*, 1695.

von der Heydt, R., & Peterhans, E. (1989). Mechanisms of contour perception in monkey visual cortex. I. Lines of pattern discontinuity. *Journal of Neuroscience, 9* (5), 1731–1748.

Vriens, J., Nilius, B., & Voets, T. (2014). Peripheral thermosensation in mammals. *Nature Reviews Neuroscience, 15* (9), 573–589.

Wada, M., Takano, K., Ora, H., Ide, M., & Kansaku, K. (2016). The rubber tail illusion as evidence of body ownership in mice. *Journal of Neuroscience, 36* (43), 11133–11137.

Wade, N. J., Swanston, M. T., & de Weert, C. M. M. (1993). On interocular transfer of motion aftereffects. *Perception, 22* (11), 1365–1380.

Wallach, H., Newman, E. B., & Rosenzweig, M. R. (1949). The precedence effect in sound localization. *American Journal of Psychology, 62* (3), 315–336.

Wang, Q., Cavanagh, P., & Green, M. (1994). Familiarity and pop-out in visual search. *Perception and Psychophysics, 56* (5), 495–500.

Ward, J. (2013). Synesthesia. *Annual Review of Psychology, 64*, 49–75.

Warren, R. M. (1970). Perceptual restoration of missing speech sounds. *Science, 167* (3917), 392–393.

Warren, S., Hamalainen, H. A., & Gardner, E. P. (1986). Objective classification of motion- and direction-sensitive neurons in primary somatosensory cortex of awake monkeys. *Journal of Neurophysiology, 56* (3), 598–622.

Watson, D. G., & Humphreys, G. W. (1997). Visual marking : Prioritizing selection for new objects by top-down attentional inhibition of old objects. *Psychological Review, 104* (1), 90–122.

Watson, M. R., Chromý, J., Crawford, L., Eagleman, D. M., Enns, J. T., & Akins, K. A. (2017). The prevalence of synaesthesia depends on early language learning.

Consciousness and Cognition, *48*, 212–231.

Wertheim, A. H. (1987). Retinal and extraretinal information in movement perception : How to invert the Filehne illusion. *Perception*, *16* (3), 299–308.

White, M. (1979). A new effect of pattern on perceived lightness. *Perception*, *8* (4), 413–416.

Whitney, D. (2002). The influence of visual motion on perceived position. *Trends in Cognitive Sciences*, *6* (5), 211–216.

Whitney, D., & Yamanashi Leib, A. (2018). Ensemble perception. *Annual Review of Psychology*, *69*, 105–129.

Wiesel, T. N., & Hubel, D. H. (1963). Single-cell responses in striate cortex of kittens deprived of vision in one eye. *Journal of Neurophysiology*, *26*, 1003–1017.

Wilson, H. R. (1986). Responses of spatial mechanisms can explain hyperacuity. *Vision Research*, *26* (3), 453–469.

Wolfe, J. M. (1998). What can 1 million trials tell us about visual search? *Psychological Science*, *9* (1), 33–39.

Wolfe, J. M. (2007). Guided search 4.0 : Current progress with a model of visual search. In W. D. Gray (Ed.), *Integrated models of cognitive systems*. Oxford : Oxford Univerisity Press.

Wurtz, R. H. (2009). Recounting the impact of Hubel and Wiesel. *Journal of Physiology*, *587* (Pt 12), 2817–2823.

Wyatt, T. D. (2015). The search for human pheromones : The lost decades and the necessity of returning to first principles. *Proceedings of the Royal Society B : Biological Sciences*, *282* (1804), 20142994.

Wyszecki, G., & Stiles, W. S. (1982). *Color science : Concepts and methods, quantitative data and formulae* (2nd ed.). New York : John Wiley and Sons.

Yamada, Y., Kawabe, T., & Miyazaki, M. (2013). Pattern randomness aftereffect. *Scientific Reports*, *3*, 2906.

Yanagisawa, T., Fukuma, R., Seymour, B., Hosomi, K., Kishima, H., Shimizu, T., Yokoi, H., Hirata, M., Yoshimine, T., Kamitani, Y., & Saitoh, Y. (2016). Induced sensorimotor brain plasticity controls pain in phantom limb patients. *Nature Communications*, *7*, 13209.

Ye, W., Chang, R. B., Bushman, J. D., Tu, Y. H., Mulhall, E. M., Wilson, C. E., Cooper, A. J., Chick, W. S., Hill-Eubanks, D. C., Nelson, M. T., Kinnamon, S. C., & Liman, E. R. (2016). The K^+ channel $K_{IR}2.1$ functions in tandem with proton influx to mediate sour taste transduction. *Proceedings of the National Academy of Sciences of the USA*, *113* (2), E229–238.

Yee, K. K., Sukumaran, S. K., Kotha, R., Gilbertson, T. A., & Margolskee, R. F. (2011). Glucose transporters and ATP-gated K^+ (K_{ATP}) metabolic sensors are present in type 1 taste receptor 3 (T1r3)-expressing taste cells. *Proceedings of the National Academy of Sciences of the USA*, *108* (13), 5431–5436.

Yeomans, M. R., Chambers, L., Blumenthal, H., & Blake, A. (2008). The role of expectancy in sensory and hedonic evaluation : The case of smoked salmon ice-cream. *Food*

Quality and Preference, *19*（6）, 565–573.

吉村 浩一（2008）．逆さめがね実験の古典解読――19 世紀末の Stratton の 2 つの論文――法政大学文学部紀要，*57*，69–82.

Young, L. L., Jr., & Carhart, R.（1974）. Time-intensity trading functions for pure tones and a high-frequency AM signal. *Journal of the Acoustical Society of America*, *56*（2）, 605–609.

Zampini, M., & Spence, C.（2005）. The role of auditory cues in modulating the perceived crispness and staleness of potato chips. *Journal of Sensory Studies*, *19*（5）, 347–363.

Zihl, J., & Heywood, C. A.（2015）. The contribution of LM to the neuroscience of movement vision. *Frontiers in Integrative Neuroscience*, *9*, 6.

Zurek, P. M., & Sachs, R. M.（1979）. Combination tones at frequencies greater than the primary tones. *Science*, *205*（4406）, 600–602.

人名索引

事項索引

カ　行

サ 行

タ　行

ナ 行

ハ 行

マ 行

著者略歴

村上　郁也（むらかみ　いくや）

1996年　東京大学大学院人文社会系研究科心理学専攻博士課程修了
博士（心理学）
岡崎国立共同研究機構生理学研究所研究員，米国ハーバード大学心理学部研究員，日本電信電話株式会社 NTT コミュニケーション科学基礎研究所研究員を経て
2005年　東京大学大学院総合文化研究科広域科学専攻生命環境科学系助教授
2013年　東京大学大学院人文社会系研究科心理学研究室准教授
2018年　東京大学大学院人文社会系研究科心理学研究室教授

主要編著書・訳書

『イラストレクチャー　認知神経科学——心理学と脳科学が解くこころの仕組み』（編）（オーム社，2010）
『知覚心理学——心の入り口を科学する』（分担執筆）（ミネルヴァ書房，2011）
『心理学研究法 1　感覚・知覚』（編著）（誠信書房，2011）
『カラー版　マイヤーズ　心理学』（訳）（西村書店，2015）
『感じる脳・まねられる脳・だまされる脳』（共著）（東京化学同人，2016）
『公認心理師の基礎と実践 2　心理学概論』（分担執筆）（遠見書房，2018）
『脳と時間——神経科学と物理学で解き明かす〈時間〉の謎』（訳）（森北出版，2018）

Progress & Application ＝4
Progress & Application 知覚心理学

2019年10月25日© 初 版 発 行

著 者 村上郁也 発行者 森平敏孝
印刷者 中澤 眞
製本者 米良孝司

発行所 **株式会社 サイエンス社**
〒151–0051 東京都渋谷区千駄ヶ谷1丁目3番25号
営業TEL (03)5474–8500(代) 振替 00170–7–2387
編集TEL (03)5474–8700(代)
FAX (03)5474–8900

組版 ケイ・アイ・エス
印刷 ㈱シナノ 製本 ブックアート
《検印省略》

サイエンス社のホームページのご案内
https://www.saiensu.co.jp
ご意見・ご要望は
jinbun@saiensu.co.jp まで.

ISBN978-4-7819-1452-7

PRINTED IN JAPAN

Progress & Application
犯罪心理学

越智啓太 著

A5判・248頁・本体2,200円（税抜き）

本書は，犯罪心理学に初めてふれる人のためのやさしい教科書です．人が犯罪を犯す原因や犯罪捜査の方法，裁判過程における問題，非行少年や犯罪者の矯正，犯罪の防止，といった事柄について分かりやすく解説します．心理学のみならず，社会学や法学等の関連領域にもお薦めの一冊です．視覚的にも理解しやすいよう，見開き形式，2色刷としました．

【主要目次】

サイエンス社